인문 · 사회 · 예술계를 위한

발표토론과 **글쓰기**

저자 소개

박윤우 서울대학교 국어교육과를 졸업하고 서울대학교 대학원에서 박사학위를 받았다.
『문학의 이해』(공저), 『한국현대시와 비판정신』 등의 저서를 비롯하여 다수의 논문을 발표하였다.
현재 서경대학교 국어국문학과 교수이다.

서덕현 서울대학교 국어교육과를 졸업하고, 서울대학교 대학원에서 석사, 박사학위를 받았다.
『한국어 실용문법 강의』, 『인간관계와 의사소통(공역)』 외 저서와 번역서가 있고, 다수의 논저를 발표했다.
현재 서경대학교 국어국문학과 교수이다.

엄태수 서강대학교 국어국문학과를 졸업하고 서강대학교 대학원에서 박사학위를 받았다.
『현대국어의 음운규칙에 대한 연구』, 『국어국문학 미래의 길을 묻다』(공저), 등 저서를 비롯하여 「현대국어의 경음화 현상 연구」 등의 논문을 발표하였다.
현재 서경대학교 국어국문학과 교수이다.

이복규 국제대학교 국어국문학과를 졸업하고, 경희대학교 대학원에서 박사학위를 취득했다.
『임경업전 연구』, 『설공찬전－주석과 관련자료』, 『초기 국문·국문본 소설』 등의 저서 외에 많은 논저를 발표했다.
현재 서경대학교 국어국문학과 교수이다.

조정래 연세대학교 국어국문학과를 졸업하고 연세대학교 대학원에서 박사학위를 받았다.
『소설이란 무엇인가』(공저), 『한국근대사와 농민소설』, 『소설 창작, 나와 세계가 만나는 길』 등의 저서를 비롯하여 많은 논저를 발표하였다.
현재 서경대학교 국어국문학과 교수이다.

인문·사회·예술계를 위한

발표토론과 글쓰기

초판 인쇄 2008년 2월 25일
초판 발행 2008년 3월 5일

지은이 박윤우 서덕현 엄태수 이복규 조정래
펴낸이 이대현
편 집 이소희
펴낸곳 도서출판 역락
　　　　서울 서초구 반포4동 577-25 문창빌딩 2층
　　　　전화 3409-2058, 3409-2060 ǀ FAX 3409-2059
　　　　이메일 youkrack@hanmail.net
　　　　등록 1999년 4월 19일 제303-2002-000014호
ISBN 978-89-5556-592-8 03710

정 가 12,000원

* 잘못된 책은 교환해 드립니다.

인문·사회·예술계를 위한

발표토론과 글쓰기

서경대학교

| 박윤우 | 시덕현 | 엄태수 | 이복규 | 조정래 |

도서출판 역락

머리말

경쟁의 논리가 우리 사회의 빠른 변화를 주도하고 있다. 기업, 학교, 공공기관 등 모든 곳에서 경쟁을 바탕에 둔 시스템을 도입하고 있다. 각 고등교육기관들은 경쟁 구도 속에서 학생들에게 무엇을 심어주어야 할지 고심하고 있다. 개인이 자기 위치를 뚜렷하게 차지하려면 무엇을 갖추어야 할까? 필요한 요소들이 많지만, 무엇보다 중요한 것이 언어를 통한 표현 능력이다.

언어의 중요성이야 아주 오래 전부터 강조되어 왔지만, 세계화 시대로 들어서면서 언어표현 능력의 비중은 갈수록 커지고 있다. 언어로 자신의 구상, 연구 결과, 아이디어를 표현하지 못하면 어떤 일도 이루어낼 수 없게 된 것이다.

우리는 학생들의 언어표현 능력을 향상시키기 위한 교재로 이 책을 고안하였다. 이 책을 기획하면서 우리는 다음 몇 가지 사항을 앞세우고자 했다.

첫째, 대학생은 물론이거니와 일반인, 고등학생들에게도 도움이 되도록 쉽고 명확하게 설명한다.

둘째, 실제적인 언어 표현학습이 되도록 실생활에 밀착되도록 내용을 꾸민다.

셋째, 실습을 통한 수행활동 중심으로 지도하고 학습할 수 있도록 연습문제를 강화한다.

넷째, 인문계와 자연계로 나누어 학생들로 하여금 각각 전공분야와 관련한 언어 경험을 갖도록 배려한다.

다섯째, 무엇보다 취업에 도움이 될 수 있도록 실용성을 높인다.

위와 같은 원칙으로 언어표현 능력 중 크게 말하기와 글쓰기를 중심으로 책을 구성하였다. 전체를 4부로 구성하여 말하기는 발표와 토론 중심으로, 글쓰기는 논리적이고 실제적인 문서 작성 중심으로 학습할 수 있게 꾸몄다.

1부 <말하기와 글쓰기의 이해>는 말하기와 글쓰기의 기본적 원론을 바탕으로 말하기와 글쓰기의 중요성을 이해하는 내용을 담았다. 특히 말하기와 글쓰기가 대학의 학업뿐만 아니라 직장생활, 일상생활에서 우리가 알고 있는 것보다 훨씬 크게 작용함을 알리려 애썼다.

2부 <발표와 토론>은 실제 학습의 장에서 이루어지는 발표와 토론을 위한 준비, 문안 작성, 실제 토론의 과정에서 알아야 할 내용 등을 담았다.

3부 <글쓰기와 대학논술>은 보다 논리적인 글쓰기를 학습하고, 글쓰기를 통하여 자신의 생각과 주장 등을 논리적으로 전개하는 능력을 기르도록 구성했다.

4부 <실용적 글쓰기와 말하기>는 실제적인 언어활동을 위한 구체적 사례와 방법을 다양한 유형의 실습을 통하여 익히도록 준비했다.

아울러 책의 여러 곳에 맞춤법 규정을 비롯하여 말하기, 글쓰기에 도움이 될 여러 팁들을 심어놓았으므로 학생들에게 유용한 자료가 될 것이다.

이 책이 나오기까지 여러 분들의 도움을 받았다. 그분들에게 이 자리를 빌려 고마움을 전한다. 책의 출판을 맡아준 도서출판 역락의 사장님과 편집부 여러분들에게도 감사드린다.

2008년 무자년의 새 햇살을 두 손으로 받들며,
서경대학교 국어국문학과 교수 일동

제2부 발표와 토론

제3부 글쓰기와 대학논술

제4부 실용적 글쓰기와 말하기

❚ 발표토론 및 연습문제 풀이를 위한 워크북

제1부 말하기와 글쓰기의 이해

Ⅰ. 말하기와 글쓰기의 중요성

1. 말의 힘, 글의 힘

『세치 혀가 백만 군사보다 강하다』(리이위, 장연 옮김, 김영사, 2004)라는 제목의 책이 있다. 때로는 말의 힘이 백만 대군보다 더 강한 힘을 발휘하기도 한다는 뜻이다. 말을 잘 하는 것, 혹은 글을 잘 쓰는 것은 옛날에도 지금도 우리의 삶에서 큰 비중을 차지한다.

위 책에서는 개인이나 국가가 위태로운 지경에 처한 상황에서 말의 힘으로 위기를 극복한 사례들을 볼 수 있다. 중국 진나라 때 말의 힘으로 진시황을 설득하고 자신의 목숨을 구한 모초라는 인물이 있다. 진시황은 모친인 태후와의 갈등으로 태후를 쫓아내려 하였다. 수많은 신하들이 반대했으나 진시황은 '앞으로 내 앞에서 태후를 변호하는 자는 즉시 참수하겠다.'는 어명을 내려 자신의 뜻을 관철하려 하였다. 역사서에는 실제로 스물일곱 명의 대신들이 참수당했다고 기록하고 있다. 제나라 사람 모초가 진시황을 알현하겠다며 찾아왔을 때 진시황은 이 자도 역시 태후에 대하여 간하러 왔음을 간파하고 옆에 부글부글 끓는 기름 가마를 준비하게 하고 태후에 관한 말만 꺼내면 바로 기름 가마에 집어던지라 했다. 황제를 알현하러 들어간 모초는 기름 가마를 보자 금세 그것이 무엇을 뜻하는지 알아챘다. 모초는 태후에 대한 이야기는 꺼내지 않고 역사적으로 폭정의 대명사로 일컬어지는 하걸왕과 은주왕의 혹독함과 그 역사적 평판에 대하여 달변을 토했다. 진시황은 모초의 말을 듣자 바로 자신의 과오를 깨달아 태후를 추방하려던 어명을 거두어들였다 한다. 모초는 뛰어난 설득력으로 자신의 목숨을 구하며 동시에 자신의 왕을 구했던 것이다.

1981년에 미국 대통령 레이건이 정신병을 앓았던 존 힝클리라는 청년의 저격을 받아 응급실로 실려간 사건이 있었다. 전 세계를 긴장시킨 사건이니만큼 미국 국민들과 관료들, 대통령의 측근들은 심각하게 수술 결과를 지켜보았다. 긴급 수술을 받은 레이건은 심각한 표정으로 자기를 둘러싼 사람들에게 엉뚱한 유머를 던졌다 한다. "헐리우드에서 이렇게 저격당할 정도로 관심을 끌었다면 배우를 그만두지 않았을 텐데…" 잘 알려진 대로 레이건은 1930년대부터 1960년대까지 헐리우드에서 활동한 배우였지만 그다지 주목을 끌지는 못하였다. 레이건의 이 유머 한마디는 모든 측근들과 미국 국민들을 안도하게 했다. 말 한마디가 많은 사람을 긴장시키기도 하고 편안하게 만들기도 하는 것이다.

미국 대통령 링컨이 무명 변호사에서 대통령이 된 것도, 또 미국 역사를 움직일 수 있었던 것도 바로 말의 힘이었음은 우리가 잘 아는 사실이다. 영국의 철학자 베이컨은 이렇게 말했다. "논리와 수사학은 논쟁에서 이기는 힘을 준다. 동서고금을 막론하고 위대한 철학자, 정치인, 대문호, 예술가, 기업가는 훌륭한 말솜씨를 갖고 있었다." 논리적으로 말하고 다른 사람을 설득할 수 있는 말솜씨야말로 현대사회에서 더욱 절실하게 필요한 능력인 것이다.

『삼국지』에는 숱한 달변가들이 나오지만 글의 힘으로 위기를 극복하거나 정세를 바꾼 이야기들도 적지 않다. 한 예로 칠보시(七步詩)를 들 수 있다. 조조의 장남 조비는 조조가 죽자 그 왕위를 물려받았지만, 늘 동생 조식이 자신보다 뛰어나다 여겨 위협을 느꼈다. 그래서 하루는 조식을 불러 당장 일곱 걸음 안에 시를 짓지 못하면 중벌을 내리겠다고 압박했다. 그때 조식은 유명한 칠보시를 지었다.

콩대를 태워서 콩을 삶으니

콩은 가마솥에서 우는구나
본래 같은 뿌리에서 태어났건만
어찌 이리도 급히 삶아대는가.

하나의 콩대에서 여러 콩이 나오니 바로 형제의 핏줄을 강조한 내용이었다. 조비는 이 뜻을 이해하여 동생을 살려줄 수밖에 없었다고 한다.

우리는 『해리포터』 시리즈처럼 글을 잘 써서 한 권의 책으로 세상에 이름을 알리고 부를 얻는 사례를 흔히 볼 수 있다. 반대로 음란물을 배포했다는 이유로 구속당한 적이 있는 어느 시인처럼 글 때문에 명예를 잃는 경우도 적지 않게 볼 수 있다.

각 대학들이 학생 선발을 위하여 면접 혹은 구술시험을 강화하고 논술과 글쓰기 비중을 높이고 있다. 뿐만 아니라 기업들도 신입사원을 뽑는 입사시험에서 면접에 전적으로 의존하거나 자기소개서 등의 글을 요구하는 추세이다. 이는 바로 말의 힘과 글의 힘이 학업 수행이나 연구에 무척 중요하고, 나아가 기업에서 마케팅이나 기술 개발, 상품 개발 등의 일에서도 절대적인 영향력을 행사하기 때문이다.

말을 잘 하고 글을 잘 쓰는 일은 비단 지금까지 예를 든 것처럼 정치적인 득실이나 개인적인 출세, 사회적인 명성, 편안한 직장생활을 위해서만 필요한 것은 아니다. 사회 조직 안에서 살 수밖에 없는 인간은 어쩔 수 없이 자기표현을 통해 삶을 유지할 뿐만 아니라 언어의 틀 안에서 살아가지 않을 수 없기 때문에, 아름다운 삶, 성공적인 삶을 위해서는 말과 글을 잘 활용할 수 있는 능력은 기본적인 삶의 조건이 된다.

2. 삶과 표현

'산다'는 것은 무엇을 뜻할까? 살아감에는 두 가지가 있다. 하나는 생존하는 삶이고 또 하나는 영위하는 삶이다. 생존하는 삶은 생명을 유지하고 보존하는 데에 목적을 두는 것이다. 삶 자체에만 목적이 있으므로 삶의 이유와 방향을 찾지 않는다. 일반 동물들이 그렇듯이 소극적이고 피동적이며 운명적으로 살아가는 것이다. 영위하는 삶은 스스로 주인이 되어 자신의 방향을 만들어가는 것이다. 목적이 있고 목적을 실현하기 위한 실천 방향이 있는, 그래서 적극적이며 능동적이고 주체적으로 살아가는 삶이다. 물론 인간은 생존하는 삶이 아니라 영위하는 삶을 살아야 한다.

사람이 주체적으로 삶을 영위하려면 여러 가지 능력과 조건을 갖추어야 한다. 그중 가장 중요한 것이 바로 표현 능력이다. 우리는 표현을 통하여 자신을 분명하게 드러낼 수 있고, 자신을 확인할 수 있으며, 동시에 사회를 유지하고 세계를 공유할 수 있다.

표현(表現)이란 '겉(表)으로 드러냄(現)'을 의미한다. 무엇을 겉으로 드러내겠는가? 자신의 속, 즉 안에 있는 것을 겉, 즉 밖으로 드러낸다는 것이다. 영어로는 'express'라 하는데, 'ex'는 '안에서 밖으로'의 뜻이고 'press'는 '밀어낸다'는 뜻이다. 그러니 안에 있는 것을 밖으로 밀어내는 것이 곧 표현이다. 사람의 속은 눈으로 볼 수 없다. 더불어 사는 인간으로서의 삶을 영위하려면 사람들끼리 서로 소통해야 하고, 서로 소통하려면 각자의 속을 드러내어야 한다. 보이지 않는 자신의 속을 겉으로 나타내어야 한다. 그것이 바로 표현이다.

표현의 대상, 즉 보이지 않는 사람의 속에는 무엇이 있을까? 욕망, 감정, 생각, 의지, 인식 등이다. 눈에 보이지 않는 이것들을 어떻게 겉으로 드러낼 수 있겠는가? 그러려면 일정한 형식과 방법이 필요하다. 즉 표현을 통하여 남과 소통하려면 일정한 표현의 형식과 방법을 갖추어야 한다. 표현하고자 하는 대상이 단순하면 그 형식과 방법이 단순해도 되고, 대상이 복잡하면 형식과 방법이 아무래도 더 복잡해질 것이다. 예를 들어 오랫동안 굶주린 사람이 누군가에게 '먹을 것을 좀 달라.'고 애원하고 싶다면 손을 입으로 가져가는 동작만으로 자신의 속을 드러낼 수 있다. 그러나 '난 당신을 오랫동안 사랑해왔다.'고 고백하려면 그런 단순한 동작만으로는 표현할 수 없다.

속에 감추어 둔, 보이지 않는 그 무엇을 밖으로 드러내고 남에게 전달하기 위해서, 즉 표현하기 위해서, 사람이 쓸 수 있는 방법에는 어떤 것이 있을까? 가장 일반적이고 오래된 방법은 앞에서 예를 든 손발과 몸을 이용한 동작이다. 표정과 제스처는 일반 동물들도 사용할 수 있을 정도로 직접적이고 단순한 표현 방법이다. 그만큼 전달 효과가 빠르면서 직접적이기도 한 방법이다. 그러나 복잡하고 중층적인 사람의 속을 효과적으로 표현하려면 표정과 제스처로는 부족하기 마련이다. 소리를 내거나 그림을 그림으로써 자신을 드러낼 수도 있다. 아마도 원시인들은 무언가를 그리거나 소리를 지름으로써 몸으로 하기 어려운 표현을 보완했을 것이다.

세계가 진화하고 복잡해질수록 표현의 방법도 진화해야 했는데, 사람은 언어를 사용함으로써 그 어려운 표현의 문제를 해결했다. 어떤 언어학자나 인류학자들은 언어를 사용하면서 사람이 탄생했다고 주장하기도 한다. 즉 언어를 사용하기 이전에는 일반적인 동물과 다를 바 없었다는 것이다. 달리 말하면 언어 능력을 갖춤으로써 비로소 사람이 된다는 것이다. 물론 미술이나 음악, 무용 등 발전한 예술형태들 역시 표현의 형식이자 방법이지만, 눈으로 볼 수 없는 속의 것을 가장 구체적으로 드러낼 수 있는 형식과 방법은 언어의 사용이다.

3. 언어표현의 중요성

언어는 갈수록 복잡해지는 사람의 생각과 감정 등을 표현하고 소통하는 데에 필수적인 요건이 되었다. 나아가 언어표현 능력은 사람의 가치를 재는 중요한 척도가 되었다. 우리는 어떻게 다른 사람의 가치를 평가하거나 혹 자신의 가치를 남에게 과시할 수 있는가?

일반적인 사회생활에서는 언어로 표현하는 것이 자신을 표현하는 가장 좋은 방법이다. 예술 생활에서는 동작을 이용한 무용 형식이나 그림을 이용한 미술 형식, 소리를 이용한 음악 형식 등 다양한 형식과 방법이 있고, 그들 사이에는 어느 것이 더 효과적이고 덜 효과적인지 비교할 수 있는 기준이 없다. 각 예술 형식은 나름대로 미적 가치를 실현하는 방식과 효과를 지니고 있다. 그러나 동작, 소리, 그림 등은 구체적이지 않다. 일반적인 사회생활(학교생활, 직장생활 등)에서는 구체적인 자기 표현이 필요하다. 표현의 구체성과 다양성을 실현하려면 언어를 이용하는 것이 필수적이다.

언어로 표현을 하는 일은 인간으로서 살기 위한 기본적인 요건이므로, 당연히 그 표현을 자유롭게 할 수 있어야 주체적인 삶을 살 수 있다. 나아가 언어표현을 잘 하는 것이 성공적인 사회생활의 핵심적 요건이 된다.

갈수록 복잡해지고 경쟁이 치열해지는 현대사회에서 표현의 능력은 이루 말할 수 없이 중요하다. 예를 들어 기업이 사원을 채용하기 위한 시험을 치를 때, 자기소개서를 제출하도록 하거나 면접을 보거나 논술식의 글쓰기를 요구한다. 아무리 그 기업에서 훌륭하게 일을 할 수 있는 능력과 의지가 있어도, 자기 속에 있는 그 능력과 의지, 뜻을 언어로 표현해내지 못하면 채용시험을 통과할 수 없을 것이다. 자신이 사랑하는 이성에게 사랑을 고백하려 해도 그 내면의 진솔한 사랑을 언어로 표현하지 못하면 사랑을 꽃 피울 수 없다. 아무리 엄청난 아이디어와 연구 결과를 속에 안고 있어도 발표문이나 논문으로 표현할 수 없으면 소용이 없다. 아무리 고상한 교양을 갖추고 있어도 언어로 표현하지 못하면 교양인으로 인정받을 수 없다.

이처럼 언어표현은 사회 속에서 살아가야 하는 우리들에게는 자신의 삶을 살기 위한 일차적인 과정이자 궁극적인 자기실현의 방법이다. 우리는 언어표현을 통하여 자신을 확립하고, 다른 사람과 만나며, 삶을 영위하는 토대를 갖추는 것이다.

4. 대학의 말하기와 글쓰기 학습

언어표현은 크게 말하기와 글쓰기로 나눌 수 있다. 사람은 태어나면서부터 언어 능력을 갖고 태어나므로 누구나 말하고 쓸 수 있다. 우리는 교육을 받기 시작하면서부터 많은 시간동안 말하기와 글쓰기를 배워왔다. 그럼에도 대학에서 새삼 말하기와 글쓰기를 학습하는 이유는 무엇일까?

대학의 말하기와 글쓰기 학습은 세 가지 목적을 위해서 필요하다.

첫째, 지성인 혹은 교양인으로서 지도적 사회 구성원이 되려면, 지성인, 교양인에 걸맞은 언어생활을 영위해야 한다. 언어는 문화의 기초이므로 대학 교육을 받은 사회구성원의 언어가 거칠고 얄팍하다면 그 사회는 허약해질 수밖에 없다. 적어도 대학 교육의 기회를 획득한 사람은 문화적인 사회로 이끌어낼 책무를 가진다. 정확하고 아름다운 언어 습관과 능력을 기르는 것은 사회를 선도해나갈 지성인의 의무이다.

둘째, 대학에서 사회생활을 해나가기 위한 능력을 준비해야 한다면, 특히 사회 속에서 자기 삶을 영위하기 위한 최대한의 경쟁력을 길러야 한다면, 기본적으로 언어표현력을 갖추어야 한다. 대학의 말하기·글쓰기 교육은 경쟁력을 갖춘 사회인이 되기 위한 기본적인 학습 방향을 제시한다.

셋째, 대학은 고도의 학문과 지식을 습득하고 연마하는 곳이다. 학문을 배우고 익히며 고급의 지식을 습득하고 전수하려면 그에 합당한 언어 능력을 길러야 한다.

이러한 세 가지 목적에 부합하는 말하기·글쓰기 교육이 되려면, 세 가지 방향에 필요한 말하기와 글쓰기 종류에 맞추어 다양한 학습 방향과 방법을 찾아야 한다. 세 방향에 포함될 수 있는 말하기와 글쓰기의 종류를 열거하면 대략 다음과 같다.

	사회생활	경쟁력	학문 수행
말하기	일상적 대화, 개인적 표현, 설득, 가벼운 연설, 인사말, 인터뷰	면접, 구두발표, 프레젠테이션, 구두보고, 자기소개, 제품설명, 안내	연구발표, 질의토론, 강의
글쓰기	편지, 일기, 이메일, 게시판 글쓰기, 초대장, 청첩장, 안내장, 예술활동, 기타 생활문	자기소개서, 이력서, 계획서, 기획서, 보고서, 제안서, 합의문, 계약서, 설명서	발표문, 연구보고서, 논문, 연구계획서, 조사보고서, 저서, 시험답안, 예술문

위와 같은 여러 형식의 말하기와 글쓰기에 관한 이론을 익히고 실제적으로 표현 능력을 향상시키기 위한 연습을 하는 것이 대학의 말하기·글쓰기 교육이다.

5. 말하기와 글쓰기의 학습 방향

만약 여러분이 컴퓨터 게임의 시나리오를 쓰고 싶다고 가정하자. 재미있는 게임 아이템을 확보했다 하더라도 가만히 있으면 게임으로 상품화할 수 없다. 자신의 머릿속에 저장하고 있는 아이디어들, 캐릭터, 배경, 상황, 게임의 구체적 양상들을 시나리오에 담아내려면 여러분은 무엇인가 표현을 해야 한다. 그러면 여러분에게 필요한 표현 능력은 무엇일까? 말하기일까, 글쓰기일까?

게임의 주인공이 겪게 될 갖가지 상황을 표현하는 게 가능하긴 할까? 공주를 구하러 가는 우리의 주인공은 어떤 무기를 어떤 방식으로 구할 수 있을지, 첫 관문에서 어떤 방해자를 만날 것인지, 어떤 함정이 주인공을 기다리고 있는지, 그 함정을 피했을 때 닥칠 상황과 피하지 못했을 때 일어날 상황은 어떻게 다른지 등을 글로 표현할 수 있을까? 말로 표현하는 게 더 편하지는 않을까?

당신은 친구들과 일주일 동안 여름 여행을 떠나기로 했다. 부모님의 혹은 직장 상사의 허가를 받아내고, 돈도 타내어야 한다면, 당신은 어떤 방식으로 부모님이나 직장 상사를 설득하겠는가? 말하기인가, 글쓰기인가?

잠시 한눈을 파는 사이에 이성 친구와 멀어지게 되었다고 가정하자. 자신의 잘못을 빌고 이성 친구를 다시 돌아오게 하고 싶다. 어떤 방식으로 자신의 마음을 표현하겠는가? 말하기가 좋을까, 글쓰기가 좋을까?

우리가 살아가는 여러 상황 속에서 말하기와 글쓰기는 선택적으로 필요하다. 말하기 방식이 필요할 때가 있고 글쓰기 방식이 더 적절할 때가 있다. 말하기를 잘하면 글쓰기도 잘할 것이라는 고정관념은 버려야 한다. 글을 잘 쓰는 소설가들은 대체로 강의나 연설에 서투르다. 아나운서들에게 자신이 표현하고 싶은 바를 글로 적어내라고 하면 다들 힘들어한다. 앞에서 살핀 대로 말하기와 글쓰기는 근본적으로 성격이 다르기 때문이다. 따라서 우리는 말하기와 글쓰기를 동시에 학습해야 한다.

그런데 말하기와 글쓰기는 말 그대로 표현의 방식이기 때문에 이론으로 해결이 되지 않는다. 구체적이고 실제적인 학습이 무엇보다 중요하다. 즉 꾸준한 연습만이 해결의 묘책이다. 또한 말하기와 글쓰기는 평생 배우고 익혀야 할 대상이다. 나이가 들면 그 나이에 맞는 말하기와 글쓰기가 필요하고, 신분이 바뀌면 그 신분에 맞는 말하기와 글쓰기가 필요하다.

따라서 대학의 말하기·글쓰기 학습은 실제적인 연습 중심으로 수행되어야 하고, 모든 전공 분야의 학생들이 빠짐없이, 꾸준히 실천적으로 수행해야 할 것이다. 다만 대학의 강의실에서 전 삶을 망라할 말하기·글쓰기 학습은 불가능하다. 개인적으로 자기에게 필요한 것을 찾아서 스스로 꾸준히 학습해 나가야 한다. 대학의 강의실에서는 그 방향과 방법을 제시해 줄 뿐이다. 지도자는 길을 알려주기만 할 뿐, 그 길을 따라 걷는 것은 스스로가 해야 하지 않겠는가?

〈대학에서 강의를 듣고 있는 모습〉

1.1.1. 다음 글은 〈라디오스타〉라는 영화의 시나리오 중 일부이다. 이 내용을 가장 실
감나게 연기하듯이 말해보고, 그 내용을 소설을 쓰듯이 글로 적어본 뒤, 말 한
마디가 다른 사람에게 어떤 영향을 줄 수 있는지 토론해 보자.

미사리 라이브 카페(N)
무대 위, 노래를 부르고 있는 누군가의 뒷모습.
그 너머로 불륜 커플들이 손님의 주를 이루고 있는 미사리 라이브 카페 실내
전경이 보인다.
세월이 흘러 이제 마흔 살이 된 최곤이 노래를 하고 있다.
한쪽 테이블에서 한 중년녀가 넋을 잃고 최곤을 바라보고 있다.
그 여인의 맞은편엔 중년남이 그 여인을 그윽한 눈길로 바라보고 있다.
무대 근처, 카페 사장(남사장)이 마땅치 않은 표정으로 최곤을 바라보고 있다.

남사장   거, 노래하기 전에 술 좀 마시지 말라 그래.

하고 사라지면 다소 난감한 표정의 박민수가 사장을 바라보다 따라 간다.

중년녀   여고생 때 최곤 오빠 참 좋아했었는데.
중년남   오빠? 오빠, 느낌 좋네. 나도 오빠라고 한번만 불러 줘봐.
중년녀   (새침하게) 왜 이래요?

하고 최곤을 끈적한 눈길로 바라본다.
최곤의 노래 끝난다. 적당한 박수.

중년녀   (아쉬운 표정으로) 최곤 오빠 스테이지 벌써 끝났네.

중년남, 아쉬워하는 중년녀와 무대에서 나갈 준비하는 최곤 번갈아 보다 일어나
무대로 향해간다.

중년남   최곤씨. (하고 불러 세워) 한 곡만 더 안 될까요?

최곤, 보면

중년남   (중년녀 바라보며) 제 여자친구가 최곤 씨 열렬한 팬인데.

하며 주섬주섬 만 원짜리 한 장을 꺼낸다.
최곤 비위 상한 얼굴로 바라본다.
중년남, 선심 쓰듯 만 원짜리 한 장 더 꺼내며…

중년남   (중년녀에게 들리게) 최곤 오빠 꽤 비싼데.
최 곤   (들어가다 듣고) 야, 임마. 이 자식이… 너 지금 뭐라 그랬어?

1.1.2. 다음 글 1)은 시인 유하의 시 「거미, 혹은 언어의 감옥」이고 2)는 정민 교수가
쓴 한시에 대한 에세이 『한시미학산책』(솔출판사), 세 번째 이야기 「언어의 감
옥, 입상진의론」 중 한 부분이다. 두 글 모두 제목에 '언어의 감옥'이란 구절이
들어가 있다. 두 글을 참조하여 '언어의 감옥'이 무엇을 뜻하는지 논술해 보자.

1) 난 외로움의 힘으로 집을 짓는다. 몸의 내부 깊은 곳
   음습한 욕망을 나는 은빛 유혹으로 바꿀 줄 안다.
   꽁무니에서 나오는 가녀린 실의 끈적거림
   나는 그만큼 삶에 집착한다. 그러니까
   내 집은 내 욕망의 무늬이자 미로인 셈이다.
   내가 풀어 놓은 무늬에 때론 내가 헤매기도 하기에,
   오늘은 하루종일 하루종일 하루살이를 기다렸다. 세상의 온갖 방황도
   내 집에 갇힌 이상, 내 좋은 대리 경험의 양분일 뿐이다.
   먹이는 고스란히 내 집의 실기둥으로 뽑혀져 나온다.
   먹이들의 살과 뼈를 원료로 이루어진 집,
   나는 안다. 자기 몸이 결국 자기 덫이었음을.
   적어도 나는 그 죽음의 덫을 내 식으로 육화시킬 줄 아는
   교활함을 지녔다…… 저주받았으므로, 난 즐겁다.
   자, 내 분신 같은 새끼들아, 날 남김없이 먹어 해치워 다오.

> 난 내 욕망의 무늬를 끝없이 확대 재생산하고 싶다.
> 그리하여 모든 너 안에 내가 살고 싶다.
>
> 2) 서진의 구양건은 이렇게 말했다 "성현이 말을 능히 떠나지 못한 것은 그 까닭이 무엇인가? 진실로 이치를 마음에서 얻어도 말이 아니면 펼 수가 없고, 사물을 말에 고정시켜도 이름이 아니면 구분할 수 없다." 언어가 제아무리 불완전한 존재라 해도, 인간은 언어를 떠나서는 결코 살 수가 없다.

1.1.3. '칼에는 두 개의 날이 있고 사람의 입에는 백 개의 날이 있다'는 베트남 속담이 있다. 말의 힘이 얼마나 무서운지를 실감나게 하는 경구이다. 『삼국지』, 『논어』, 『맹자』, 『경세지략』 등 고전 몇 권을 골라 읽고, 말의 힘이나 글의 힘으로 성공한 사례들을 추려서 정리해 보자. 반대로 말로 인해 패망하거나 곤욕을 당한 사례들도 찾아보자. 또 자신이 말을 잘해서 어떤 목적을 달성한 사례나 반대로 말실수로 인해 낭패를 본 사례를 찾아서 발표해 보자.

말(언어)은 [▼] 이다

Ⅱ. 말과 글의 차이

　말하기와 글쓰기는 언어의 다른 표현이다. 즉 우리가 겉으로 보거나 듣는 말이나 글은 추상적이고 관념적인 언어를 구체적으로 나타낸 것이다. 촘스키는 이를 구분하여 추상적 언어를 언어 능력이라고 하고 그 실현을 언어 수행으로 구분했다. 언어 수행은 말과 글을 제외하고도 몸짓, 수화, 그림 등으로 나타나기도 한다. 그러나 대부분의 사람들은 말하기와 글쓰기로 언어를 표현하고 있다. 여기서는 말하기와 글쓰기의 특징에 대해서 논의하기로 한다.

　말과 글은 언어이기 때문에 언어가 가지는 공통의 특징을 가지고 있다. 그런데 말은 글보다 더 언어에 가깝다. 지구상에 수천 가지의 말이 있고, 태어나 특별한 노력도 없이 서너 살만 되면 말을 자유스럽게 하며, 원시인도 말을 한다는 면에서 말은 인간의 본질적인 특징이다. 그러나 글은 인간의 인위적인 발명품이라고 해야 할 것이다. 글을 가진 인간은 문화적으로 그렇지 않은 인간보다 더 우월하다고 할 수 있을 것이다. 문자는 자연스럽게 습득되는 것이 아니라 많은 노력을 기울여야 얻을 수 있다. 이런 의미에서 말을 1차적 언어로, 글을 2차적 언어로 분류하기도 한다. 특히 표음문자인 한글은 언어를 직접 대상으로 한다기보다는 말을 대상으로 만든 것이다. 여기서는 우리말과 우리의 글인 한글을 대상으로 말과 글의 공통점과 차이점에 대해서 알아보기로 한다.

1. 말과 글의 공통점

인간 언어가 가지는 특징에 대해서 논의할 때 동물의 언어와 다른 점을 밝히는 것이 가장 효과적이다. 의사소통은 언어를 사용하는 인간의 가장 큰 특징이지만 동물도 신호로서 의사소통을 한다는 면에서 인간 언어만이 가지는 특징이라고 할 수 없다. 정보를 전달하고 친교적인 기능을 하는 언어의 여러 기능은 동물도 가지고 있다고 보아야 한다. 그러나 다음의 특징은 인간 언어만이 지니는 특징으로 중요성을 가진다.

무엇보다도 중요한 인간 언어의 특징은 형식(음성 혹은 문자)과 내용(의미)이 자의적인 결합으로 이루어졌다는 점이다. 형식과 내용을 필요로 하기 때문에 자의성은 이원성과 더불어 논의된다. 즉 자의적이라는 말은 이원적이라는 말을 암암리에 내포하고 있다고 보아야 한다. 이원성이란 언어가 형식과 내용으로 구성되어 있다는 의미이다. 자의성이란 형식과 내용의 결합이 어떤 필연적인 이유로 결합된 것이 아니라 우연히 그렇게 된 것이라는 의미다. 예를 들어 우리는 여름에 시원한 그늘을 드리우는 커다란 한 그루의 나무를 보고 '나무'라는 소리로 말한다. 그러나 영어는 'tree'로 한자어는 '木'으로 표현된다. 동일한 의미를 전달하지만 이처럼 언어권에 따라서 다른 소리를 낸다. 이는 동물에게서는 찾아보기 힘든 특징이다. 동일한 종류의 미국의 개나 한국의 개가 다르게 서로 짖거나 신호를 보내기는 어려울 것이다. 물론 약간의 차이는 있을 것이다. 나무를 어떤 지역에서 '낭구'라고 하듯이 말이다.

이러한 인간 언어의 자의성은 개인이 아무렇게나 결정하는 것이 아니다. 이른바 사회적 약속의 결과물이다. 사람들이 한곳에 오랫동안 머물러 살면서 공통의 경험이 생기고 그러한 경험의 바탕 위에 공통의 기호를 산출하

의미, 관념   소리, 음성

기에 이르게 된 것이다. 이러한 기호에는 한여름의 먹구름이 소나기를 의미하고 조용한 시골 마을의 개 짖는 소리가 낯선 사람의 출현을 의미하는 자연적인 기호도 있고, 인간의 언어처럼 인위적으로 만들어진 상징적인 기호도 있다. 공통의 경험은 개인이 마음대로 하기가 이미 힘든 것이다. 예를 들면 모든 사람이 흘러가는 개울의 물을 이미 '물'이라고 부르기로 약속했는데 나 혼자서 '멀'이라고 한다고 해서 그것이 통할 수 있는 것이 아니다.

요즈음 인터넷이 발달하면서 예전에는 없던 새로운 기호들이 등장하기 시작한다. 그러한 기호들 가운데 어떤 것은 살아남기도 하고 어떤 것은 몇 번 사용되었다가 사라지기도 한다. 살아남기 위해서는 많은 사람이 그러한 기호의 형식과 의미를 공통으로 경험해야만 한다. 그러한 공통의 경험이 공유되지 않고 개인이나 몇몇 사람의 경험에서 끝난다면 그들이 만든 기호는 살아남지 못한다.

언어는 새로 생기고 성장하고 소멸한다. 이것을 언어의 역사성이라고 한다. 요즈음에 많이 사용되는 '왕따', '당근(당연하다는 의미로)', '얼짱' 등의 용어는 예전에 없던 것들이다. 이러한 언어는 많이 사용되면 살아남지만 사용되지 않는다면 사라질 것이다. 그런데 이러한 언어를 주도하는 곳은 인터넷이고 그러한 언어의 사용자들은 청소년들이다. 즉 언어가 새로 생기는 장소와 그것을 주도하는 사용자들이 예전과는 다르다. 조선시대를 생각해 보자. 그 당시에는 양반층에 속하는 장년층의 남자들이 풍류를 즐기면서 그 당시의 언어를 주도해 갔을 것이다. 이처럼 언어는 여러 면에서 한시도 가만히 있지를 않고 변해간다. 이러한 변화를 아주 불쾌하게 생각하는 경우도 있었다. 기독교나 불교, 이슬람교의 초기 경전들이 종교 창시자의 말을 문자로 수록하면서 그러한 초기의 언어를 숭상하는 경향이 생겨나기 시작했다. 언어가 변하는 것을 타락한 것으로 보는 것은 이러한 종교적인 관습의 영향일 것이다. 예를 들어 조선시대의 '사호다'가 현대국어에서 '싸우다'로 변했다고 해서 그러한 언어가 타락해서 변한 것이 아니다. 사람이 조선시대에는 잘 싸우지 않았는데 현대에는 많이 싸워서 그런 것도 아니다. 단지 언어 내의 체계와 구조의 영향으로 평음의 기능을 경음이 담당하는 쪽으로 변하고 있을 뿐이다. 언어는 타락하는 것이 아니다. 오직 변화만이 있을 뿐이다.

언어의 또 다른 특징은 창조성이다. 창조성을 신의 특징의 하나로 본다면 우리 인간에게도 신의 속성이 있는 것이다. 만일 '새빨간 하늘에 검은 풍선이 휘몰아치고 붉은 다람쥐가 날아다닌다'라고 말한다면 이러한 말은 다른 사람이 한 말을 외워서 하는 것이 아니라 이 순간에 창조되어 말하는 것이다. 우리는 하루에도 수많은 단어로 이루어진 문장을 쉬지 않고 말할 수 있다. 그러한 문장은 외워서 머릿속에 저장된 것을 발설하는 것이 아니다. 거의 무의식적으로 자발적으로 이루어진다. 이는 문장을 새롭게 창조하기 때문이다. 개나 새가 거짓말을 하거나 옛날이야기를 상상을 섞어가면서 이야기한다는 것은 상상할 수 없을 것이다. 오직 인간만이 이러한 창조성을 가지는 것이다. 우리는 문장을 무한히 길게 말할 수도 있다. 수식어를 사용하고 접속어를 사용하기도 하면서 문장은 길어진다. 우리가 실제로 무한히 길게 말하지 않는 것은 단지 시간의 제약과 육체의 피로함 때문에 중간에 그만두는 것일 뿐이지 길게 말할 수 없어서 그만두는 것이 아니다. 인간은 문장만을 새롭게 창조하는 것이 아니다. 단어도 창조한다. 하루에도 수많은 단어가 만들어진다. 신문을 보거나 인터넷을 보면 그전에 없던 새로운 단어가 등장하는 것을 자주 볼 것이다. 예를 들면 '왕'이라는 접두사를 사용하여 우리는 새로운 단어를 만들 수 있다. 손이 크다면 '왕손'이라고 말할 수 있을 것이다. 아주 짜증이 난다면 '왕짜증'이라는 말도 만들 수 있다. 이처럼 파생이나 합성을 통해서 새로운 단어는 만들어진다.

언어가 불연속적인 특징을 가지고 있다는 것을 이해하는 것도 중요하다. 시간을 생각해 보자. 시간은 어디에서 정지해 있는 것이 아니라 연속적이다. 그러나 인간은 이러한 연속적인 시간을 일 년, 한 달, 몇 시간 등의 단위로 인식하고 있다. 즉 인간은 시간을 연속적으로 이해하는 것이 아니라 불연속적인 덩어리로 이해하면서 그들에 각각의 이름을 부여하고 있는 것이다. 색상에 대해서도 마찬가지다. 색깔의 스펙트럼은 연속적이다. 그러한 연속적인 색깔에 대해서 인간은 '노랑'이나 '빨강', '검정' 등의 불연속적인 이름을 붙이고 있는 것이다. 이는 인간의 감각기관

〈연속 스펙트럼과 불연속적인 언어〉

빨강　　　주황　　　노랑　　　초록　　　파랑　　　보라

과 이성이 자연을 명쾌하게 이해하기에는 부족한 점이 있기 때문이다. 우리는 멀리 볼수도 없고, 정교하게 들을 수도 없다. 만지는 것과 냄새를 맡는 것 등등 우리의 오관을 통해서 파악되는 모든 자연의 모습은 불완전하다. 이러한 불완전한 인식이 그대로 언어로 반영되는 것이다. 그러므로 언어의 불연속성을 이해하는 것이 진리를 이해하는 중요한 길이라는 것을 명심할 필요가 있는 것이다.

언어의 중요한 특징의 하나는 정교한 구조를 가지고 있다는 것이다. 우리가 문법이라고 부르는 말은 한마디로 언어의 규칙성을 포괄적으로 표현한 말이다. 문장, 절, 구, 단어, 음운, 자질과 같은 다양한 문법 단위들이 있고 이들의 결합이 질서 정연하다. 그런데 인간은 이러한 복잡한 구조를 백지의 상태에서 학습하는 것 같지는 않다. 왜냐하면 세상의 모든 인간은 3~4세가 되면 누구나 모국어를 자연스럽게 습득한다. 그 이유는 무엇일까? 미국의 언어학자 촘스키는 인간은 유전적으로 언어습득 장치를 가지고 태어났기 때문이라고 주장한다. 이는 마치 식물이 어느 때가 되면 꽃이 피는 것과 같다는 것이다. 식물이 옆에서 사는 식물의 꽃 피는 것을 학습한 다음에 꽃을 피우는 것은 아니다.

마찬가지로 인간도 어느 때가 되면 자동적으로 언어를 습득하게 되는 것이다. 이는 흑인이나 백인이나 차이가 있지 않다. 심지어 원시인이나 현대인이나 마찬가지이다. 스티븐 핑커가 쓴 『언어 본능』이라는 책에 인도네시아의 어떤 섬에 100만 년 전의 석기시대 인간이 20세기에 발견되었는데 이들의 언어의 정교함이 현대인과 다르지 않다는 것을 말하고 있다. 즉 인간 언어의 많은 부분이 유전되고 있다는 것을 증명하고 있는 셈이다.

그렇다면 왜 인간의 언어는 동일하지 않고 영어, 중국어, 일본어처럼 다양한 언어가 존재하는 것일까? 이는 그가 태어난 사회적 조건과 관계가 있다. 비유가 좀 지나치지만 식물에 비교해보면 동일한 씨앗이 어떤 환경에 떨어지느냐에 따라 다른 모습으로 나타난다고 보는 것이다. 동일한 구조를 언어학자들은 보편문법이라고 말하고 있다. 오늘날 언어학자들은 보편문법이 사람이 태어난 환경에 따라 약간의 변경된 형태로 나타난다고 이해하는 것이다.

문화의 전달도 인간언어가 가지는 커다란 특징 중의 하나이다. 인간은 동물과 달리 자신이 창조한 많은 문화를 후대에 전달한다. 그런데 언어가 없다면 이러한 전달은 사실 불가능하다. 예를 들면 복잡한 자동차의 구조나 비행기 만드는 법 등을 언어가 없다면 어떻게 후대에게 전달할 것인가? 원숭이도 영장류에 속하지만 문화가 발달하지 못한 이유는 그들이 언어를 가지지 못했기 때문이라고 말할 수 있다. 문화의 전달은 언어 자체의 특징이라기보다는 언어를 도구로 이용한 인간의 지혜라고 보아야 한다.

2. 말과 글의 차이점

우리말이 무엇이냐고 질문을 하면 간혹 한글이라고 말하는 사람들을 본다. 한자를 중국말이라고 생각하는 사람도 있다. 이는 말과 문자를 혼동하는 데서 오는 잘못이다. 말과 문자는 전혀 다른 것으로 말은 인간으로 태어나면 누구나 사용하는 것이지만 문자는 그렇지 않다. 중국어는 한자에 의해서 표기되고 영어는 알파벳에 의해서 표기된다. 우리말은 한글에 의해서 표기되는 것이다. 즉 우리말이 있고, 한글이 있는 것이다. 한글은 세종대왕이 창조한 위대한 우리의 문자이다. 그러나 우리말은 누가 창조한 것이 아니고 오랜 세월 이전에 이 땅에 정착한 우리 민족이 사용한 언어일 뿐이다. 즉 세종대왕이 한글을 창조하기 이전에는 한글이라는 문자는 없었지만 우리말은 우리 민족의 역사와 함께 하는 것이다.

글자는 언어를 표기하기 위한 수단에 불과하다. 언어는 변화가 심하지만 글자는 보수성을 가지고 있어서 잘 변화하지 않으려는 성질이 있다. 문자로 표현된 것은 언어가 이미 변했는데도 불구하고 이미 이전의 말일 경우가 많다. 문자를 중심으로 생각해서 예전의 말을 고집하는 어리석음을 범해서는 안 될 것이다.

말을 사용하는 경우는 몸짓과 온갖 말의 높낮이를 동시에 사용한다. 상황에 따라서는 말을 하지 않고 약간의 신호와 미소가 의미를 표현하기도 한다. 그러나 글은 그렇지 않다. 글은 문법 단위들의 정확한 사용에 의해서 표현되지 않으면 의미 전달에 혼동이 오기 쉽다. 그러므로 정확한 표현을 위해서는 많은 연습과 공부를 해야 한다. 말을 잘 한다고 해서 글을 잘 쓰는 것은 아니다. 글로 표현하는 것과 말로 표현하는 것은 다르다. 그러므로 말의 연습과 글의 연습은 다른 것이다. 말의 훈련이 중요한 것 이상으로 글의 훈련도 중요하다. 이제 구체적으로 말과 글의 차이에 대해서 공부해 보기로 하자.

(1) 언어 습득

말은 자연스럽게 습득이 되지만 글은 인위적인 노력에 의해서 습득된다. 말은 어린이가 걷기를 배우는 것과 동일하다. 즉 아이가 누워 있다가 걷는 것은 자연스러운 행위이다. 밥을 먹고 시간이 가면 자연스럽게 육체의 성장과 더불어 어느 날 갑자기 걷게 된다. 말도 이와 마찬가지다. 특별한 노력 없이도 3년이나 늦어도 5년 정도에 도달하면 갑자기 말하게 된다. 그러나 글은 다르다. 가르치는 선생과 도구인 연필과 손가락의 사용 등이 필요하다. 또한 자음과 모음, 문자의 발성법, 각 문자의 조합법 등등 수많은 것을 가르쳐야 한다. 더욱이 그것이 한글과 다른 표의문자인 한자의 경우에는 더욱 많은 노력이 필요하다. 정상이이 말하지 못하는 경우는 없지만 글자는 배우지 않으면 쓰지 못한다. 이처럼 말은 자연스럽게 습득되지만 글은 인위적인 노력에 의해서 습득된다는 점이 커다란 차이점이다.

(2) 시각적 특징과 청각적 특징

사실 말과 글의 가장 큰 차이점은 말은 귀와 입을 사용하고, 글은 눈과 손을 사용한다는 점일 것이다. 특히 귀와 눈의 사용은 말과 글의 차이를 극명하게 보여준다. 그러므로 선천적인 청각장애인은 글은 쉽게 배울 수 있지만 말을 배우기는 쉽지가 않다. 반대로 시각장애인은 말을 한다 해도 점자가 아니면 글을 자유롭게 배우고, 쓰기가 쉽지 않을 것이다.

말은 음파로 전달되기 때문에 먼 거리에 있으면 전달에 제약을 받는다. 물론 요즈음은 과학의 발달로 녹음기나 전화기 때문에 이런 제약이 완화되고 있지만 거리의 제약이 완전히 없어진 것은 아니다. 반면에 글은 시각적 특징 때문에 어두운 곳에서는 사용되지를 못한다. 어두운 곳에서는 말이 언어의 유일한 수단이 될 것이다. 시간과 공간의 제약은 말의 커다란 약점이다. 이런 약점을 보완하는 것이 글이다. 글은 멀리 떨어진 곳이나 먼 미래에까지 전달이 가능하다.

(3) 상황 의존성과 문맥 의존성

말은 상황에 크게 의존해서 전달되고 있다. 두 사람의 대화를 옆에서 엿듣는다면 그 말을 완벽하게 이해하기 어려운 경우가 많다. 이러한 이유는 필수적 성분의 생략이 많기 때문이다. 주어나 목적어, 서술어는 필수적 성분으로 그것이 없다면 문장이 성립될 수 없다. 예를 들어 '나는 먹었다'라고 말한다면 목적어의 생략으로 인해서 무엇을 먹었는지 알기 어렵다. 그러나 대화에서는 이러한 말이 아주 자연스럽게 쓰인다. 즉 말은 상황에 의존해서 청자와 화자가 이해할 수 있는 경우라면 필수성분도 생략이 자유스럽다.

글은 필수적 성분의 생략이 문맥에 의해서 파악되는 경우가 아니라면 생략이 불가능하다. 문맥에 의해서 파악된다고 해도 잘 생략되지 않는다. 즉 글은 하나의 문장 속에서 완결성을 보여준다. 이, 그, 저 등의 지시대명사가 사용되는 것도 글이 가지는 특징인데 이는 바로 위에 말한 내용을 문맥에 의존해서 전달하기 때문에 가능한 것이다.

(4) 전달 수단의 구조

말과 글은 모두 언어를 전달하는 도구이다. 그런데 말은 복잡한 인체 구조에서 나오는 음파로 전달된다. 단순한 자음과 모음의 연속체가 아니다. 글자에는 없는 장단이 있고, 강세가 있다. 또한 억양이 있어서 동일한 문장이라고 해도 말끝을 올리거나 내리면 의미가 달라진다. 중국어나 경상도 일부 방언은 고저에 의해서도 말의 뜻이 달라진다. 이와 같은 것은 문장부호로 표시하면 글에서도 사용할 수 있다. 그러나 말은 글자에 비해서 복잡하다. 글자는 단순한 자음과 모음의 결합체임에 비해서 말은 자음과 모음

위에 수많은 뉘앙스를 지닌 초분절음소를 복합적으로 가지고 전달된다. 말을 듣고는 우리는 곧 바로 사람의 여러 가지 모습, 예를 들면 여성인지 남성인지, 어린이인지 어른인지 등을 구분할 수 있다. 그러나 글을 보고는 쉽게 그러한 차이점을 발견하기 어렵다. 이것은 말이 글에 비해서 복잡한 구조를 가지고 전달된다는 것을 의미한다.

(5) 청자와 화자의 관계

말은 청자와 화자가 동일 시간과 동일 공간상에 있어야 성립한다. 화자에 의한 말의 전달은 바로 청자에게 전달된다. 그러므로 즉각적이고 순간적이어서 한 번 나온 말은 수정이 불가능하다. 그러나 글은 독자가 동일 시간이나 공간에 있어야 할 필요가 없기 때문에 계획이 가능하고 아주 장편의 대하소설처럼 몇 년에 걸쳐서 써서 고차원적인 내용을 수 없이 수정하면서 전달하는 것이 가능하다. 이러한 말과 글의 차이는 수신자와 발신자의 동시성에 차이가 있기 때문이다. 우리가 아무리 깊이 생각하고 계획한다고 해도 말은 실수가 많다. 또한 실수한 말을 사과하거나 부정할 수는 있다 해도 글처럼 지우고 다시 고칠 수는 없는 것이다. 그러나 과학의 발달로 말의 이러한 약점이 조금씩 보완되어 가고 있는 것은 사실이다. 영화나 연극도 이세는 장기적으로 보관이 가능하고 계획적으로 글처럼 편집을 하고 수정을 한다. 그렇다 해도 말은 기본적으로 청자와 화자가 동시적 공간에서 순간적으로 이루어지고 글은 그러한 동시성이 필요하지 않다는 본질적인 면은 바뀌지 않을 것이다.

(6) 전달의 내용

전달의 내용적인 면에서 차이점은 절대적인 것이 아니라 상대적이고 다양하다. 예를 들어 박사학위 논문이나 한편의 영화, 대하소설이 말로 전달되기는 가능하다고 해도 그러한 일은 시도되기 힘들 것이다. 글자가 없던 시절에 장편의 내용들이 구전되어 정착되었던 사실을 알고 있지만 그 양은 글자가 있던 시절에 전달되는 양에 비해서 현저한 차이가 난다. 즉 전달 내용의 양적인 차이에 있어서 말은 글에 비해서 현저히 적다.

또한 말은 비격식적인 표현이 많지만 글은 격식적인 표현이 많다. 그래서 우리는 구어체니 문어체니 하면서 문장의 양식을 구분하기도 한다. 이러한 이유는 말이 대체로 친교적 기능이나 정서적 기능, 또한 비유적 기능에 많이 사용되지만 글은 정보를 제공하는데 주로 초점이 맞추어지는 경우가 많기 때문이다. 그러나 이러한 차이는 사실 절대적인 것은 아니다. 글에서도 얼마든지 친교적 기능과 정서적 기능을 표현할 수 있기 때문이다. 단지 양에 있어서 말은 글보다 이러한 기능을 더 많이 수행한다는 것이다.

〈강연(연설)하는 모습〉

1.2.1. 다음 글을 읽고, 도서관 사서의 역할에 대하여 다른 사람에게 말로 설명해 보라. 어느 정도까지 말로 설명할 수 있는지 체크해 보고, 말하기와 글쓰기의 한계와 장점에 대하여 토론해 보자.

> 한국과 미국의 도서관 사서들을 비교할 때 한 가지 큰 차이점으로 들 수 있는 것은 미국의 사서들이 한국의 사서들에 비해 훨씬 더 전문직으로서 대우를 받고 있다는 것이다. 특히 대학 도서관의 사서들은 일반 교수들과 같은 급의 교직원(Faculty)으로 대우를 받고 있고 종신임기(Tenure), 안식년(Sabbatical) 등, 일반 교수들과 유사한 혜택을 받고 있다. 물론 대학에 따라 차이가 있기는 하지만 웬만한 규모의 연구 중심 도서관에서는 이와 같은 제도를 채택하고 있다.
>
> 이러한 일이 가능한 이유 중의 하나는 각 대학에서 사서를 선발할 때 기본적으로 미국 도서관 협회(American Library Association)에서 인증하는 학교에서 석사 학위를 취득한 사람을 뽑고 각 과목을 담당하는 전문 사서(Subject Bibliographer)의 경우는 해당 분야의 석사학위 혹은 박사 학위를 아울러 요구하고 있기 때문이다. 큰 대학 도서관에서 박사 학위를 가진 전문 사서를 찾는 것은 그리 힘든 일이 아니다. 이런 전문 사서들은 도서관에서 구입하는 책들을 선정하는 장서 개발뿐만 아니라 참고봉사(reference) 서비스에도 참여하고 해당 과목의 강의에도 수시로 참가하여 도서관 이용법 및 그 과목 고유의 정보 검색 및 연구 방법에 대해 강의를 한다.
>
> 실제 많은 교수들이 사서들에게 이와 같은 강의를 요청하고 있고 사서들은 한 학기당 최소한 10여 차례 이상 이런 강의를 하고 있다. 아울러 도서관에서도 학술 정보 검색과 컴퓨터 및 인터넷 사용에 관한 강의를 개설하여 사서들이 강의를 담당하고 있다. 컴퓨터 활용 능력을 교양 필수 과목으로 채택하고 있는 대부분의 대학에서는 도서관에서 실시하는 이러한 강의를 정규 교과목 중의 하나로 편성하고 있고 실제 많은 학생들이 수강하고 있다. 그리고 더 나아가서 사서와 교수가 같이 강의를 개설하고 공동 강의를 하는 경우도 많이 있다.
>
> 도서관에서 책을 관리하는 단순한 사무직원으로 취급받고 있는 한국의 경우와는 많이 다르다. 그럼에도 불구하고 점점 교수들이 사서의 필요성을 느끼지 못하고 있다고 불만을 토로하는 사서들이 있다.
>
> 다음은 예일대학에서 영문학을 담당하고 있는 사서 Todd Gilman 씨가 학교 신문에 쓴 기고문의 일부이다.

"대부분의 학부생들은 가장 기본적인 연구 도구만을 습득하고 대학교에 입학한다. 즉, 사전을 찾을 줄 알고 5백만 개의 검색 결과를 찾아내는 구글(google)을 사용할 줄 알고 아마도 저자와 책 제목을 온라인으로 찾고 서가에서 책을 찾을 수 있을 것이다. 그러나 이것이 그들이 알고 있는 전부이다. 만일 내가 과장하고 있다고 생각되면 학생들에게 다음과 같은 간단한 질문을 해보라.

도서관의 장서목록(Catalog), 문헌 목록(Bibliography) 그리고 색인(Index)의 차이점은 무엇인가?

한 가지 특정한 주제에 대한 일반 잡지와 학술 잡지의 차이는 무엇인가? 그리고 그 차이가 왜 중요한가?

'Peer reviewed'의 의미가 무엇이며 그것이 왜 중요한가?(학술지 중에서도 한 분야에 종사하는 전문 연구자들이 편집인으로 참여하여, 학술지에 실릴 논문들을 검토, 평가한 후 출판하는 학술지들을 Peer reviewed Journal이라 한다. 다른 말로는 Refereed journal이라고도 한다)

왜 도서관 장서목록에서는 논문 제목을 찾을 수 없고 대신 학술지 제목을 찾아야 하나?

그리고 특정한 주제에 대한 논문은 어디에서 찾을 수 있나?

도서관 장서목록을 검색할 때 주제어(Subject) 검색과 키워드 검색은 어떻게 다른가?"

물론 한국의 대학 그리고 대학 도서관 현실과는 거리가 있는 질문들일 수도 있겠지만 대학에서 제대로 된 리서치를 수행하기 위해서 이 정도는 알아야 한다고 생각한다. 특히 대학원 이상의 과정에서 이러한 지식들은 필요불가결한 것이다. 그럼에도 불구하고 이러한 지식이 없이 그저 인터넷 검색 엔진만 이용하면 필요한 모든 정보를 찾을 수 있다고 믿는 학생들이 대부분이고 바로 그 때문에라도 사서들은 열심히 최신의 정보로 무장하고 그것을 알리기 위해 애쓰는 것이다

- http://blog.naver.com/kimche27/110011892480에서 발췌

1.2.2. 다음은 어느 초등학교 학생이 쓴 글이다. 이 글을 읽고 물음에 답해 보자.

나는 오늘 미래, 즉 과학에 대하여 글짓기를 한다. 지금이 과학의 날에 비롯하여 쓰게 된 것이다. 일 년에 한 번 씩 있는 날인데 오늘이 그 한 번의 날이다.

나는 지금 미래에 관해 글짓기를 할 건데 미래에 관한 모든 것들을 상상할 것이다. 미래라는 건 지금보다 한 단계 더 앞으로 나아간 세상을 말한다. 그 세상은 우리들이 얼마든지 살게 될 수 있다. 먼저 미래에 생길 수 있는 여러 직업에는 우주에 관련된 직업으로 우주 비행사, 우주 정비사, 로켓 정비사 등이 있을 것이다. 물론 그 외에도 여러 가지 상상의 우주 직업들이 떠오른다.
　　또 생활 속에서의 직업으로는 동물 통역사, 곤충 통역사, 등이 있을 것이다. 나는 지금 한 가지 상상을 더 해본다. 내가 타임머신을 타고 미래에 가 있다면 나는 먼저 우주철로를 씽씽 달리고 싶다. 또 내 몸에 인공지능을 달고 물 속에서 즐겁게 놀고 싶다. 항상 꿈꾸어왔던 일들이 한 번의 상상으로 인해서 눈앞에 펼쳐지는 것 같다.
　　특히 미래에 대해 가장 궁금한 것은 바로 언어이다. (a) 언어라는 것은 옛 시대부터 지금까지 계속 바뀌어 왔기 때문에 바뀔 가능성이 매우 높다. (b) 내가 만약 세종대왕처럼 그 시대에 언어를 바꿀 수 있는 능력만 주어진다면 표준어를 사투리로 바꿀 것이다. (c) 왜냐하면 사투리는 표준어보다 더욱 친근감이 느껴지며 재미있기 때문이다.
　　또 한 가지를 더 상상해 보자면 힘든 시련을 바꾸어 나갈 머릿속의 지우개라는 것을 발명 하는 것이다. 내가 알고 있는 것에는 유전 공학이라는 것이 있는데 그 유전 공학이 발전한다면 아주 편리 할 것 같다.
　　앞으로 우리는 우리나라 미래의 발전을 위해 힘써 우리나라를 첨단 도시로 바꾸어 나가야겠다.

1) 이 글은 초등학생의 글로서는 잘 쓴 편이지만 아직 구어투를 많이 갖고 있다. 어린 아이들의 글에서 흔히 볼 수 있는 현상이다. 어린 아이들의 글에서 말하기와 글쓰기가 잘 분화되지 않는 이유는 무엇일까?

2) 인터넷 글쓰기의 특징은 구어체라는 점이다. 구어체 글쓰기의 장점과 단점을 찾아보자.

3) 밑줄 친 (a), (b), (c) 사이에는 어떤 논리적 문제가 있는지 비판해보라.

4) 밑줄 친 (b)와 같은 일이 만약 실제로 벌어진다면 어떤 사태가 일어날지, 왜 그런 일이 일어날지 적어보자.

1.2.3. 다음 글은 소설가 황순원 선생의 『말과 삶과 자유』란 산문집에 나오는 내용이다. 이 글에서 주장한 바가 타당한지, 말 잘하는 사람의 강연을 녹음해서 글로 옮겨 보는 작업을 실제로 해보고 나서 토론해 보자(또는 글 잘 쓰는 사람이 반드시 말을 잘하는 것이 아니라는 사실에 대해서도, 그 사람의 말을 녹음해서 검토해 보고 나서 토론해 보자).

> 오늘의 문장은 말하듯 써야 한다는 얘기를 가끔 듣는다. 과연 그럴까. 말은 귀로 듣고 글은 눈으로 본다. 귀로 듣는 말과 눈으로 읽는 글이 같을 수 있을까. 언젠가 감명 깊게 들은 한 강연을 후에 속기록을 살려 글로 옮겨놓은 것을 보고 그 지리멸렬함에 놀랐다. 역시 말하듯이 말하고 글 쓰듯이 글을 써야 하지 않을까.

인터넷은 [▼] 이다

Ⅲ. 자료의 수집과 정리(준비단계 1)

말하거나 글쓰기는 그냥 이루어지는 게 아니다. 관련 자료를 수집하고 정리하는 수고부터 해야 한다. 왜 어떻게 자료를 수집하며, 수집한 자료를 읽어서 어떻게 정리해야만 말하고 글쓰기 재료로 이용할 수 있을까? 이 문제에 대해 여기서는 자료의 수집과 자료의 정리의 두 가지 측면으로 나누어서 서술하기로 한다.

1. 자료의 수집

무엇에 대해 말하고 글을 쓸 것인가, 즉 주제를 정하였으면(혹은 주제가 주어졌으면) 그 주제와 관련된 자료를 수집해야 한다. 자료 수집을 많이 할수록 그 주제에 대해 풍부하게 그리고 설득력 있게 말하거나 글을 쓸 수 있다. 재료가 풍성해야 맛있는 음식을 만들 수 있는 것과 같은 이치다.

그냥 자기가 경험한 것을 바탕으로 자기가 생각하는 대로 말하거나 글로 표현하면 되지 왜 굳이 관련 자료들을 모아서 읽어야 하느냐는 의문을 가질 수가 있다. 물론 그럴 수도 있다. 하지만 내 경험이나 지식은 한정된 것이므로, 나와 경험과 지식이 다른 수많은 사람들을 감동시키거나 설득하기 위해서는, 내 경험과 내 지식과 내 생각은 물론, 그 주제에 대해서 이미 수많은 사람들이 여러 가지 형태로 표현해 놓은 자료들을 소화해야 한다. 이는 같은 주제에 대해 나보다 먼저 고민하여 일정한 해답을 사람들에 대한 예의이기도 하고 '표절' 시비에 휘말리는 것도 예방할 수 있다.

특히 글쓰기의 경우, 자료 수집을 등한시하여 자기 생각대로만 글을 쓸 경우 '표절' 논란에 휩싸일 수도 있다. 이미 같은 내용에 대해 일정한 주장을 다른 사람이 표출한 바가 있는데, 그것을 모르고 동일한 내용의 발표를 할 경우, 결과적으로 표절의 누명을 쓸 수 있다. 고의적인 표절만 표절이 아니다. 고의적이지 않은 표절도 표절이다. 왜냐하면 글쓰기의 세계에서 이전에 이루어진 성과에 어떤 것이 있는지 조사해 수집한 후 읽어보고 검토하는 일은 에티켓이나 관례로 굳어져 있기 때문이다. 글을 쓸 때, 어디까지는 남의 생각인지 그 출처와 근거에 대해 밝히면 표절이 아니지만, 밝히지 않으면 표절이 되고 만다.

시간 절약을 위해서도 자료 수집은 필요하다. "思而不學則殆(사이불학즉태 : 생각하기만 하고 공부하지 않으면 위태롭다.)"라는 공자의 말처럼, 혼자 여러 시간 전전긍긍 궁리만 한다고 능사가 아니다. 이미 나와 있는 자료들을 수집해 검토하다 보면 오랫동안 혼자서는 해결할 수 없던 문제가 이미 풀려 있다는 사실을 종종 확인할 수 있는 바, 자료 수집이 얼마나 중요한지 실감하곤 한다.

예를 들어, "'한글'과 '우리말(국어)'은 같은가 다른가?"라는 주제를 선택했다고 하자. '한글'은 우리 문자(글자)이고 '우리말'과는 구별되는 데도, 실제로 방송이나 신문 기사나 일상생활에서 '한글=우리말(국어)'인 양 사용하는 경우가 빈번하기에, 과연 어느 게 진실인지, 사람들의 인식 양상은 어떤지 따져보아 그 결과를 말하기나 글쓰기로 알리고자 했다 하자. 이 주제에 대한 자료는 어떻게 어떤 방법으로 수집해야 할까? 이미 알고 있거나 확보한 자료도 있겠으나, 그것만 가지고는 좋은 말하기와 글쓰기를 실행하기 어렵다. 아직 내가 모르고 있는 다양한 자료들을 가능한 많이 확보해야, 내가 이미 가지고 있는 경험과 지식과 자료들의 신뢰도를 높여주거나 보강할 수 있어, 좋은 말하기와 글쓰기가 가능하다. 자료 수집의 방법에는 다음과 같은 것들이 있다.

(1) 전문가의 도움 받기

어찌 보면 스스로 찾지 않고 남의 도움을 받는 것은 바람직하지 않다고 여길 수도 있다. 하지만 '不恥下問(불치하문 : 아랫사람에게 묻는 것을 부끄럽게 여기지 않았다.)' 이란 공자의 처신처럼, 배움과 연구의 세계에서, 나보다 먼저 어떤 문제에 대해 공부했거나 지식이 있는 사람에게 묻는 것은 부끄러운 일이 아니다. 전문지식인 교수들도 후배나 선배나 스승에게 물으면서 연구도 하고 강의를 한다. 인맥이 좁아 물을 사람이 없다면 모르지만, 있다면 가장 먼저 활용해야 한다. 친절한 분들은 정보만 알려주지 않고 가지고 있는 자료들을 빌려주거나 복사할 수 있도록 도와주기도 하니, 시간과 경비를 많이 절약할 수 있어 좋다.

(2) 인터넷 활용하기

인터넷에 올라 있는 자료들을 찾아볼 수 있다. '구글', '네이버', '다음', '엠파스' 등 아주 다양한 검색 사이트에 수많은 사람들의 정보를 올려놓고 있으며, 얼마든지 내려받거나 인쇄할 수 있으니 참 편리한 세상이다. 개인 블로그(싸이월드)나 홈페이지의 정보, 기관 사이트의 정보 등 다양한 자료가 올려 있다. 하지만 그림의 떡이란 말이 있는 것처럼, 이들 인터넷 사이트에 아무리 좋은 자료가 올려 있어도 우리가 이용하지 않으면 '書自書我自我(서자서아자아 : 책은 책이고 나는 나, 즉 아무런 상관이 없는 사이)' 가 되고 만다.

이제 위에서 말한 '한글'이란 주제를 가지고 '구글' 사이트에 들어가서 '한글'이란 검색어를 쳐 보면, 정말 헤아릴 수 없이 많은 자료가 눈에 들어온다. 그 가운데에서 제목을 보아, 내가 필요한 자료인지 아닌지 판단해야 한다. '한글' 관련 자료 모두가 내게 필요한 게 아니기 때문이다. 이럴 때 최근에 나온 책이나 논문의 말미에 제시된 참고

문헌 목록은 자료 선택에 도움을 줄 수 있다. '한글'과 '우리말(국어)'을 구별하고 있는
지 혼동하여 쓰는지, 그 제목을 보면 대강은 알 수 있으니, 의심되는 자료들을 선택하
여 과연 자료로서 가치가 있다고 판단되면 복사하여 저장해 두면 된다. 인터넷 자료라
하면 대개는 아직 책이나 논문으로 발표되지 않은 정보를 연상하기 쉬우나, 요즘은 다
르다. '조선왕조실록' 국역본 전체가 인터넷으로 제공되는 것을 비롯하여, 각 학회의
홈페이지에서, 이전에 발행된 학회지 수록 논문 파일들을 제공하고 있어, 인터넷을 활
용하면 비용과 시간을 대폭 절감할 수 있으니 신나는 세상이다. '한글과 우리말' 관련
해서도, '한글'의 원래 말인 '훈민정음'이나 '정음', '언문'의 쓰임새를 알아보기 위해서
는 '조선왕조실록'을 뒤져 봐야 하는데, 이들 어휘가 '조선왕조실록'에서 어떻게 쓰였
는지 단시간에 검색이 가능하다는 것을 알 수 있다. 예전 학자들은 수십 권이나 되는
조선왕조실록 책을 갖다 놓고 일일이 페이지를 넘겨가며 해당 어휘를 찾아 헤맸는데

〈인터넷 검색〉

지금 우리는 컴퓨터 앞에 앉아 마우스만 움직이면 얼마든지
궁금증을 풀 수 있으니 얼마나 좋은가. 더욱 분발할 일이다.
　　모든 신문의 기사도 각 신문사 홈페이지에 들어가면 얼마
든지 검색하여 이용할 수 있게 되어 있으므로 이것도 활용해
야 한다. '한글과 우리말'에 관련해서도 신문에서 어떻게 이
어휘를 사용했는지 '한글'이란 단어로 검색해 보면 소상하게
검색할 수 있다. 특히 학자들이 연구하여 발표한 논문 자료
도 인터넷을 통해 얼마든지 열람하고 복사해서 이용할 수 있
으니 고맙고 반가운 일이다.

(3) 최근의 책이나 학위논문의 '참고문헌'란 보기

　　인터넷에 뜬 자료에만 의존해서는 안 된다. 고급 정보도 있지만, 인터넷 자료 가운
데에는 무책임한 정보, 싸구려 정보가 많아 조심해야 한다. 아직까지 가장 신뢰할 만한
자료는 역시 책이나 논문으로 발표된 정보인데, 어떤 책과 논문이 있는지 소상하게 조

사하여 수집해야 한다. 해당 주제와 관련하여 어떤 책과 논문이 이미 나왔는지 어떻게 알 수 있을까? 그 주제를 다룬 가장 최근의 책이나 논문(특히 석사 / 박사논문)의 말미에 제시된 참고문헌 부분을 보면 된다. 중요한 자료들이 대개 망라되어 있기 때문이다. 특히 학위논문이나 학위논문을 책으로 출판한 경우는 비교적 더 믿을 만하다. 책도 학자의 명예를 걸고 내므로 믿을 만하지만, 학위논문은 일정한 심사과정을 거쳐서 발표된 것이기에 더욱 믿을 만하다. 특히 논문은 그때까지의 연구 성과를 망라해 섭렵하여 이루어졌기 때문에 참고문헌란을 꼭 보아야 한다.

(4) 도서관 이용하기

위 세 가지만 의존해서는 안 된다. 목록만 확인했다고 되는 게 아니라 실제로 문헌자료들을 수집해야 한다. 최근의 책이나 논문(특히 학위논문)의 말미에서 제시한 참고문헌 목록대로, 해당 책과 논문을 실제로 입수해야 한다. 문헌자료는 책과 논문으로 대표되는데, 이들 중의 일부는 인터넷으로 제공되기도 하지만 모두가 그런 것은 아니니 따로 수고를 해야 한다. 문헌자료를 가장 방대하게 지닌 곳은 도서관이다.

소속 대학이나 국립이나 여타 공공도서관 사이트에 들어가서, 자신이 원하는 자료가 있는지 검색한 다음, 직접 방문하여 이용하든지, 우편 복사 서비스를 받으면 된다. 가장 방대한 자료를 자랑하는 곳은 국립중앙도서관인데, 사이트에 들어가 이용방법을 알아본 다음에 이용하는 것이 좋다. '한글과 우리말(국어)' 주제의 경우, 검색어에 '한글'을 쳐 넣으면 관련 자료의 목록이 쭉 뜨니, 그중에서 선별하면 된다. 어떤 자료는 원문 전체를 촬영하여, 국립중앙도서관 5층에서 화면을 통해 열람하고 인쇄할 수 있어 아주 편리하다.

문헌자료 가운데에서 학술지에 발표되는 전문학자들의 학술논문들이야말로 비교적 최근의 정보이면서 자료나 논리 면에서 신뢰도가 높으므로 참고하는 게 유리한데, 일일이 해당 논문을 찾아 헤매느라 과거에는 참 힘들었다. 하지만 요즘에는 학술논문 구하기가 획기적으로 쉬워졌다. 우선 관련 학회의 홈페이지에서 의무적으로 그 학회가 발행한 학회지에 실은 논문들의 파일을 탑재하게 되어 있으므로, 그걸 뒤져서 이용할 수도 있다. 하지만 이는 해당 논문의 제목이 무엇인지 어느 학회의 학회지에 실렸는지 알 경우에만 가능하다.

학술지에 실린 논문의 원문을 확보하는 가장 좋은 방법은 KISS(한국학술정보주식회사)나 DBpia 사이트를 이용하는 것이다. KISS의 경우 국내 1,000여 개 학회와 계약을 맺어 창간호부터 지금까지 모든 학회지에 실린 논문의 원문을 PDF파일로 만들어 제공하고 있어 아주 요긴하다. 서경대학교 도서관을 비롯하여 대부분의 도서관 홈페이지에 들어간 후 이용할 수 있다. 서경대학교 도서관의 경우, 바탕화면 오른쪽 <디지털콘텐츠> 코너가 바로 KISS(국내학술지)와 DBpia(국내학술지)와 접속할 수 있는 곳이다. 가정에서는 자료목록만 볼 수 있고, 원문은 도서관 내부에서만 이용이 가능하나, 도서관측의 협조를 얻으면 집에서도 원문 열람이 가능하다. KISS와 DBpia는 무료인 경우이고, RISS(학술연구정보서비스), 한국교육학술정보원 사이트 혹은 교보문고 사이트 안의 서비스 코너 중 '학술논문'에서 유료로 이용할 수도 있다. KISS와 DBpia, RISS, 교보문고의 '학술논문' 서비스 가운데 모든 논문을 완벽하게 갖춘 곳은 하나도 없으며, 상호보완 관계로 되어 있으므로, 부지런히 이곳저곳을 뒤지는 수고를 아끼지 않아야 좋은 자료를 많이 수집할 수 있다. 특히 가장 최근에 나온 주제 관련 석사/박사 학위논문이나 책을 하나 골라서 보면, 말미에 참고자료를 모두 소개하고 있으므로, 그것만 보면 자신이 수집해야 할 중요 자료가 어떤 것인지 금세 알 수 있어 편리하다. 석사/박사 학위논문 검색은 국회도서관이나 국립중앙도서관을 이용하면 가능하며, 대부분의 대학도서관은 국회도서관과 협약이 체결

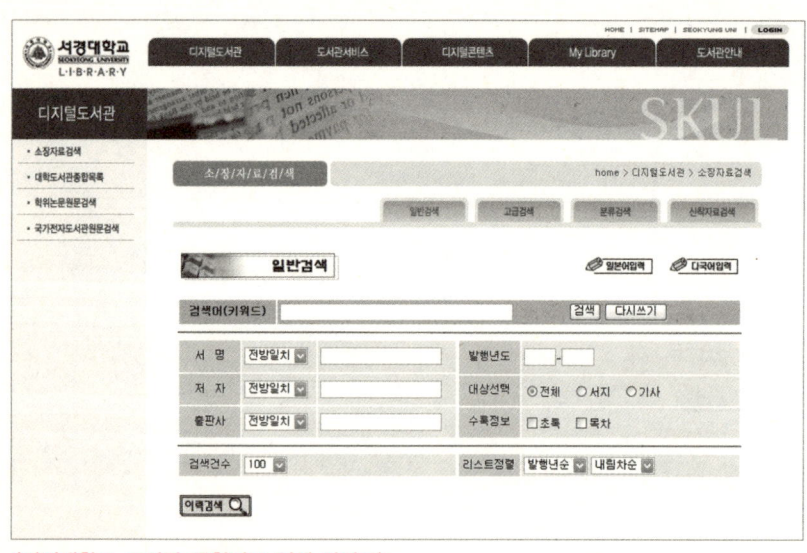

〈서경대학교 도서관 문헌정보 검색 사이트〉

되어 있어 학위논문 자료를 내려받을 수 있다. 국립중앙도서관의 자료는 각 지역단위의 공공도서관에서는 얼마든지 내려받을 수 있으니 적극 이용할 일이다.

　도서관에서 열람하는 자료는 복사할 수도 있지만, 대부분의 도서관에 노트북 테이블이 마련되어 있으므로, 노트북을 빌리거나 자신의 노트북을 가지고 가서 필요한 부분만 직접 입력할 수도 있으니 활용할 일이다.

참고 **도서관 이용법**

　도서관에서 제공하는 서비스에 두 가지가 있다. 하나는 도서관이 가지고 있는 자료를 제공하는 것, 또 하나는 외부의 자료를 웹D/B로 제공해 내려받게 하는 것이다.

　도서관 이용방법은 각 도서관의 홈페이지 첫 화면에서 자세히 안내하고 있으므로 그것을 익혀야 한다. 가장 기본적인 한 가지만 소개하면 이렇다.

　첫째, 도서 검색 코너에서 '통합검색'을 이용하여, 자신이 찾고 싶어 하는 자료의 제목이나 필자의 성명 등을 입력한다. 그 결과 검색이 되지 않으면 바로 포기할 게 아니라, 입력한 단어의 상위 개념이나 하위개념이 무엇일지 생각하여 그 이름으로 다시 입력해 검색해 보아야 한다. 예컨대, '석탄'을 쳐서 안 나올 경우, 그 상위개념인 '연료', '화석연료', '에너지' 등을 친다거나, 그 하위개념인 '휘발유, 등유, 경유, 중유' 등을, '욕'이 안 나오면 '비속어' 혹은 '은어'로도 입력해 재검색해 보아야 한다.

　둘째, 그 자료의 분류기호(청구기호) 및 도서의 위치, 대출 여부 등을 확인한다.

　셋째, 인터넷으로 확인했다면, 인터넷으로 복사 신청을 하거나 직접 찾아가서, 자료를 입수한다. 개가식 도서관이라면 직접 해당 위치에 가서 확보할 수 있고, 폐가식이라면 담당자에게 신청서를 적어 내어 기다리면 된다. 확보한 자료는 빌릴 수도 있고, 복사하거나 베끼거나, 노트북에 입력하면 된다. 국립중앙도서관의 경우는 복사신청하면 집에서도 받아볼 수 있다.

---

(5) 서점

　서점을 이용한 자료 수집도 필요하다. 아주 최근에 나온 책은 도서관에서도 미처 마련하지 못할 수가 있으며, 도서관이 모든 신간서적을 다 구비했다고 믿어서도 안 되기 때문이다. 도서관을 통해서 비교적 과거의 자료를 수집하였다면, 그 다음에는 서점에 가서 거기서 못 구한 자료 혹은 새로 나온 책을 구해야 한다. 단, 해당 책의 재고가 그 서점에 있는지 확인한 후에 가야 한다. 요즘에는 인터넷서점도 있어, 다소 저렴한 가격으로, 별도의 시간을 내서 서점을 방문하는 수고를 들이지 않고도 원하는 책을 입수할 수 있어서 편리하다.

어떤 경우에는 고서점을 이용해야 할 경우도 있다. '한글' 문제만 해도 그렇다. 일제시기에 나온 한글맞춤법 비판 관련 책자는 도서관이나 서점에서 구하기가 어려운데 이럴 때는 인사동이나 청계천 등지의 헌책방을 뒤지는 노력도 아끼지 않아야 한다. 헌책방도 인터넷으로 운영하는 곳이 여럿 있으므로, '헌책'이나 '고서점' 등으로 검색해 이용하면 희귀한 자료도 구할 수 있어 좋다.

(6) 설문조사

해당 주제를 보다 객관적이고 실증적으로 다루기 위한 일환으로, 설문조사를 이용할 수 있다. 설문조사를 할 때는 먼저 전문가에게 조언을 받고, 책, 잡지, 미디어 등 관련 문헌을 비롯하여 조사 대상에 관한 정보를 충분히 수집하는 것이 좋으며, 다음 사항들을 미리 점검해야 한다.

> 첫째, 무엇을 목적으로 조사할 것인가?
> 둘째, 질문 항목은 어떤 내용으로 만들 것인가?
> 셋째, 조사 지역과 조사 대상은 어떤 기준으로 선정할 것인가?
> 넷째, 누가 조사할 것인가?
> 다섯째, 통계적 분석은 어떻게 실행할 것인가?
> 여섯째, 조사 결과를 어떻게 적용할 것인가?

한글과 우리말을 같다고 생각하는지 다르다고 생각하는지, 사람들의 인식 양상이 어느 정도인지 구체적으로 확인하기 위해서도, 설문조사를 해볼 수 있다. 예컨대 다음과 같은 설문지를 만들어서 일정한 사람들을 대상으로 설문조사해 통계를 내어 그 결과를 이용할 수 있다.

갤럽을 비롯해 전문 리서치 기관을 이용하면 더욱 편하고 신뢰성 있는 결과를 얻을 수 있겠으나 비용도 만만치 않고 시간도 걸리므로, 스스로 진행해도 된다. 다만 누가 보더라도 객관성을 인정하게 하려면, 설문항목, 표본(설문 대상자) 선정 등을 신중하게 해야 한다. 조사자가 어떤 결

한글을 무엇이라고 생각하십니까?	
1. 우리 글자(문자)	☐
2. 우리 글(국문)	☐
3. 우리 말(한국어, 국어)	☐
4. 위의 세 가지 다	☐

론을 미리 내려놓고, 거기 유리한 항목을 만든다거나 그런 표본만을 대상으로 조사했다는 의혹이 생기지 않도록 최대한 객관적이고 투명한 조사가 이루어지도록 해야 한다. 위 주제의 경우, 일반인이나 학생, 국어교사나 국문과 교수를 대상으로 한 경우는 그 결과가 아주 다를 수 있으므로, 어느 한쪽에 치우치지 않도록 세심하게 배려해야 한다. 예컨대, 학생, 교사, 교수를 따로 따로 조사한 경우, 세 집단을 섞어서 평균치를 낸 경우 등으로 구분해서 조사하고 그 결과도 구분해 제시하면 좋을 것이다. 설문조사를 이용하는 방법은 '한글과 우리말(국어)'에 대해 현재 각 계층의 사람이 구체적으로 어떻게 인식하고 있는지 생생하게 파악할 수 있다는 점에서, 말하기와 글쓰기의 효과를 극대화하는 데 유리하다. 현재 많은 사람이 이렇게들 생각하고 있을 만큼 이 문제가 심각하다고 말머리나 글머리를 시작하면, 그렇지 않았을 경우보다 훨씬 설득력이 높아질 수 있기 때문이다.

이렇게 다양한 경로와 방법을 통해 자료를 수집해 가는 과정에서, 원래 잡았던 주제가 적절하지 않다는 사실을 발견할 수도 있고, 더 좋은 주제를 발견할 수도 있다. 그럴 경우에는 과감하게 자료와 부합하는 주제로 수정할 수 있는 융통성을 발휘해야 한다. 아무리 주제가 좋아도 이를 뒷받침할 만한 자료가 없으면 말하기와 글쓰기는 그만큼 부담스럽기만 하고 보람이 적을 수 있기 때문이다.

2. 자료의 정리

위와 같은 경로와 방법으로 자료를 구입하거나 복사하거나 열람하여 자료를 확보하였다 해도 그 자료들을 그대로 말하기와 글쓰기에 활용할 수는 없다. 정리해야 한다. 정리되지 않은 자료는 한갓 쓰레기에 불과할 수도 있다. 자료 정리는 어떻게 해야 할까? 자료 정리의 핵심은 구분이다. 일정한 기준을 가지고 나누는 것이다. 우리가 컴퓨터에 글이나 그림 자료를 저장할 때 아무렇게나 한군데 쓸어 넣지 않고, 일정한 폴더를 만들어 저장해 두어야, 필요할 때 쉽게 꺼내어 쓰는 것과 마찬가지라고 생각하면 된다.

자료의 분류 작업은 글쓰기(말하기를 위해서도 그 대본으로서의 글쓰기는 필요함)의 구상 및 개요 작성과 맞물려 있어서 간단하지 않다. 하나의 자료가 여러 분류 기준에 동시에 걸쳐 있을 경우도 있기 때문에 만만하지 않다. 이런 경우에는 자료를 하나씩 검토하고 나서 분류하기보다, 전체 자료를 한꺼번에 검토한 다음 말하기나 글쓰기의 구상에 따라 개요부터 먼저 짠 후, 그 개요에 맞추어 분류하는 것이 좋다. 그렇게 해도 하나의 자료가 여러 곳에 중복 분류될 수 있지만, 글을 써내려 가는 과정에서 조정이 가능하므로 너무 염려할 필요가 없다.

예를 들어 다음과 같이 개요 작성을 했다고 하자.

    Ⅰ. 머리말
Ⅱ. '한글'이란 단어의 올바른 뜻
Ⅲ. '한글'이란 단어의 오용·오인 양상
    1. 인터넷 기사에서 확인되는 오용·오인 실태
    2. 학생(고교 2년 및 대학 입학 수험생), 고교 국어 교사, 대학 국문과 교
       수를 대상으로 실시한 설문 조사 결과에 나타난 '한글'의 오인 실태
Ⅳ. '한글'에 대한 오용·오인의 원인
  Ⅴ. 맺음말

모으고 읽은 자료들 가운데에서 'Ⅱ. 한글이란 단어의 올바른 뜻' 대목에 이용할 만한 것을 정리해 둔다. '한글'이란 단어의 올바른 뜻은 국어사전에서 규정하고 있는 내용을 보이는 게 가장 효과적일 것이므로, 국립국어원에서 펴낸 『표준국어대사전』이나 한글학회의 『우리말큰사전』, 북한의 『조선말대사전』의 '한글' 항목 풀이한 내용을 그대로 인용하여 정리해 두어야 한다. 어떤 자료는 내용이 많아서 그대로 직접 인용하기도 어렵고, 반드시 직접 인용할 필요가 없으면, 자기 나름대로 요약하여 그 핵심 내용만 정리해 두면 된다.

'Ⅲ. '한글'이란 단어의 오용·오인 양상' 대목 관련 자료도 그렇게 정리해 둔다. 인터넷을 검색하여, '한글'이란 단어를 부적절하게 사용하는 용례들을 다양하게 모아 이것을 통째로 혹은 요약하여 정리해 두면 된다.

이때, 자료의 내용을 적어둘 때는 반드시 다음과 같이 적어놓아 각주로 밝힐 수 있게 해야 한다. 그래야만 출처와 근거가 분명한 글이 되어, 읽는 사람에게 신뢰감을 주며 글의 설득력을 높일 수 있다.

- 논문 : 필자, 「논문제목」, 『학술지명(혹은 저서명)』(연도), 쪽수.
    예) 고영근, 「'한글'의 유래에 대하여」, 국어와 민족문화(서울 : 집문당, 1984), 278~286쪽.
- 저서 : 저자, 『저서명』(도시명 : 출판사, 연도), 쪽수.
    예) 박승빈, 『한글맞춤법통일안비판』, 조선어학연구회, 1936, 4쪽.

정리하는 도구는, 카드나 공책을 따로 마련하여 그때그때 적을 수도 있고, 다른 방법을 쓸 수도 있다. 과거에는 자료 카드가 필수적이었으나, 지금은 더 편리한 수단이 많다. 그중의 하나가 컴퓨터를 이용한 방법이다. 연구자들의 경우에도 과거에는 카드나 공책에 일일이 써두었다가 논문을 쓸 때 활용했지만, 지금은 불시에 떠오르는 착상만 수첩에 그때그때 적는 경우가 대부분이다. 무슨 생각이 떠오르거나 자료를 만나면 즉석에서 적는다. 시간이 지나면 잊혀지기 때문이다. 어떤 경우에는 잠을 자다가 신선한 아이디어가 떠오르면 일어나 메모해 둔 다음에야 자리에 눕는다. 하지만 여타의 경우는, 컴퓨터나 핸드폰에 저장해 둔다. 컴퓨터에 쓰고자 하는 논문의 파일을 만들어 놓고, 거기 개요(목차)까지 적어 놓은 다음, 자료를 입수할 적마다 그 내용을 그대로 혹은 요약하여 그 자리에 계속 입력해 두었다가, 그 자료들을 바탕으로 일관된 논리와 문제 의식 아래 쭉 써 내려가면 글이 된다. 요즘은 핸드폰도 유익하게 활용할 수 있다. 어디 가서 관련된 자료를 발견했다 하자. 빌릴 수도 없고 복사할 수도 없다고 할 경우 어떻게 할 것인가? 필기도구도 없다고 하자. 걱정할 게 없다. 핸드폰에 문자형식으로 그 내용을 적어서 자신을 수신인으로 하여 보내어 이용하면 된다. 특히 서점이나 도서관에서 모든 책을 다 살 수는 없으므로, 필요한 내용만 그런 식으로 저장하여 이용하기도 한다.

입수한 자료가 모두 유용한 것은 아니다. 처음에는 어느 자료가 양질이고 어느 게 저질인지 분별하지 못하지만, 자꾸 읽어가고 글을 쓰다 보면, 자기도 모르는 사이에 감별 능력이 생긴다. 진품명품에 출연하는 전문가들이 척 보면 아는 것처럼, 우리도 일정한 궤도에 오르게 되면, 내가 꼭 읽어야 할 자료, 인용해야 할 자료가 무엇인지, 무시해도 좋은 자료가 무엇인지 가려낼 수 있는 눈이 생기는데, 금세 되는 게 아니니 우선은 가능한 한 모든 자료를 입수하려는 자세를 가지고 부지런히 읽고 내용을 파악해 정리해 두는 습관을 들여야 할 일이다.

앞에서 도서관 이용에 대해 설명하면서 '웹D/B(데이터베이스)' 자료를 내려받을 수 있다는 언급을 하였다. 데이터베이스란 "컴퓨터와 같은 정보처리장치에 의하여 문자·기호·도형·음성·화상·영상 등 다수의 자료를 체계적으로 수집 축적하여 다양하게 이용할 수 있도록 하는 정보의 집합체"라는 의미 그대로, 모든 것이 전산화한 오늘날에는 아주 유용한 도구가 되어 있다. 논문·보고서·특허·책·세미나 자료·기타 일상생활에 필요한 자료를 찾는 데 없어서는 안 될 정도의 참고자료가 되어버렸다. 종이 형식의 자료들만 가지고 새로운 정보를 창조한다는 것은 이제 한계에 도달하였으며, 데이터베이스를 이용하지 않고는 올바른 정보가 새롭게 만들어지기는 어려운 상황이 되어버렸다고 할 수 있다.

하지만 다른 사람이 만들어놓은 데이터베이스에만 의존할 수 없는 경우가 있다. 자신이 가진 자료와 정보들을 데이터베이스화하여야만 자신의 말하기와 글쓰기를 더욱 쉽고 효과적이며 힘 있게 할 수 있기 때문이다. 어쩌면 우리가 다른 사람의 데이터베이스를 이용하는 것은 궁극적으로는 그 방법을 익혀, 자신만의 데이터베이스를 만들어 다른 사람에게 제공하기 위한 과정이라고 할 수도 있다.

〈도서관에서 책을 찾아보는 모습〉

1.3.1. '조선시대 가옥건축'에 대하여 논문을 쓰기 위해 다음과 같은 내용이 들어가는
　　　 글을 쓰려고 한다. 이를 위해 여러 자료를 조사, 수집한다고 가정하고 제시된
　　　 사항에 대해 해결해 보자.

> 1. 조선시대 가옥 건축의 특징
> 2. 조선시대 가옥 건축의 의의
> 3. 조선시대 가옥의 형성 배경
> 　　① 인문지리적 배경 ② 사상적 배경 ③ 역사적 배경
> 4. 조선시대 가옥의 종류
> 　　① 계층별 ② 공간별 ③ 지역별 ④ 기능별 ⑤ 용도별
> 5. 세부구조

1) 어떤 자료가 필요할지 목록을 만들어보자.

2) 그러한 자료들을 어떻게 수집할지 알아보자.

3) 수집한 자료를 활용하기 위하여 정리하는 방법을 모두 열거해보자.

4) SAS 등 자료 정리나 분석을 위한 컴퓨터 프로그램에 대하여 조사해보자.

1.3.2. '한류(韓流)의 현황과 전망에 대하여'란 글을 쓰기 위해서는 최근 자료를 구
　　　 해야 한다. 석사 학위 논문이나 박사 학위 논문, 혹은 학술지 논문이나 저서
　　　 중에서 가장 최근의 것에 어떤 것들이 있는지 스스로 찾아 그 내용을 소개하
　　　 고, 맨 뒤의 참고문헌 목록을 제시해 보자.

1.3.3. 다음 글은 한국광고주협회가 주관한 제13회 소비자가 뽑은 좋은 광고상의 심사평 중 일부이다. 이 글을 참고하여, '어떤 광고에 호감을 갖는가'란 물음으로 설문조사를 할 경우 어떤 항목으로 구체화하여 조사해야 응답자들의 의식을 다양하고 정확하게 파악할 수 있겠는지 설문지 항목을 스스로 개발해 보자.

먼저 TV부문 좋은 광고상을 보면, 비씨카드의 '아빠 힘내세요'편은 모두가 살기 힘들다고 말하는 요즘 힘찬 응원의 메시지를 보냄으로써 가슴 따뜻한 감동을 주고 있습니다.

웅진식품 '자연은 시리즈'는 수채화 같은 영상과 함께 바쁜 현대인에게 조급한 마음을 버리고 자연처럼 여유를 갖고 기다리라는 메시지가 인상적이었습니다.

한국타이어 'Half-pipe(하프파이프)'편은 타이어가 자동차를 움직이는 보조수단을 넘어 감성적인 즐거움까지 준다는 것을 세련된 영상으로 표현해 차별화된 광고를 보여주었습니다.

SK주식회사의 '대한민국 에너지를 만듭니다 캠페인—바다'편은 해외 유전개발을 위해서 우리 기업과 노동자가 흘리는 땀과 노력을 감동적으로 전하고 있어 광고를 보는 이에게 자긍심을 주고 있습니다.

KT의 '1541(일오사일) 콜렉트콜 우비소년 캠페인'은 아이들에게 친근한 우비소년 캐릭터를 통해 "엄마한테 전화할 땐 1541(일오사일) 콜렉트콜"이라는 메시지를 아주 재미있고 명쾌하게 전달하고 있습니다.

해찬들의 '메주뜰 잘 익은 된장—장모님 맛'편은 주부들의 심리를 잘 파악해서 공감대를 얻는 데 성공한 광고라고 할 수 있습니다.

CJ주식회사의 'CJ공동브랜드 세상은 즐거움으로 가득하다 시리즈'는 평범한 일상에서 즐거움과 행복을 찾는 모습을 보여줌으로써 즐거움을 주는 생활문화 기업이라는 광고 콘셉트를 잘 전달하고 있습니다.

삼성생명보험 'Bravo your Life(브라보 유어 라이프) 시리즈'는 부모님의 사랑을 잔잔하게 전하는 광고로 소비자의 감성에 효과적으로 어필하였습니다.

광고는 [　　　　　▼] 이다

Ⅳ. 독서의 의의와 방법(준비단계 2)

1. 독서를 바라보는 새로운 관점

21세기에 들어선 현대사회는 '세계화'의 거대한 물결 속에 그 어느 곳, 그 어떤 이도 자유롭지 못한 새로운 변혁의 시대를 맞고 있다. 경제력과 기술력을 바탕으로 한 무한 경쟁의 시대에 지식과 정보는 생존을 위한 필수 요건이 될 수밖에 없다. 이제 어느 사회건 개인과 기업이 무한 경쟁에서 살아남기 위해서는 필요한 지식과 정보를 남보다 더 빠르고 정확하게 찾아내는 능력과 이를 조합하여 새로운 지식과 정보를 창조해 내는 능력을 반드시 갖추어야 하게 된 것이다.

이러한 지식과 정보를 찾아내고 새롭게 창출하는 능력은 무엇보다 독서를 중심으로 해서 계발될 수밖에 없다. 문명을 만들어내고 후세에 이어가며, 다양한 문화를 꽃피워 내면서 현재에까지 이르고 있는 인류의 삶과 그 기록으로서의 역사야말로 바로 이 수많은 책들을 통해 이루어져왔기 때문이다. '溫故而知新', 즉 '옛 것을 익혀 새로운 것을 안다'는 말은 곧 책으로 인해 싹트고 널리 전파되며, 그것을 수용하는 후속세대들로 인해 새로운 지식을 창출해내 온 우리의 삶과 역사, 그 문화의 본질을 꿰뚫고 있는 동양적 인식론이자 사고의 틀을 대변한다.

그럼에도 불구하고 우리는 흔히 독서를 재미를 동반한 취미거리나, 지적 성취감을 얻기 위한 보조물, 혹은 마음의 양식 정도로 이해함으로써, 감성적인 접근에 머물러 온 것이 사실이다. 중·고등학교 시절 독서 후 감상문을 써 본 경험을 이야기한다 해도 마찬가지다. 그 시절 소위 '명작'이라는 이름으로 군림하던 몇몇 문학작품들은 독서자로 하여금 기계적인 줄거리 요약, 말하자면 내용 파악 정도의 수준에 머물게 함으로써, 즐거워야 하고 감동으로 뒤척여야 할 독서를 오히려 지루하고 의무적인 숙제의 차원으로 전락시키지 않았던가.

그렇다면 이러한 변화된 사회에서 대학인에게 요구되는 독서란 어떤 모양새와 내용, 그리고 의미를 가진 것일까? 단순히 양적으로 풍부한 지식과 정보를 얻고자 한다면 인터넷을 기반으로 한 웹서핑을 통해 쉽고 빠르게 해결할 수도 있을 것이다. 하지만 우리가 굳이 책읽기를 고집해야 하는 이유는 보다 근본적인 곳에 있다. 그것은 독서가 책에 구현된 언어를 매개로 하여 이루어지는 인지적 과정, 즉 독자가 일정한 사고의 과정을 통해 의미를 재구성하는 일련의 총체적인 인식 활동이자, 궁극적으로는 책을 중심으로 그가 속한 사회의 문화를 습득하고 창조하는 사회문화적 의사소통 행위의 하나인 것이기 때문이다.

리처드 코치는 그의 저서 『나를 바꾸는 80/20의 프로젝트』에서 현대사회를 조직이 아닌 창조적 개인이 주도하는 시대로 규정하면서, "성과의 80%를 좌우하는 20%의 핵심을 찾아라. 80%의 성과는 당신의 20%의 활동에서 나오고, 기업 이익의 80%는 20%의 고객으로부터 나온다."는 의미심장한 말을 한 바 있다. 이것은 곧 현대사회가 요구하는 지식과 정보 처리 능력이란 단순한 검색 능력이나 수집력만을 가리키는 것이 아니라, 검색과 독해, 그리고 분석과 선별 능력을 갖추는 동시에 그로부터 새로운 아이템이나 콘텐츠를 재창조할 수 있는 다양하고도 복합적인 문제 해결 능력을 의미하는 것임을 강조하였다. 말하자면 이러한 그의 견해는 학문에 있어서 20세기는 개별 학문이 독자적으로 발전하면서 서로 충돌했으나, 21세기에는 학문 간의 상호융합을 통한 새로운 기술 혁신과 문화 창조의 길로 나아갈 것임을 암시하는 것이기도 하다.

우리는 지금까지 흔히 독서란 그저 세상을 보는 안목을 넓히거나 깊게 하고, 타인의 생각이나 이야기에 감동하고 반응하는 수동적이며 정태적인 일쯤으로만 생각해 왔다.

물론 인간의 성장과 지적 성숙을 지향하는 독서의 인문학적 특징은 시대나 사회가 바뀌어도 변할 수 없는 근원적인 본질이다. 그러나 이러한 관념이 능동적이고 동태적인 독서, 즉 독서 그 자체가 아니라 독서를 통한 새로운 의미 구성과 창조라는 보다 현실적인 의의를 외면하는 결과를 낳는다면 우리는 역시 인터넷의 망망한 바다에 떠서 안락한 보트 위에서 손가락으로 노를 젓고만 있는 현대의 한량(閑良)이 될 따름이다.

2. 독서의 과정

〈독서하는 모습〉

독서는 고도의 지적 능력을 필요로 하는 일련의 복잡한 정신작용이다. 독자는 독서의 과정에서 글에 제시되어 있는 정보와 자신이 이미 보유하고 있는 정보를 결합하여 글 전체의 의미를 구성해 나간다. 이러한 과정에서 독자는 글에 제시되어 있는 정보들을 통합하고 조정하기 위하여 여러 가지 지적 기능을 동원한다. 아울러 독서의 결과는 독자의 독서 능력이나 배경 지식에 따라 다를 수 있으며, 독자의 독서 목적이나 상황에 따라서도 다를 수 있다. 이런 의미에서 한 권의 책을 읽는다는 것은 하나의 지식을 안다는 것만을 의미하는 것이 아니라, 오히려 읽는 주체로서 독자인 나 자신이 어떤 생각을 만들어내게 되었는가의 측면이 더 중요하다. 그러므로 독서를 통하여 글 전체의 의미를 파악하기 위해서는 논리적이고도 창의적인 사고의 과정을 반드시 거쳐야 한다. 특히 이러한 독서 능력을 획득하기 위해서는 악기 연주 같이 오랜 기간의 체계적인 연습을 필요로 한다.

독서 행위는 다음과 같은 세 가지 과정을 통해 하나의 전체적인 체계로서 구성된다.

(1) 의미 구성 과정

독서는 글에 제시되어 있는 정보와 독자 자신의 배경 지식을 결합하여 글 전체의 의미를 구성하는 과정이다. 어떠한 글이든지 필자가 나타내고자 하는 모든 정보를 다 포함하고 있는 것은 아니다. 독자는 글을 읽으면서 글 속에 나타나 있지 않은 정보를 추론하기 위하여 자신의 머릿속에 저장되어 있는 배경 지식을 활용한다.

독자에 따라 글의 내용과 관련되는 배경 지식이 다르기 때문에 같은 글이라도 그 글을 읽는 사람이 누구인가에 따라 글 전체의 의미가 다를 수 있다. 글에서 다루는 내용에 대한 배경 지식이 부족한 독자와, 독서의 과정에서 배경 지식을 적극적으로 활용하지 못하는 독자는 글 전체의 의미를 충실하게 구성할 수 없다. 그리고 같은 내용에 대하여 독자가 가지고 있는 배경 지식이 서로 다를 경우에는 필자가 표현한 의미와 독자가 이해한 의미 사이에 차이가 날 수 있다. 일반적으로 미숙한 독자는 적절한 배경 지식을 가지고 있다 할지라도 독서의 과정에서 그것을 제대로 활용하지 못하는 경향이 있는데, 이러한 독자는 글의 내용을 정확히 이해할 수 없을 뿐만 아니라 글 전체의 의미를 잘못 구성하게 된다.

(2) 정보 처리 과정

독서는 글에 제시되어 있는 다양한 정보를 효과적으로 처리하는 지적 활동이다. 독서의 과정에서 글 전체의 의미를 정확하고 효과적으로 구성하기 위해서 독자는 글에 제시된 정보를 물 흐르듯이 유연하고 신속하게 처리해야 한다. 인간의 기억 능력은 매우 제한되어 있기 때문에 글에 제시된 모든 정보를 한꺼번에 처리하는 것은 불가능하다. 따라서 유능한 독자라면 글 전체의 의미를 파악하는 데 꼭 필요한 정보들을 선택하여 그것들을 중심으로 독서를 해 나가기 마련이다.

독서의 과정에서 글에 제시된 정보를 효과적으로 처리하기 위해서 필요한 것은 우선 단어들을 정확하고 신속하게 식별하는 일이다. 이렇게 한 다음 유능한 독자는 문장에 제시되어 있는 정보를 처리하기 위하여 그 문장의 주요 단어를 중심으로 문장의 의미를 구성하게 된다. 또한 문단에 제시되어 있는 정보를 처리하는 경우에는 그 문단의 중심 문장을 바탕으로 하여 문단의 의미를 구성한다. 문단의 중심 문장은 필자가 말하고자 하는 세부 내용, 즉 화제를 대변하기 마련이다. 이 화제들이 모여서 글 전체의 주제가 형성되는데, 역시 유능한 독자는 이들 문단의 중심 문장들을 지속적으로 결합·구성하면서 글의 전체적 의미를 효과적으로 파악할 수 있다.

(3) 문제 해결 과정

독서는 여러 가지 복잡한 문제를 해결하는 지적 활동이다. 독서의 과정에서 독자가 해결해야 할 문제는 매우 다양하다. 독자는 글 전체의 의미를 정확하고 효과적으로 구성하기 위하여 글의 중심 내용과 주제를 파악해야 하고, 글에 명시적으로 드러나 있지 않은 정보를 추론해야 하며, 아울러 글 전체의 구조를 파악해야 한다. 또한 독자는 글에 제시된 필자의 의견이나 주장의 타당성 여부를 판단해야 하며, 그 과정에서 필자의 의도나 동기를 파악해야 한다.

이러한 다양한 문제를 해결하기 위해 독자는 여러 가지 문제 해결 전략을 사용해야 한다. 독서의 과정에서 독자가 사용하는 독서 전략은 독서의 상황에 따라 얼마든지 다를 수 있다. 즉 내용이 얼마나 복잡한가, 글의 내용에 대해 얼마만큼 친숙한가, 글을 읽는 목적이 무엇인가에 따라 서로 다른 전략을 사용할 수 있다. 복잡한 구조를 가진 글의 경우라면 독자는 글의 전개 방식을 효과적으로 파악하기 위한 전략을 사용해야 할 것이며, 글의 내용이 익숙한 경우라면 내용을 보다 심층적으로 이해하기 위한 전략을 활용할 필요가 있다. 또한 같은 글이라도 즐거움을 얻기 위한 목적으로 글을 읽는 경우보다는 학습을 목적으로 독서를 하는 경우 세부 내용을 효과적으로 기억하기 위한 전략을 사용하는 일이 많다.

3. 효과적인 독서의 방법

주어진 독서 과제를 효과적으로 수행하기 위해서는 단순히 텍스트의 표면에 나타난 문자의 조합들을 따라가기만 해서는 안 된다. 일반적으로 순수한 읽기의 과정으로서 독서는 알아내기, 이해하기, 적용하기, 분석하기, 종합하기, 판단하기와 같은 여러 단계를 거쳐 완성되는 일련의 총체적 활동이라 할 수 있다.

이 가운데 알아내기와 이해하기의 단계에 해당하는 독서 활동이 내용을 확인하고 요약하는 1차적 읽기의 과정이다. 이를 바탕으로 두 번째 단계인 적용과 분석의 활동을 할 수 있는데, 이 단계에서 요청되는 독서 활동이 추론적 읽기의 과정이다. 이 활동은 파악되거나 이해된 표면적 의미의 이면에 감추어져 있는 사실이나 생각을 끄집어냄으로써 이해된 의미의 이유나 전후 맥락을 분석하는 과정에 해당한다. 마지막 단계인 종합과 판단은 글의 배경적 맥락을 이해한 바탕에서 최종적으로 사실과 관련된 필자의 견해에 대해 객관적이고도 비판적으로 판단내리는 과정으로 비판적 읽기 활동을 요구한다. 이러한 세 가지의 단계를 거치면서 독자는 한 편의 글을 완벽하게 이해할 수 있게 되는 것이다.

(1) 내용의 확인과 요약

독서의 가장 초보적인 단계는 읽는 내용이 무엇인지를 알아내는 일이다. 이 단계에서는 글의 세부 내용과 줄거리, 인과관계 및 대상의 특성을 확인하는 읽기의 활동이 필요하다. 우선 글의 세부 내용을 확인하기 위해서는 먼저 단어, 즉 용어나 개념과 관련된 사전 이해가 전제되어야 한다. 특히 전문서적이나 고전문학 작품에는 흔히 쓰이지 않는 전문용어나 한자어가 풍부하게 담겨 있다. 따라서 낯설고 어려운 단어들의 사전적 의미를 정확하게 확인하고, 이와 동시에 그 단어들에 내포된 비유적 의미를 파악함으로써 글의 세부 내용을 정확히 파악할 수 있다.

단어의 문제가 해결된 다음에는 다음 단계로 글의 핵심 정보를 찾아내야만 한다. 핵심 정보의 파악은 핵심어를 찾아내는 것에서부터 출발할 수 있다. 핵심어는 글 전체를 포괄할 수 있어야 하기 때문에 반복되어 나타나며, 그에 대한 세부 설명이 덧붙는 것이 일반적이며, 때로는 핵심어의 특성을 설명하기 위해 핵심어와 반대되는 개념을 예문으로 첨가하기도 한다. 이러한 핵심어의 파악은 이를 활용하여 핵심 문장을 찾아내는 밑받침으로 삼을 수 있다는 점에서 유용하다.

이와 함께 서사적인 글의 경우에는 글의 전체 줄거리를 확인하는 일이 필요하다. 줄거리를 확인하기 위해서는 글의 전체적인 통일성을 파악하고 그 내용을 요약할 수 있어야 한다. 줄거리 확인을 위해서는 스토리 라인을 작성하는 방법이 효과적이다. 스토리 라인을 작성하기 위해서는 시간의 순서에 따른 사건의 진행 과정을 정리해야만 한다. 누가 어떻게 하는가, 무엇이 어떻게 움직이는가, 그 사건이 어떻게 진행되는가를 시간 순서에 따라 기술하되, 결과적으로 글 전체의 일관성이 드러날 수 있도록 요약해야 한다.

글 전체를 효과적으로 요약, 정리하기 위해서는 무엇보다 문단의 앞뒤 맥락을 파악하고, 내용의 인과관계를 확인할 수 있어야 한다. 이를 위해서는 우선 문단과 문단을 연결시키는 연결고리를 찾아야 하는데, 흔히는 접속어가 그 역할을 하기 마련이다. 이들 접속어는 대체로 앞뒤 문장이나 구를 논리적 모순 없이 순차적으로 이어나가거나, 아니면 반대로 앞뒤의 내용이 서로 대립되거나 일치하지 않는 상태로 연결시킨다. 전자의 경우는 대개 앞의 내용이 뒤의 내용에 대한 원인이나 전제, 조건이 됨을 보여주며, 후자의 경우는 필자가 상황이나 내용이 담고 있는 문제를 거론하거나 사실 혹은 사태에 대한 반대 의견을 제시할 때 나타난다.

이와 같이 글의 내용을 확인하고 나면, 일단 자신이 읽은 글에 대한 총체적 의미를 구성할 수 있는 기틀을 갖춘 셈이 된다. 문제는 이 일을 얼마나 효과적이고 정확하게 수행하느냐에 있다. 그러기 위해서는 읽은 글에 나와 있는 수많은 정보들의 가치를 판단하여 중요하지 않은 것은 버리고 비슷한 정보끼리는 모으며, 중요도가 낮은 정보는 보다 중요한 정보에 통합하여 글 전체를 하나의 핵심적인 의미체로 만들어나가야 한다. 말하자면 글을 잘 읽는다는 것은 우선 그 글의 내용을 정확하게 파악하여 읽은 내용을 명확하게 요약할 수 있어야 함을 뜻하는 것이다.

이를 위해서 적용할 수 있는 내용 요약의 일반적인 규칙을 제시하면 다음과 같다.

> ① 삭제 : 연속되는 명제들 중에서 후속 명제의 해석에 직접적이지 않은 부수적
>   인 속성들을 지시하는 명제들은 삭제한다.
> ② 일반화 : 연속되는 명제들은 그것들보다 상위의 개념으로 한정하는 명제로
>   대치할 수 있다.
> ③ 선택 : 연속되는 명제들 중에서 또 다른 명제들에 의해서 지시되는 사실이나
>   통상적인 조건들은 삭제할 수 있다.
> ④ 재구성 : 연속되는 명제들은 그 통상적인 조건이나 요소, 결과들을 지시하는
>   하나의 명제로 대치할 수 있다.

(2) 추론을 통한 적용과 분석

사전적 의미에서 '추론(推論)'이란 미루어 생각하고 언급함을 뜻한다. 글을 쓰는 입장
에서는 흔히 자신이 쓰고 싶은 내용이나 사실을 모두 드러낼 수는 없다. 따라서 글을 읽
는 독자는 자신이 가지고 있는 배경 지식을 활용하거나, 앞뒤의 사건과 연관 지어 글의
내용을 유추하는 한편, 동시에 필자가 생략한 내용을 보충해가며 읽어야만 한다.

이처럼 추론적 읽기는 글에 나와 있는 정보의 관계를 파악하거나, 글에 제시된 사실
적 정보들을 근거로 글에 명시되지 않은 생략된 내용이나 필자의 의도를 미루어 파악
하면서 읽는 활동이다. 그러므로 추론은 근본적으로 대상이나 상황을 인식하는 하나의
방법으로서 의미가 있다.

제시된 글의 내용에서 전제된 내용을 추리하거나 제시된 내용을 결합하여 새로운
사실을 만들어 나가는 사유의 과정을 논리적 추론이라 한다. 논리적 추론에는 우선 글
에 제시되지 않은 전제 혹은 가정을 다른 전제나 결론을 근거로 추론하는 전제의 추론,
말이나 글 속에 어떠한 뜻이 들어 있음 또는 그 뜻을 추론하는 함의의 추론, 그리고 다
른 대상 사이의 상호관계를 보고 간접적으로 그 관계를 판단하는 이행적 추론 등의 방
법을 통해 구체화된다.

한편 어떤 사건이나 상황의 관계 속에서 대상의 실체를 확인해 나가는 사유 과정을 관계적 추론이라 한다. 글 속에 나타난 여러 관계들을 파악한다는 것은 문장 사이의 생략된 내용이나 다음 문단에서 이어질 내용, 전 단계의 내용 등이 무엇인지 또는 글 전체의 구조가 어떠한지 등을 추측하는 활동을 가리킨다. 이러한 관계적 추론 중 가장 중요한 요소는 인과관계에 대한 추론이다. 이때 접속어는 문장과 문장, 단락과 단락 사이의 인과관계를 쉽게 파악할 수 있는 단서가 된다. 이 외에 큰 개념에서 그것을 구성하는 작은 개념으로 나누어져 배열된 글의 구조를 추론하는 상하관계의 추론, 그리고 글의 전체적인 구조를 파악하면서 읽는 구조의 추론 등도 모두 관계적 추론에 해당한다.

(3) 비판적 읽기와 문제의식의 도출

유능한 독자는 글의 내용에 수동적으로 적응하고 수용하기만 하지는 않는다. 글을 잘 읽어내기 위해 독자는 단순한 지식과 정보의 획득만을 목표로 해서는 안 된다. 글을 읽는 궁극적 목표는 타인과 타인의 생각을 이해하는 데 있다. 이때 타인은 곧 글쓴이가 되며, 따라서 독자는 그가 왜 그런 생각을 하게 되었으며, 그 의미는 무엇인지 추출해내야 한다. 말하자면 독서란 결국 문자의 집합으로 이루어진 글 자체를 읽는 것이라기보다는 그것이 언급하고 있는 또 다른 지평의 의미를 찾아나서는 미지의 항해와도 같은 것이다.

그러나 여기서 유의해야 할 것은 결코 이러한 독자의 역할과 위상이 주관적인 독서의 필요성을 뜻하지는 않는다는 점이다. 오히려 바람직한 독서란 객관적으로 제시되어 있는 사실과 사태를 독자의 주체적인 시각과 관점을 통해 조명해보는 가운데 문제의 소재를 도출하며, 새로운 의미를 발견하고, 그 의미의 가치에 대해 스스로 판단을 내릴 수 있는 보다 심층적이고 종합적인 과정을 요구한다. 이때 요구되는 것이 비판적 읽기의 과정이다.

비판적 읽기는 비판적 사고의 과정을 통해 이루어진다. 그렇지만 주어진 글을 비판적으로 이해한다는 것은 무조건 글이나 글쓴이의 견해에 대해 반대 의견을 제시하는 것만을 의미하지는 않는다. 비판적 사고에는 일정한 준거가 뒤따르기 마련이다. 특히 글을 읽을 때 동원되는 비판적 사고는 글의 내용을 충실하게 이해하기 위한 필요성뿐만 아니라, 글 자체가 알려주지 않는 정보를 독자 스스로 동원함으로써 보다 객관적으로 필자의 관점과 견해의 논리성을 판단하는 데 도움이 된다.

전자를 비판적 읽기의 내적 준거라 하는데, 이것은 글 자체에서 필자가 말하고자 하는 바가 무엇인지를 주제의식의 측면에서 정확히 판단해내는 데 동원되는 준거에 해당한다. 여기에는 먼저 글의 논리나 관점, 문체 등이 처음부터 끝까지 일관되게 유지되는지 판단하는 일관성 비판, 어휘의 선택이나 문장의 구성, 용어의 사용 등이 적절한가를 살피는 적절성 비판, 그리고 사례나 논거 및 이를 통해 판단이나 결론, 주장을 이끌어내는 과정이 타당한가를 확인하는 타당성 비판 등이 활용될 수 있다.

글에 담긴 생각을 이해하되, 이를 글의 외부 요인과 연결시켜 파악하는 데 활용되는 준거를 외적 준거라 한다. 예를 들어 인용된 자료의 출처, 글을 쓴 시기, 글에서 빠진 내용들과 같은 정보들을 동원하여 읽거나, 글 자체에서 의심의 단서를 찾아 새로운 정보를 확인하는 절차를 거치는 일은 모두 외적 준거에 의한 비판적 읽기 활동에 해당한다. 여기에는 사실이나 전제들이 일반적인 진리에 비추어 볼 때 옳은지를 판단하는 신뢰성 비판, 글이 쓰이고 읽히는 사회적, 시대적 상황에 비추어 의미가 있는지를 평가하는 효용성 비판, 필자의 시각과 관점이 편향되어 있지 않은지 따져보는 공정성 비판 등이 활용될 수 있다.

4. 독서의 내면화와 활용

결국 대학인에게 필요한 독서는 각자의 전공 분야에서 학문적 지식과 정보를 보다 효율적으로 획득하고, 분석·정리하며, 자기화함으로써 문제의식을 도출하여 필자의 생각과 견해에 대한 자기 나름의 비판적 안목을 확립하는 한편, 그것을 타인의 생각과 견주어 논의를 통해 표현해봄으로써 독서에서 형성된 의미구성력을 새로운 문제해결력으로 심화 · 확장시키는 데 궁극적인 목적이 있다. 따라서 글을 읽고 난 후에는 무엇보다 읽은 내용의 의미와 가치를 자기 것으로 내면화하는 활동이 뒤따르지 않으면 안된다.

이를 위해서는 우선 책이나 글을 읽고 난 후의 생각들을 분석하고 종합할 수 있어야 하며, 그 속에 들어 있는 화제나 문제들에 대해 반응할 수 있어야 한다. 아울러 책이나 글의 내용과 자신의 생각과의 관련성을 인식함으로써 사고력을 확장할 수 있어야 한다. 그리고 책이나 글에 담긴 지식과 정보를 조직적으로 습득하는 한편, 기억에 오래 남을 수 있도록 내면화해야 한다.

이러한 독서의 내면화를 효과적으로 수행하기 위해서는 무엇보다 '자기화'의 전략을 통해 글에 대한 기억을 극대화할 필요가 있다. '자기화'란 독서를 통해 입수된 정보가 머릿속에서 제대로 인식되어 그와 관련된 경험을 하게 되는 경우 언제든지 영향을 미칠 수 있거나 스스로 문제를 해결할 수 있을 정도가 되는 것을 말한다. 그 구체적인 방법으로는 글의 요점을 정리하여 기억하거나, 글의 내용을 다르게 바꾸어 써봄으로써 자신의 생각을 구체화하는 활동이 유용하다.

독서를 통해 획득된 정보는 사고 활동을 거쳐 심화되거나 또 다른 표현으로 이어져 가치를 파생할 수 있어야 한다. 이렇게 획득된 정보를 유용하게 활용하기 위해서는 객관적으로 받아들인 정보를 자신의 세계관에 비추어 비판적으로 대응함으로써 자기 나름의 재구성 작업을 거치는 한편, 토론이나 발표, 글쓰기 작업 등을 통해 다른 사람들과의 정보 공유 활동을 수행하는 것이 필요하다. 이것이야말로 독서의 가장 심화된 목적지이자 사회가 대학인에게 요구하는 진정한 실력을 쌓는 길이기도 하다.

분 야	연 번	서 명	저 자	내 용	출판사
문 학	001	『金素月全集』	김소월	한국근대시사의 대표적인 전통 서정시인의 시작품 전집	서울대출판부
	002	『熱河日記』	박지원	조선 후기 실학사상에 바탕을 둔 우리 고전문학의 근대적 혁신을 대변하는 문집	보리
	003	『林巨正』	홍명희	조선조 민중의 삶을 그린 일제하 대표적인 대하 역사 소설	사계절
	004	『太白山脈』	조정래	해방 직후 한국 사회의 좌우 이념 대립을 형상화한 장편 역사 소설	해냄출판사
	005	『阿Q正傳』	魯迅	중국의 근대화 과정을 둘러싼 정치적·사회적 상황을 그려낸 장편소설	홍신문화사
	006	『審判』	F. Kafka	인간의 내면 심리와 부조리의 세계를 그린 현대 서구 모더니즘 소설의 대표작	문예출판사
	007	『시의 숲에서 세상을 읽다』	김상욱	삶의 일부로서 시를 느끼고 읽을 수 있는 창의력과 비판력을 길러 주는 안내서	푸른나무
	008	『초록 생명의 길』	신덕룡	산업사회의 생명파괴에 대응하여 환경과 생명지키기를 지향하는 문학 시론 모음집	시와사람사
	009	『문학과 사회』	최유찬·오성호	문학의 사회적 의미를 이론적으로 정리한 연구서	실전문학사
	010	『인문학문의 사명』	조동일	현대의 인문과학이 나아가야 할 방향을 학문적으로 제시한 인문학 개설서	서울대출판부
예 술	011	『예술과 인간』	I. Edman / 박용숙 옮김	예술의 본질을 인간 정신과의 관련에서 살핀 예술원론서	문예출판사
	012	『음악사회학』	M. Weber / 이건용 옮김	음악예술의 사회적 성격과 의미를 이론화한 미학서	민음사
	013	『미술과 시지각』	R. Arnheim / 김춘일	회화, 사진, 영상과 관련된 시각예술의 원리와 이념을 제시한 책	미진사
	014	『새로운 조형예술의 기초개념』	T. V. Dausberg	건축, 조각, 공예 등을 포괄하는 조형예술의 미학을 탐구한 책	과학기술사
	015	『포스트모던 댄스의 미학』	허영일	무용예술의 현대적 특징을 포스트모더니즘과의 연관에서 조명한 책	일지사
	016	『판소리란 무엇인가』	최동현	한국 전통 연극의 대표로서 판소리의 연극적·음악적 의미를 개념화한 책	에디터

분 야	연 번	서 명	저 자	내 용	출판사
	017	『사회적 영상과 반사회적 영상』	하길종	70년대 한국 영화의 새로운 가치관과 미학을 제시한 영화비평서	전예원
	018	『대중매체 시대의 예술』	J. Walker / 최성만 옮김	현대 대중사회에서의 예술의 본질과 역할을 문화론적 시각에서 점검한 책	열화당
	019	『전통사회의 민중예술』	김흥규 편	한국 사회의 전통적인 민중예술 양식을 역사적으로 조감한 책	민음사
	020	『문학과 예술의 사회사 1-4』	A. Hauser / 염무웅 외 옮김	고대로부터 현대에 이르는 예술 사조의 흐름을 사회적 관점에서 기술한 책	창작과비평사
철 학	021	『소피의 세계』	J. Gaarder / 장영은 옮김	노르웨이 고등학교 철학 교과서로 일상생활의 측면에서 철학의 의미를 탐색한 책	현암사
	022	『도덕적 형이상학의 기초』	I. Kant / 정진 옮김	순수이성을 토대로 18세기 서구의 새로운 윤리학을 정립한 책	을유문화사
	023	『플라톤의 대화』	Platon / 최명관 옮김	이데아론을 중심으로 도덕의 문제와 예술관을 대화법으로서 제시한 책	종로서적
	024	『歷史哲學』	G. W. F. Hegel / 임석진 옮김	관념적 유물론의 입장에서 세계사를 자유와 절대정신의 지향으로 체계화한 책	문예출판사
	025	『짜라투스트라는 이렇게 말했다』	F. W. Nietzsche	신의 죽음과 힘의 의지를 통해 서양 형이상학의 변혁을 제시한 실존주의 철학서	삼성출판사
	026	『精神分析入門』	S. Freud	꿈의 해석을 통해 인간의 무의식과 욕망의 세계를 밝힌 정신분석학의 대변서	삼성출판사
	027	『眞理와 方法』	H. G. Gadamer	해석학의 방법과 원리를 제시한 현대 철학의 이론서	민음사
	028	『세계철학사』	네루	제3세계의 관점에서 세계철학의 역사를 기술한 책	석탑
	029	『동양철학에세이』	김교빈 외	서양철학과 대비되는 동양철학의 이념과 특징을 포괄적으로 기술한 책	동녘
	030	『논리와 비판적 사고』	김광수	비판적 사고를 통한 논리학의 교육적 가치를 제시한 실천적 탐구서	철학과 현실사
종 교 · 사 상	031	『大學·論語· 孟子·中庸』		동양 사상의 핵심으로서 공자와 맹자의 저서를 위시한 〈四書〉	이화문화출판사
	032	『莊子』	壯子	무위자연으로 대표되는 중국의 도가 사상을 제시한 책	을유문화사
	033	『栗谷全書 1-4』	이이	조선조 한국 유학의 정신적 기반과 이념을 대변하는 사상서	한국정신문화 연구원

분 야	연 번	서 명	저 자	내 용	출판사
종 교 · 사 상	034	『牧民心書 1-6』	정약용 / 다산연구회 역주	조선 후기 실학사상의 본류오서 다산의 현실관과 철학을 집대성한 책	창작과비평사
	035	『法句經』	巨海 편역	불교의 가장 오래된 경전으로 대승 불교의 근본 원리를 이해할 수 있는 책	고려원
	036	『聖과 俗』	Elliade	종교의 본질을 신성과 인간성의 상호관련 속에서 역사적으로 성찰한 책	한길사
	037	『도덕적 인간과 비도덕적 사회』	Nieber	기독교 신학의 입장에서 현대 사회의 정신적 의미를 비판적으로 바라본 책	현대사상사
	038	『열린사회와 그 적들 1·2』	K. Popper / 이한구, 이명현 옮김	마르그스주의에 대한 비판적 접근을 보여주는 현대사회사상서	민음사
	039	『지식의 고고학』	M. Foucault	프랑스 후기 구조주의의 대표적 저작으로서 탈현대적 사상의 기반을 제시한 책	민음사
	040	『103인의 현대 사상』	김우창 외 엮음	다양한 현대 사조를 형성시킨 철학가, 사상가들의 세계를 조망한 안내서	민음사
역 사	041	『역사란 무엇인가』	F. H. Karr	역사의 본질과 의미를 개념적인 자원에서 소개한 입문서	범우사
	042	『인간의 역사』	Iliin	인간중심의 입장에서 세계사의 흐름을 정리한 책	동녘
	043	『중세의 세계』	Friedrich Herr / 김기환 옮김	서양 중세 사회의 인물과 문화를 분석한 유럽 문명사 개괄서	현대미학사
	044	『史記』	司馬遷	중국 최초의 통시적 역사서로 동양의 역사기술 방식의 전범이 된 책	서해문집
	045	『三國遺事』	一然 / 이민수 옮김	삼국의 역사, 불교, 신앙, 민속, 문학, 언어, 미술 등의 역사를 기록한 야사(野史)	을유문화사
	046	『韓國痛史』	박은식 / 이장희	민족사관에 입각하여 일제에 국권을 침탈당하는 한국최근세사를 기록한 책	박영사
	047	『梅泉野錄』	황현김용 옮김	조선 말엽(대원군조)부터 대한제국의 멸망까지의 최근세사에 대한 사실적 기록	교문사
	048	『朝鮮上古史』	신채호	고조선에서 삼국시대까지의 한국사를 '我와 非我의 투쟁'의 관정으로 기술한 책	비봉출판사
	049	『백범일지』	김구	일제차 임시정부시절의 일기로 한국근대사의 민족주의적 지향을 대변하는 책	돌베개

분 야	연 번	서 명	저 자	내 용	출판사
역 사	050	『해반전후사의 인식 1-6』	송건호 외	해방후 한국전쟁 이전까지의 사회사를 체계적으로 분석한 현대사의 대표적 이론서	한길사
정 치 · 경 제	051	『자본론』	K. Marx / 김수행 옮김	사회주의 사상의 원류로서 자본주의에 대한 마르크스의 비판적 이론을 확립한 책	비봉출판사
	052	『국뷰론』	A. Smith	자유로운 근대국가의 이상을 토대로 한 최초의 본격적인 자본주의 분석서	범우사
	053	『프로테스탄트의 윤리와 자본주의 정신』	M. Weber / 권세권 외 역	사회학적 관점에서 자본주의 발전에 기여한 청교도의 윤리를 분석한 책	일조각
	054	『물질문명과 자본주의』	F. Braudel	세계경제의 형성과 흐름을 사회사적인 시각으로 분석, 정리한 이날 학파의 대표서	까치
	055	『미국의 민주주의』	A. de Touqueville / 박지동 옮김	미국의 정치현실에 대한 관찰과 예견을 바탕으로 민주주의의 문제를 체계화한 책	한길사
	056	『권리를 위한 투쟁』	R. von Jhering	사회적 투쟁으로서 법의 개념을 정립한 법사상서	범우사
	057	『자본주의 이행논쟁』	M.Dobb 외 / 김대환 편역	봉건제의 붕괴와 자본주의 성립 과정을 경제사상사적으로 접근한 책	동녘
	058	『옥중수고』	A. Gramsci	유로코뮤니즘의 사상을 바탕으로 한 반파시즘적 지식인의 정치철학을 집대성한 책	거름
	059	『8억인과의 대화』	이영희	냉전 체제의 변동기에 처한 중국의 정치경제적, 사회문화적 현실을 조망한 책	한길사
	060	『제2세계의 이해』	변형윤 외	아시아, 남미, 아프리카권 국가에 대한 정치적 이해의 새로운 시각을 제시한 책	형성사
사 회	061	『산업사회의 계습과 계급갈등』	R. Darendorf	자본주의 사회에서의 계층구조에 관해 사회학적으로 접근한 책	홍성사
	062	『지식인의 반역』	J. Banda	서구 현대 지성사에서 지식인의 역할에 대한 비판적 분석서	백제
	063	『계몽의 변증법』	M. Horkheimer & T. W. Adorno / 김유동 역	프랑크푸르트학파의 비판적 사회이론의 기초가 된 사회철학서	문예출판사
	064	『이성적인 사회를 위하여』	J. Harbermas / 장일조 옮김	현대 자본주의 사회의 계몽적 개혁을 제시한 비판사회이론서	종로서적
	065	『제3의 물결』	Alvin Toffler / 김태선 외 옮김	사회와 인간의 새로운 미래를 예견한 문명사적 사회분석서	홍성사

분 야	연 번	서 명	저 자	내 용	출판사
사 회	066	『물질문명과 자본주의』	F. brodel / 주성철 옮김	자본주의 발달에 따른 사회적 변동의 역사를 문명사적 관점으로 다룬 책	까치
	067	『풍속의 역사』	Eduard Fooks	고대로부터 현대에 이르는 서양사를 풍속사의 관점에서 밝힌 책	까치
	068	『분단시대와 한국사회』	변형윤 외	전후 한국사회의 현실적 진단과 전망을 종합적으로 제시한 책	까치
	069	『한국의 민족주의』	진덕규 엮음	근대 이후 한국사회에서 형성된 민족주의의 이념과 현실을 정리한 책	한길사
	070	『현대사회사상사』	황성모	서구의 현대 사회사상의 흐름과 이념적 특징을 정리한 이론서	일조각
문 화	071	『문화를 보는 열 다섯 이론』	아야베쓰네오 / 이종원 옮김	다양한 문화이론을 비교·정리한 문화입문서	인간사랑
	072	『문화사회학』	R. Williams	자본주의 사회와 문화의 사회학적 분석이론을 정립한 책	까치
	073	『현대성과 정체성』	Scott Lash 외 / 윤호병 외 옮김	현대 사회의 문화적 특성을 미학적으로 밝힌 책	현대미학사
	074	『포스트 모더니즘과 비판사회과학』	김성기	비판이론을 토대로 포스트 모더니즘 문화론을 비판적으로 조명한 책	문학과지성사
	075	『상품미학비판』	W. Hauke / 김문환 역	현대 자본주의 문화의 사회경제적 토대와 미학적 의미를 비교·분석한 책	이론과 실천
	076	『슬픈 열대』	C. Levi-Strauss	구조주의적 사고에 의해 열대지방의 현지조사를 회고, 정리한 문화인류학적 기행문	한길사
	077	『대중문화론의 패러다임』	원용진	대중문화론의 이론적이면서 실제적인 분석과 탐구, 새로운 전망을 제시한 책	나남
	078	『청년문화론』	이중한	70년대 한국사회의 젊은 세대에 의해 형성된 새로운 문화운동의 흐름을 기록한 책	현암사
	079	『언론문화와 대중문화』	최정호	한국 사회의 매스컴과 대중문화의 현실을 비판적으로 조망한 책	민음사
	080	『현대문화와 소외』	김주연 편	현대 산업사회의 인간과 문화적 상황에 대한 문명비판서	현대사상사
과 학 · 기 술	081	『과학 에세이』	I. Asimov / 권성국 옮김	천문학, 물리학, 화학, 생물학 등 광범위한 과학 일반에 대해 알기 쉽게 해설한 책	언어문화사
	082	『과학자가 되려는 사람을 위하여』	A. E. Nulse / 이현모 편역	물리학적 관점에서 인간과 생명, 우주 현상에 대한 새로운 시각을 제시한 책	현대과학사

분 야	연 번	서 명	저 자	내 용	출판사
과 학 · 기 술	083	『과학혁명의 구조』	T. Kuhn / 김명자 옮김	패러다임의 이론을 바탕으로 과학의 구조와 진보과정을 밝힌 책	까치
	084	『부분과 전체』	W. Heisenberg	현대물리학의 인식론을 과학철학적 입장에서 정치, 인간관과 관계하여 정리한 책	지식산업사
	085	『책임의 원칙』	H. Jonas	현대 과학기술문명의 이념과 유토피아 지향의 비윤리성을 지적한 책	서광사
	086	『생명이란 무엇인가』	E. Schrodinger / 서인석·황상익 옮김	유전 현상과 분자물리학을 관련시켜 인간 생명의 의미를 밝힌 책	한울출판사
	087	『중국의 과학과 문명』	J. Needham / 이석호·임정대 옮김	유기체적 세계관을 가진 중국의 전통과학과 근대적 변화체계를 집대성한 책	을유문화사
	088	『컴퓨터 혁명의 철학』	A. H. Rakitov / 이득재 옮김	기술공학의 발전과 그에 따른 인간 삶의 새로운 미래에 대한 분석서	문예출판사
	089	『정보사회와 우리』	최정호 외	새로운 미디어 문화와 커뮤니케이션의 진보가 사회에 미치는 영향을 분석한 책	소화
	090	『발견자들 1, 2』	Daniel J. Buerstin / 이성범 옮김	세계의 과학기술 발전을 선도한 과학자, 발명가들의 역사를 정리한 책	범양사출판부
생 활	091	『지구환경과 사회이론』	M. Redcliff / 이기호 옮김	환경 보호의 문제를 사회학적으로 다룬 생태학 보고서	한울
	092	『물, 생명과 건강의 철학』	니와 유키에 / 남원우 옮김	물과 생명, 건강의 관계를 임상학적 지식을 바탕으로 제시한 책	지식산업사
	093	『법과 생활』	최종고	일상 생활에서 알아두어야 할 법률 상식을 실제적으로 소개한 책	박영사
	094	『세계여성사』	G. Trug / 이재현 외 옮김	여성의 삶과 현실을 세계의 역사에 비추어 정리한 책	문예출판사
	095	『한국 사회복지의 이해』	한국사회과학연구소	우리 사회의 교육 현실의 문제점과 전망을 비판적으로 밝힌 책	동풍
	096	『분단시대의 민족교육』	성내운	우리 사회의 교육 현실의 문제점과 전망을 비판적으로 밝힌 책	학민사
	097	『돈의 철학』	Georg Jimmel / 안준섭 외 옮김	개인과 가정 경제와 관련된 돈의 의미와 역할을 철학적으로 분석한 책	한길사
	098	『미덕에 관한 철학적 에세이』	A. Conte & Spontville / 조한경 옮김	예의, 자비, 사랑 등 18가지 삶의 미덕을 논한 인생론	까치
	099	『나의 문화유산답사기 1~3』	유홍준	우리나라의 전통문화 유산을 소개하고 가치를 평가한 문화기행문	창작과비평사
	100	『사람됨의 뜻』	이규호	'어떻게 살 것인가'의 문제를 철학적 인간학의 측면에서 제시한 책	제일출판사

1.4.1. 다음 글을 읽고 필자가 말하고자 한 바를 한 마디로 요약해서 제시하고, 독서
　　　를 통해 얻는 감동은 어떤 것일지 생각해 보자.

> 　　미국의 인디언 축제에 참가했을 때의 일이다. 인디언 천막 안에서 인디언 노인
> 들과 흥미 있는 대화를 주고받으리라 기대했던 나는 아주 뜻밖의 일을 경험했다.
> 　　천막 안으로 들어가 그들과 마주앉자마자 나는 내 소개를 하기 시작했다. 나
> 는 글을 쓰는 작가이며, 인디언 세계에 무척 관심이 많고, 잘 부탁한다는 말까지
> 잊지 않았다. 인디언들의 철학과 역사를 많이 알고 있다는 것도 넌지시 내비쳤
> 다. 그런데 그들은 아무런 반응도 보이지 않았다. 다만 허리를 꼿꼿이 세우고 묵
> 묵히 앉아 있을 뿐이었다. 천막 안이 어슴푸레해서 시선이 나를 향하고 있는 건
> 지 허공을 바라보고 있는 건지는 알 수 없었다. 천막마다 그런 식이었다.
> 　　처음에는 나를 불청객으로 여긴다고 생각했다. 축제 구경을 온, 잘난 체하는
> 이방인의 침입을 부정 타는 일로 여길 법도 했다. 아니면 나와 동행한 백인 친
> 구가 마음에 들지 않았는지도 모를 일이었다. 나는 별다른 대화도 나누지 못한
> 채 천막마다 구부리고 들어가느라 허리만 뻐근했다.
> 　　훗날에야 나는 그것이 인디언 부족들의 전통인 것을 알았다. 누군가를 만나
> 면 그들은 대화를 시작하기 전에 그렇게 한동안 침묵으로 상대방을 느끼는 것
> 이다. 자기 앞에 있는 존재를 가장 잘 느끼는 방법은 말을 통한 것이 아니라
> 침묵을 통한 것임을 그들은 깨닫고 있었다.
> 　　그 후 미국에서 돌아와 나는 누군가를 만날 때마다 인디언들 흉내를 내고는
> 했다. 상대방의 존재를 느낀답시고 입을 다물고 오 분이고 십 분이고 앉아 있
> 었다. 그 결과 아주 괴팍하고 거만한 사람이라는 평을 듣게 되었다. 침묵은 흉
> 내가 아니라 존재의 평화로움에서 저절로 나오는 것임을 미처 몰랐던 것이다.
> 　　인디언들과의 만남은 내게는 새로운 눈뜸이었다. 그들의 땅을 사랑하고, 그
> 세계에 이끌린 나머지 나는 몇 번의 여행을 인디언들과 함께 보내면서 나는 그
> 들로부터 인디언식 이름을 얻었다. 하나는 '너무 많이 말해(Too much talking)'
> 이었다. 내가 뭘 얼마나 떠들기에 그런 식으로 날 부르는가 따지고 싶었지만,
> 그랬다가는 '너무 많이 따져'라는 이름을 또 얻게 될까봐 그럴 수도 없는 노릇
> 이었다. 그렇다. 고백하지만 나는 그들의 침묵에는 턱없이 모자랐고, 그들의 말
> 에는 더없이 넘쳐났다. 나는 쓸데없는 말을 너무 많이 하고 살았지 않은가.
>
> 　　　　　　　　　　　　　　　　　　　　　－류시화, 「나의 모국어는 침묵 중」에서

1.4.2. 다음 글을 읽고 아래의 지시에 따라 비판해 보자.

지구상의 많고 많은 종들 중 하나에 지나지 않는 인류가 어쩌면 이제는 앞으로의 행보에 따라 전 지구의 운명을 좌지우지할 수 있게 되기까지 몇백 년이라는 짧은 시간이 걸렸다. 터널 건설, 산림 벌채, 간척사업 등 인간은 자연을 이용해 이익을 창출하면서 지속적으로 자연을 괴롭혀온 것이다. 하지만 앞서 언급했듯이 초창기의 인간은 그런 모습이 아니었다. 그에 따르는 하나의 사회적 원인, 즉 사상적 기반이라고 할 수 있는 것이 시장의 형성, 그리고 시장 이데올로기의 형성이다.

산업혁명이 일어나고 공장이 지어지면서 대량 생산의 경제가 본격화되었다. 이에 따라 인간들은 과거와는 비교할 수 없을 만큼 많은 잉여 생산물을 이용한 대규모의 거래를 시작하였는데, 그것이 본격적 의미의 시장이다. 시장에서 많은 자본을 축적하게 되어 잇따른 이익을 추구하기 시작한 인간은 개발에 눈을 돌렸다. 그런데 그것은 이익만 될 수 있다면 무한히 성장해야 한다는 이론을 바탕에 깔고 있는 것이었다. 시장에서는 누구도 자기 이익을 추구함에 있어서 제한받아야 할 이유가 없다.

분명 많은 문제점을 내포하고 있는 이러한 사회 현상의 해결 가능성은 '이타성', 그리고 '협력'이라는 덕목에서 찾아보고자 한다. '이타성'이란 쉽게 말해 남을 나보다 먼저 생각하는 것이다. 즉 인간에게는 최선의 이익을 기대할 수 없더라도 타생물체에 이익이 될 수 있는 개발 방향을 설정하는 것이다. 또, 협력의 차원에서 볼 때는 지구상에서 인간은 홀로 살아갈 수 없고 자연을 둥지삼아 다른 종들과 더불어 살아야 한다는 지적을 할 수 있다. 이것이 지구 멸망을 막는 유일한 방법이라 할 수 있다.

그러나 현재까지 인간 사회의 발전과정을 볼 때 몇몇 덕목을 제시한다고 현실의 문제가 쉽게 해결되지는 않을 것이다. 눈앞의 이익만을 좇아 이러한 사항들을 자질구레한 것으로 치부해 버릴 수도 있지 않은가. 하지만 인류는 앞으로 더 멀리 내다보는 안목을 길러 현명하게 미래를 준비해야 할 것이다.

1) 이 글에 대해 비판적인 문제 제기를 할 수 있는 단서는 무엇인지 찾아보자.

2) 이 글을 비판하기 위해 더 알아야 할 정보들은 무엇인지 생각해 보자.

3) 이 글을 일관성, 적절성, 타당성의 기준에 의해 평가해 보자.

1.4.3. 도서관에 대한 다음 글들을 고려하여 '독서와 교육'이란 제목으로 논술문을 작
성해보자.

> 1) 아이들로 하여금 책을 읽게 하려면, 부모가 책을 읽고 '독서의 즐거움을 누
>   리는 것'을 아이들에게 직접 보여주는 게 최고의 비법이다.
> 2) 책을 읽으면 자신을 돌아보게 되고 자신의 모습을 보게 된다.
> 3) 책은 나를 자유롭게 한다. 책을 읽으면서 꿈과 자유를 생각하게 된다.
> 4) 도서관, 가르치지 않아서 더 큰 배움터
> 5) 도서관은 시험도 보지 않고 평가도 하지 않으면서도 배우려는 의지를 더 강
>   하게 만든다.
> 6) 도서관은 사회주의적 시설이다.
> 7) 도서관이 아이들에게 주는 가장 큰 힘은 책을 읽는 일보다 그 분위기이다.

독서는 [▼] 이다

제 2 부

발표와 토론

Ⅰ. 말하기의 유형과 특징

1. 말하기의 개념

우리가 이 세상을 원만하게 살아가기 위해서는 인간관계를 잘 해야 한다. 이때에 의사소통(communication)을 어떻게 해야 하느냐가 항상 관심의 대상이 된다. 그것은 의사소통이 얼마나 잘 이루어지느냐에 따라 그 관계가 좋을 수도 있고 그렇지 않을 수도 있기 때문이다. 또한 우리는 치열한 경쟁 사회에서 민주 시민으로서 성공적인 삶을 살아가기 위해 의사소통의 문제에 늘 관심을 갖지 않을 수 없다.

의사소통이 언어체계를 중심으로 정보와 의미를 서로 나누는 과정이라고 할 때에 표현으로서 말하기 행위는 다른 어떤 언어 행위보다 중요하고 또한 그 비중이 크다.

이러한 말하기는 그 개념이 그렇게 단순하지 않다. 대개 말하기를 자신이 의도한 내용을 언어로 변형하는 과정으로 보기도 하지만, 어떤 측면에서는 화자가 의사소통 상황에서 언어적 표현과 비언어적 표현을 통해 청자에게 변화를 주기 위한 메시지를 전달하는 일련의 행위로 보기도 한다.

그런데 의사소통과 관련하여 듣기 또한 말하기 못지않은 언어행위이다. 말하기와 듣기는 화자와 청자 사이에 이루어지는 역동적인 언어사용의 과정이요 행위이기 때문이다. 그러나 여기에서는 말하기를 중심으로 그 유형에 대해 잠시 살펴보기로 한다.

2. 말하기의 유형과 특징

　말하기의 유형은 여러 가지 기준에 따라 다양하게 분류될 수 있다. 일반적으로 말하기의 형태는 누구와 어떤 상황에서 무슨 목적으로 말하느냐에 의해 좌우된다. 말하기의 상황, 말하기의 목적, 말하기의 참여자 이들 세 요인이 어떻게 결합하느냐에 따라 화자는 말의 내용, 표현 방식, 말하기의 태도 등을 결정짓는다.

　말하기의 목적은 대체로 정보수집과 정보전달, 설득, 친교 및 정서 표현 등으로 나뉜다. 정보수집의 말하기는 대부분 의문문 형태로 말하며 대표적인 것으로 인터뷰하기가 있다. 정보전달의 말하기는 서술문의 형태로 말하며 보고하기, 묘사하기, 설명하기, 시범 보이기 방법으로 이루어지는데, 강의나 인터뷰 응하기, 대화 등이 있다. 설득의 말하기는 연설, 토론, 대화 등이 있다. 이 경우에는 특히 설명하기가 설득을 위한 전제로 먼저 이해를 위해 필요하다. 친교 및 정서 표현의 말하기는 식사(式辭)인 축사, 송사, 기념사, 주례사, 조사 등과 오락적 말하기의 구연, 극본의 대사, 독백, 대화 등이 있다.
　말하기의 상황은 격식성의 유무에 따라 공식적 말하기와 비공식적 말하기로 변별된다. 공식적 말하기는 연설, 토론, 식사 등이 있고, 비공식적 말하기는 독백과 대화 등이 있다.
　참여자의 참여 방식에 따른 말하기는 대체로 일방적으로 혼자 말하느냐 아니면 참여자끼리 서로 주고받느냐로 양분된다. 즉 의사소통에서 대체로 일방향적 말하기냐 아니면 쌍방향적 말하기냐로 나뉜다. 혼자 말하기는 연설, 강의, 식사, 독백 등이 있고, 상대와 말하기는 토의, 토론, 인터뷰, 대화 등이 있다.

　이와 같이 말하기의 유형을 말하기의 상황의 격식성 유무에 따라 공식적 말하기와 비공식적 말하기로 대별하고, 그 하위에 참여 방식에 따라 각각 혼자 말하기와 상대 말하기를 둔 다음에, 그것들을 각각 말하기의 목적에 따라 구체적으로 분류하면 다음과 같다.

독백은 개인 내적 의사소통의 유형이면서도 음성이 밖으로 표출되는 것으로 개인 내적 의사소통의 변형이라고 할 수 있다. 이것은 특별히 다른 사람과의 의사소통을 위한 것이라기보다 자신의 감정을 혼자 언어로 표현해 봄으로써 일반적이지 않은 감정을 완화해 보려는 목적에서 이루어진다.

　일상 대화는 비공식적으로 상대방과 직접 마주하여 이야기하는 것으로 일상 언어생활 중에서 가장 널리 행해지고 있는 말하기 유형이다. 일상 대화는 화자와 청자와의 관계가 일방적인 것이 아니라 쌍방적인 교류성을 지니며 형식적인 틀에 얽매이지 않고 자연스럽게 진행되는 참여자의 자율성이 두드러지게 나타난다.

　인터뷰는 일상 대화와는 달리, 어떤 특별한 목적의 공식적인 질의─응답식 대화로서 방송 대담, 회견, 면담과 면접 등이 이에 속한다. 대체로 면담은 두 사람 이상이 만나 상의하는 것을 말하며, 면접은 특정 목적 아래 서로 대면하여 질의와 응답을 하는 것을 말한다. 면담과 면접은 한 사람과 한 사람 사이에 하는 단독 면담과 면접, 한 사람과 여러 사람 사이에 하는 집단 면접과 면담이 있다. 목적에 따라 설득을 위한 면담이나 면접, 상담을 위한 면담이나 면접, 정보 수집을 위한 면담이나 면접 등이 있고, 그밖에 평가를 위한 면담이나 면접이 있다.

　연설은 공식적으로 화자가 청중을 향하여 말하는 한 방향의 말하기 유형이다. 이것은 설득을 위한 화법으로 비공식적인 대화와는 달리 사전 준비의 과정을 거친다. 연설과 같은 공식적 혼자 말하기는 청자와의 교류가 간접적이어서 화자가 준비한 원고와 그 내용이 거의 같다. 연설에서 화자가 청중들의 반응을 고려는 하되, 쌍방향적인 말하기에서처럼 적극적이지는 않다.

　설명도 연설과 같이 공식적인 한 방향의 말하기 유형이다. 다만 목적이 다를 뿐으로 청중에게 정보를 전달해서 이해를 시키기 위한 화법이다. 이 말하기는 구체적인 목적이나 방법에 따라 묘사하기, 설명하기, 보고하기, 그리고 시범 보이기 등으로 나누기도 한다.

　묘사하기는 어떤 사물의 모양이나 장면, 자신의 감정 등을 구체적인 심상으로 표현하는 말하기의 방식이다. 화자는 말로써 청자에게 구체적인 심상을 형성시켜야 한다.

묘사하기에 가장 많이 사용되는 배열 방법으로 공간 순서가 있다. 설명하기는 어떤 사건이나 현상이 발생하게 되는 원인이나 과정, 결과 등을 청중에게 밝혀서 알려주거나, 술어가 지니고 있는 개념을 청중에게 명확하게 밝혀주는 말하기 방식이다. 설명하기는 일상생활에서 가장 많이 쓰이는데, 선생님의 강의나 학생들의 발표 등은 대부분 이 방식을 사용한 것이다. 효과적인 설명 방법으로 정의, 비교·대조, 인용, 통계, 시청각 자료 등이 있다. 보고하기는 화자가 직접 목격하거나 다른 사람한테서 들은 사건, 방송이나 신문, 잡지, 서적 등을 통해서 알게 된 사건, 사물이나 현상에 대한 관찰이나 조사 연구 결과 등에 대한 정보를 청중에게 객관적으로 알려주는 말하기 방식이다. 이런 말하기는 그 내용이 이해하기 쉽고, 정확하고, 간단명료하며 객관적이고 공정해야 한다. 시범 보이기는 어떤 구체적인 행동을 하는 방법을 실제 행동으로 보이면서 말로 알려주는 말하기 방식이다. 교육에서 어떤 원리를 설명하고 시범 보이기를 할 때에 흔히 사용된다.

식사(式辭)는 공식적이고 친교적인 혼자 말하기 유형이다. 이에는 축사, 송사, 기념사, 주례사, 조사 등이 있다. 식사는 일반적으로 3~4분 정도가 알맞다. 청자가 알아듣기 쉬운 말의 빠르기는 보통 사람의 경우 1분에 120음절(자) 내지 180음절(자) 정도이다. 화자는 자신의 위치를 분간하여 그 처지에 맞는 이야기의 내용, 어휘의 선택, 어법 등을 고려하여야 한다.

토의와 토론은 공식적이고 쌍방향적 말하기 유형이다. 이런 정도의 분류라면 그 두 용어의 차이는 드러나지 않는다. 그런데 사전에서도 그들의 개념적인 차이가 분명하지 않다.

> 토의(討議) : 어떤 문제에 대하여 검토하고 협의함.
> 토론(討論) : 어떤 문제에 대하여 여러 사람이 각각 의견을 말하여 논의함.
> ─「표준국어대사전」, 두산동아, 1999.

위의 정의에서처럼 두 용어가 어떤 문제에 대하여 다양한 의견을 수렴하기 위해 논의한다는 점에서 그러하다. 즉 토의는 어떤 문제의 해결을 위한 의견의 일치를 얻으려고 서로 협동하여 논의하는 방식인데, 토론도 어떤 문제를 해결하기 위해 의견을 구한다는 점에서는 그것과 같다. 그러나 토론은 문제의 대립 점에 대하여 긍정과 부정으로 갈려서 대립을 전면에 드러낸다. 그래서 상호 경쟁적인 관계가 되어 설득을 하려한다. 토의도 논의 과정 속에서 시각적인 차이가 존재하나 그것을 전면에 내세우지 않는다. 상호 협조적인 관계가 되어 다양한 정보와 의견을 교환한다. 그러므로 토의에서는 주장하는 것과 마찬가지로 경청할 마음의 준비를 가져야 한다.

토의와 토론은 대체로 3명 이상 15명 이하의 집단 간에 이루어지는 의사소통의 방식이다. 그러면 먼저 토의에 대하여 좀 더 알아보자.

토의를 하려면 우선 토의의 주제를 설정해야 한다. 그러기 위해서는 가능한 한 공동의 관심이 있는 분야에서 문제를 발견하는 것이 수월하다. 토의의 문제는 크게 세 가지 종류, 즉 사실적 문제, 가치적 문제, 그리고 정책적 문제로 나눌 수 있다.

사실적 문제는 어떤 문제를 정확히 이해하기 위한 것이다. 가령 "서울시의 대기 오염 방지 대책은 무엇인가?"와 같은 것을 들 수 있다. 가치적 문제는 어떤 문제에 대한 평가를 위한 것이다. 가령 "정부의 국도 균형 발전 정책은 과연 효과적인가?"와 같은 것을 들 수 있다. 정책적 문제는 어떤 문제의 해결을 위한 것이다. 가령 "한강의 지천을 살리려면 어떻게 해야 하는가?"와 같은 것을 들 수 있다.

그런 다음 그 문제에서 토의해야 할 구체적인 사항이 무엇인지를 찾아야 한다. 가령 문제에 대한 실태와 분석, 문제 해결과 관련된 모든 방안 제시, 최선의 해결안 선택, 실행을 위한 방법 모색 등이 의제로서 토의 사항이 된다.

그리고 나서 토의의 종류를 알고 주제에 알맞은 토의 방식을 선택해야 한다. 토의의 종류에는 대체로 다음과 같은 것들이 있다.

(1) 포럼

'포럼(forum)'이란 공식 모임 또는 토의를 위한 장소를 뜻하는 데 주로 쓰였던 용어였다. 포럼은 청중이 질문을 하거나 의견을 제시할 수 있는 상황에서 사용된다. 어떤 문제에 대해 직접 관련 있는 사람들이 모여 공개적으로 토의하는 것으로, 다른 토의와는 달리 처음부터 청중의 참여로 이루어진다. 사회자의 주도하에 토의자들은 제시된 한 가지의 주제에 대해 서로 상충되는 견해를 한 사람씩 발표하고 청중과 질의 응답하여 해결책을 모색하는 형식인 것이다.

(2) 원탁 토의

〈원탁토의〉

포럼이 대규모 집단의 토의라면, 원탁 토의는 10명 내외의 사람들이 모여 이야기할 수 있는 소규모 집단의 토의이다. 참여자들은 모두가 동등한 자격으로 특별한 절차나 규칙에 얽매이지 않고 자유롭게 주어진 토의의 문제에 대해 비공식적으로 의견 교환이 이루어진다. 이 토의는 가정의 일상적인 것에서부터 사회적인 현안에 이르기까지 다양한 범위를 의제로 할 수 있다. 대개 그러한 모임은 결론에 도달하는 것이 목적이기 때문에 어떤 문제 해결 방안을 결정하는 데 적합하다.

(3) 패널 토의

공적으로 문제를 토의하면서 동시에 사적 모임의 특성인 비공식성을 가지는 경우가 있다. 원탁에 앉는 대신에 청중들 앞에 반원으로 앉아서 토의하는 이런 형태를 패널(panel)이라고 한다.

어떤 문제에 대하여 풍부한 지식이나 경험이 있는 사람을 대표자(패널리스트)로 뽑아 자유롭게 서로 의견을 교환한 후 청중들이 참여하여 간단한 질문을 하거나 의견을 말하는 토의 방식이다. 토론자들 사이에 상당한 정도의 의견의 일치를 인정하며 문제와 관련된 이견(異見)을 조정하여 의견의 일치를 이끌어내는 수단으로 자주 쓰인다. 그러므로 이 토론은 정치적인 문제나 시사적인 문제와 같은 특정한 분야의 전문적인 문제를 해결하는 데에 적합하다.

(4) 심포지엄

미리 3~4명의 전문가나 권위자에게 특정한 주제를 주고 그것에 대해 발표하게 한 후에 청중들에게 간단한 질의를 하게 하는 토의 방식이 심포지엄(symposium)이다. 각 발표자는 주제의 서로 다른 측면이나 관점에서 그것에 대한 이야기를 준비한다. 발표 시간이 되면, 연사들은 번갈아 가며 말한다. 이때 발표 시간이 비슷하게 배정되어서 의견 교환이 거의 이루어지지 않는다. 따라서 연사는 주제에 대한 정보를 전달하는 데에 주어진 시간을 거의 다 보내기 때문에, 의견 충돌이 극히 적다. 이 토론은 어떤 주제에 대한 결론을 도출하는 것이 목적이 아니고 여러 각도의 의견을 발표하는 것이 주목적이다. 패널과 심포지엄에도 청중들이 참여하는 시간이 있기는 하나, 그것 때문에 심포지엄의 본래 구조가 변형되지는 않는다.

(5) 회의

두 사람 이상이 모여서 당면한 문제를 해결하기 위하여 의제를 채택하고, 참여자의 동의를 얻어 의제에 관련된 사항을 결정하는 토의 방식이다. 회의는 가장 일반적인 토의 형태이다. 학급회의에서처럼 회의는 대체로 조직된 집단에서 선출된 임원들이 회칙에 따라 진행한다는 점에서 다른 토의 방식과 차이가 있다. 국회의 정기총회와 같은 경우가 이런 방식으로 이루어진다.

(6) 프레젠테이션

그밖에 최근 말하기 방식의 하나로 '프레젠테이션(presentation)'이라는 용어가 자주 사용된다. 그 개념에 대해서는 흔히 '발표'나 '소개' 또는 '시청각 기기를 사용한 표현'이라고 생각한다. 또한 광의의 개념으로는 '말하기' 개념에 가깝게 사용되기도 한다. 그러나 요즘 '프레젠테이션'하면 대개 자기의 의견이나 아이디어, 경험 등의 정보를 여러 사람을 상대로 전달하거나 설득하는 행위로서 말하기의 한 방식으로 생각하는 것이 일반적이다. 의사소통과 관련하여 볼 때 프레젠테이션은 일상생활에서 자기표현(Self

Presentation)의 방법으로 이해된다. 즉, 프레젠테이션은 일종의 연기나 무대 올리기, 또는 배역을 포함한 모든 연출상의 은유에 기초를 두고 있는 것이다.

> **참고** 말하기와 관련하여 읽어볼 만한 참고자료
>
> • 전은주, 『말하기 듣기 교육론』, 박이정, 1999.
> • 임칠성 외, 『삶과 화법』, 박이정, 2000.
> • G. Burton & R.Dimbleby, BETWEEN OURSELVES, 이주행 외 옮김, 『인간관계와 의사소통』, 한국문화사, 2005.
> • 이수라 외, 『대인관계 능력과 프레젠테이션 기술』, 글누림, 2005.

2.1.1. 다음은 최우석의 『삼국지 경영학』(을유문화사, 2007)이란 책의 내용 중에서 주
   인공 유비가 지닌 CEO로서의 자질에 대하여 쓴 글을 요약한 것이다. 이 글을
   참고하여 아래와 같이 포럼 형식의 토론을 벌여보자.

1) 포용력이 큰 CEO 유비

『삼국지』의 세 주인공 조조, 손권, 유비 중 유비만큼 불가사의한 인물도 없
다. 물려받은 유산이 대단했던 것도 아니고 전란 때의 큰 자산인 무용이 뛰어
났던 것도 아니다. 그런데도 유비는 늘 점잖고 훌륭한 사람으로 대접받았다. 본
인도 늘 인의(仁義)를 입버릇처럼 뇌이고 지금도 세 사람 가운데 가장 인의군자
(仁義君子)로 평가받는다.

그 이유는 대부분의 사람들이 유비를 한 번 보면 그의 인품에 반한다는 데
있다. 유비가 그토록 궁핍하게 지낼 때도 천하의 인재들이 유비 곁을 떠나지
않았다. 의형제를 맺은 관우(關羽), 장비(張飛)는 물론, 조자룡(趙子龍), 제갈공명
(諸葛孔明), 법정(法正) 등 당시 초일류 인재들이 모두 유비가 별 볼일 없을 때
모인 사람이다.

요즘으로 치면 초일류 대기업을 마다하고 유비라는 CEO만 보고 장래를 알
수 없는 벤처기업에 몸을 던진 격이다.

2) 원칙적 경영자 유비

유비의 일생을 보면 부드러운 것 같으면서도 강하고, 강한 것 같으면서도 부
드러운 특성이 곳곳에서 드러난다. 아무 기반 없이 일어나 그만한 패업(霸業)을
이루려면 그런 신축자재함이 불가피했을 것이다. 상황에 따른 변환(變幻)은 위
대한 경영자의 자질이다. 유비는 적당히 고개를 숙일 줄도 때를 기다릴 줄도
알았다. 그러나 천하거나 비굴하지 않았다. 지향하는 바와 원칙이 분명했기 때
문이다.

3) 위임형 경영자 유비

유비의 리더십은 조조의 그것과 대비된다. 사람을 붙잡고 부리는 스타일이
다르다. 그러나 사람을 알아보고 잘 부린다는 점에선 둘 다 뛰어났다. 조조는
모든 것을 스스로 기획하고 주도했다. 하지만 유비는 스스로 기획하고 주도하
는 스타일은 아니었다. 좋은 사람을 골라 믿고 맡기는 식이었다. 유비는 자기의

한계를 잘 알아 모든 것을 다하려 하지 않았지만 아랫사람들이 최선을 다하도록 만드는 데는 뛰어난 재주가 있었다.

4) 감성적 리더 유비

유비 밑에 좋은 사람들이 많이 모인 것은 대의명분이 좋고 성심성의로 사람을 대한다는 것이 기본이 되지만, 사람을 감동시키는 감성 리더십도 한 몫 한다. 유비는 어찌 보면 바보스럽다고 할 정도로 진실할 때가 많다. 그 때문에 손해도 많이 보았으나 결과적으로는 이익이 됐다. 그렇다고 유비가 욕심과 야심이 없는 것은 아니었다. 진짜 큰 욕심과 야심이 있었기에 작은 것은 양보한 것이다. 유비는 천성인지 전략인지 작게 양보하고 크게 얻는다.

5) 변신의 명수 유비

유비는 몇 번이나 죽거나 패가망신할 고비를 넘지만 그때마다 천우신조(天佑神助)로 살아남는다. 운도 좋았지만 유비의 냉철한 처신술이 큰 역할을 한다. 그는 상황을 빨리 판단하여 뻗댈 때는 뻗대지만 굽힐 때는 주저 없이 굽힌다. 여러 번 주인을 바꿨지만 유비는 가는 곳마다 환영받고 인의군자로 대접받는다. 당시에 살아남으려면 어느 정도의 변신이 불가피했겠지만 유비처럼 자연스럽게 또 득을 보면서 한 경우는 드물다. 어제의 적에게도 태연하게 가고 이제까지의 우호관계도 깡그리 무시한다. 그것이 가능했던 것은 유비의 뛰어난 연기와 더불어 정확한 정세 읽기 덕분이다.

1) 포럼을 위한 웹사이트(카페, 블로그 등)를 만든 다음 4~5명으로 구성되도록 조를 짠다.

2) 각 조는 『삼국지』의 등장인물 중 유비, 조조, 손권 등의 인물을 오늘날의 기업 경영자(CEO)로 보자면 어떻게 평가할 수 있을지에 대해 주장하는 글을 포럼사이트에 게시한다.

3) 모든 조는 다른 조들이 게시한 글에 대하여 빠짐없이 비판하는 글을 게시한다.

4) 모든 구성원이 모인 자리에서 게시된 글을 토대로 토론을 전개한다.

2.1.2. 모의 대통령선거 후보 토론회를 개최해 보자. 대통령 후보로 출마한 학생들은 각자 하나의 정당 후보임을 가정하고 자신의 정책을 만들되, 건설 문제를 핵심 주제로 하여 다음과 같은 소주제에 대한 토론을 벌인다. 사회자, 패널 등을 설정하여 토론을 활성화하는 것도 좋은 방법이다.

> 큰 주제 : 건설과 미래 한국 만들기
> 작은 주제 : 1) 미래의 주택과 건설 기술의 방향
>   2) 대운하의 건설 가능성과 그 영향
>   3) 도시건축의 발전과 환경

2.1.3. 「흥부전」의 두 등장인물인 흥부와 놀부 가운데에서 누가 더 바람직한 인간상인지에 대해 만만치 않게 의견이 대립되어 있다. 이 문제에 대하여 다음과 같은 내용으로 토론해 본다. 토론의 편의상 「흥부전」은 신재효본●을 텍스트로 삼는다.

1) 웹사이트에서 흥부 지지 조와 놀부 지지 조, 이렇게 두 개의 조를 짠다.

2) 각 조는 어떤 인간형을 지지할지 주장하는 글을 포럼사이트에 게시한다.

3) 상대방 조는 다른 조가 게시한 글에 대하여 빠짐없이 비판하는 글을 게시한다.

4) 모든 구성원이 모인 자리에서 게시된 글을 토대로 토론을 전개한다.

●신재효본
〈흥부전〉은 소설로서 뿐만 아니라 판소리로 불리면서 여러 가지 판본이 만들어져 전해온다. 경판본(京板本)이 선한 흥부와 악한 놀부의 이야기라면, 신재효본(申在孝本)은 선하지만 무능하기도 한 흥부와 선진적 경제관으로 무장해서 악인의 형상이 다소 희석된 놀부의 이야기로 변화되어 있다. 또한 판소리 사설로서 신재효본은 제목이 〈박타령〉으로 붙여져 있으며, '심술사설'의 폭이 더 넓고 상행위 등에 대한 관심이 확대되어 있다. 이것은 중인으로서 상당한 재력을 소유한 신재효의 가치관과 관심이 반영되었기 때문이다.

회의는 [▼] 이다

Ⅱ. 발표와 토론의 절차와 방법

현대 사회는 다원화 사회로 다양한 생각과 문화를 가진 개인이나 집단이 복잡한 이해관계에 얽혀 살고 있다. 어떤 사안에 대하여 사람마다 견해가 다를 수 있기 때문에 개인이나 집단 사이에 자주 의견 대립이 일어난다. 이는 자칫 심한 갈등을 불러일으켜 끝내 물리적인 폭력이 야기되기도 한다. 이런 의견 대립은 상호 신뢰를 바탕으로 합리적인 절차를 통해 해결해야 한다. 이런 경우에 활용할 수 있는 민주 사회의 여론 수렴 방식이 바로 토론이다.

그런데 우리 사회는 오랜 기간 동안 권위적인 지배 하에서 살아왔기 때문에 그러한 문화에 익숙하지 못하다. 상대방의 의견은 듣지 않고, 상대방의 주장이나 논거를 반박하지 않으면서 자기의 주장만 내세운다. 그래서 논쟁은 사라지고 언쟁으로 치닫는다.

"싫으면 그만 둬. 우리 생각대로 할거야."
"뭣이 어째? 이게 어디다 반말이야."

이를 방지하고 한층 성숙한 민주 사회로 나아가기 위해서는 토론 문화의 확립이 무엇보다도 중요한 일이다. 그렇게 함으로써 우리는 민주 시민으로서 아름답고 성공적인 삶을 누릴 수 있을 것이다.

1. 토론의 개념과 종류

토론이란 어떤 논제에 대하여 찬성자, 곧 긍정자와 반대자, 곧 부정자가 각자 논거를 제시하면서 자기의 의견이 옳음을 내세우고 상대방의 의견이 부당함을 주장하는 말하기의 방식이다.

우리는 한 논제에 관하여 의견을 같이하지 못하고 서로 달리하는 때가 많다. 이런 경우는, 대체로 논제에 대해 충분히 알지 못하고 주장을 하거나 서로간의 이해관계에 얽혀 상대를 인정하려 들지 않아서 발생한다.

그와 같이 양편의 엇갈리는 주장은 토론을 통하여 수습하지 않으면, 갈등이 고조되어 인간관계가 경색되고 더 나아가 사회적으로 혹은 국가적으로 큰 혼란이 야기될 것이다.

1960년 미국의 대통령 선거 유세에서 닉슨(Richard M. Nixon)과 케네디(John F. Kennedy) 사이에 벌인 토론은 너무도 유명한 이야기가 되었다. 이 토론이 그 당시 대선의 승패에 지대한 영향을 끼쳤다는 것이다. 그 국민은 그들의 토론에서 전개된 내용을 신중하게 검토하고 심판자의 입장에서 올바른 판단을 내렸을 것이다. 그리하여 민주 시민으로서 미국 국민은 그들이 원하는 대통령을 뽑을 수 있었던 것이다.

토론은 그 형식과 방법에 따라 이인 토론, 직파 토론 그리고 반대 신문식 토론 등이 있고, 그 밖의 다른 토론들이 있다.

(1) 이인 토론

이인 토론(二人討論)은 두 명의 토론자와 한 명의 사회자로 이루어지는 토론이다.

이것은 짧은 시간에 효과적으로 토론할 수 있는 논제에 알맞은 형식이다. 이인 토론의 순서와 토론자의 발언 시간은 다음과 같다.

① 찬성자가 입론함 ·· 10분
② 반대자가 찬성자의 주장을 논박함 ··· 15분
③ 찬성자가 반대자의 주장을 논박하고 자기의 주장을 강조함 ·············· 5분

(2) 직파식 토론

직파식 토론(直破式討論)은 논제에 대하여 둘 혹은 세 사람이 한편이 되어서 긍정적인 편과 부정적인 편이 서로의 논거를 직접 반박하여 논파하는 방식의 토론이다. 이 토론에서는 심판인 사회자가 토론을 언제나 중단할 수 있다. 이것은 직파 토론이 논제를 중심으로 쟁점(주장이 서로 엇갈리고 다투는 문제점)들을 하나씩 밝혀가는 토론이기 때문이다. 토론의 구체적인 작업이 쟁점을 검토하여 상대방의 그릇된 주장을 부정하고 자기의 타당한 주장을 입증하는 것이므로 핵심 논쟁 영역을 찾아 토론 시간을 관련 쟁점에 쏟도록 한다. 주 쟁점에는 그보다 작은 논쟁 영역, 즉 부수적인 쟁점이 있다. 그래서 그것을 바탕으로 최종 결정을 내릴 수 있다. 사회자는 결론이 도출되었다고 판단되면 언제라도 토론을 끝내고 다음의 토론할 주제로 넘어갈 수 있다.

직파식 토론은 약 한 시간 동안 한다. 그리고 논제와 여건에 따라 토론의 순서, 시간 및 다룰 논점의 수효 등은 조절할 수 있다. 직파식 토론의 순서와 발언 시간은 다음과 같다.

① 제1찬성자 : 의제의 용어 정의, 논거를 들어 주장함 ···················· 10분
② 제1반대자 : 제1찬성자의 발언 내용을 논박하고 자기주장을 말함 ······ 10분
③ 제2찬성자 : 제1반대자의 발언 내용을 논박하고, 주장을 보완하여 말함 10분
④ 제2반대자 : 찬성자의 발언 내용을 논박하고 주장을 보완하여 말함 ··· 10분
⑤ 제1찬성자 : 자기주장을 지지하고 요약함 ································· 5분
⑥ 제2반대자 : 자기주장을 지지하고 요약함 ································· 5분

(3) 반대신문식 토론

반대신문식 토론(反對訊問式討論)은 주어진 논제를 중심으로 긍정 혹은 부정의 입장에 있는 토론자에게 상대편의 토론자가 질문을 통해 상대방의 논지를 반박하는 방식의 토론이다. 질문하는 측을 토론자로 한정되는 경우도 있지만, 청중에게 기회를 주어 질문하게 하는 경우도 있다.

반대신문식 토론은 다양성, 흥미, 깊이 있는 논의 등을 제고하기 위해 사용된다. 그리고 그것의 중요성은 철저한 연구와 준비를 하는 기간 동안 계속해서 자극이 주어진다는 점이다. 그 토론에서는 질문을 받는 쪽에서 상대편의 질문에 대해 자신의 입장을 방어하지 못하면 자기주장을 거두어들이게 되는데, 이런 식으로 토론의 승부를 가리게 된다. 반대신문식 토론의 진행 절차는 대체로 다음과 같다.

---

① 긍정적 토론자가 자기의 입장을 발표함 ··· 10분
② 부정적 토론자가 긍정적 토론자에게 질문함 ······································· 5분
③ 청중이 긍정적 토론자에게 질문함 ··· 5분
④ 부정적 토론자가 자기의 입장을 발표함 ··· 10분
⑤ 긍정적 토론자가 부정적 토론자에게 질문함 ······································· 5분
⑥ 청중이 부정적 토론자에게 질문함 ··· 5분
⑦ 부정적 입장의 찬성자가 발표함 ··· 3분
⑧ 긍정적 입장의 찬성자가 발표함 ··· 3분

참고로 청중의 질문이 없이 긍정측과 부정측이 각각 두 명으로 구성된 반대 신문식 토론의 순서와 발언 시간을 소개하면 다음과 같다.

---

① 긍정측 제1토론자의 입론 : 주요한 용어 정의, 논제가 등장한 배경이나 역사, 논제의 현상과 문제에 관한 분석을 명시하고 논거를 들어 주장함 ······ 8분
② 부정측 제2토론자의 교차 조사(신문) : 긍정측 제1토론자가 말한 내용 중에서 논리상 문제(논리적 허점, 오류)가 있는 것을 부각시키기 위하여 신문을 함
·· 3분

---

③ 부정측 제1토론자의 입론 : 긍정측 제1토론자가 제시한 입론과 교차 신문에서 들어난 문제점을 부각시키고 긍정측이 제시한 쟁점 중에 견해를 달리하는 부분을 명확히 하고 합당한 논거를 들어 자신들의 주장이 더욱 타당함을 말함 ·· 8분

④ 긍정측 제1토론자의 교차 조사(신문) : 부정측 제1토론자가 말한 내용 중에서 논리상 문제(논리적 허점, 오류)가 있는 것을 부각시키기 위하여 신문을 함 ·· 3분

⑤ 긍정측 제2토론자의 입론 : 교차 신문으로 드러난 부정측 제1토론자가 주장한 논리적 허점을 지적하면서 긍정적 제1 토론자가 제시하지 않은 논거를 들어 자신들의 주장이 합당함을 내세움 ·· 8분

⑥ 부정측 제1토론자의 교차 조사(신문) : 긍정측 제2토론자가 말한 내용 중에서 논리상 문제(논리적 허점, 오류)가 있는 것을 부각시키기 위하여 신문을 함 ·· 3분

⑦ 부정측 제2토론자의 입론 : 부정측 제1토론자의 입론 중에서 긍정측이 논박하지 않은 것들을 정리하고, 바로 앞의 교차 신문에서 드러난 긍정측 주장의 논리적 오류나 문제점을 지적함. 그리고 부정측 제1토론자가 제시하지 않은 논거를 들어 자신들의 주장이 합당함을 내세움 ························· 8분

⑧ 긍정측 제2토론자의 교차 조사(신문) : 부정측 제2토론자가 말한 내용 중에서 논리상 문제(논리적 허점, 오류)가 있는 것을 부각시키기 위하여 신문을 함 ·· 3분

⑨ 부정측 제1토론자의 반박 : 긍정측의 주장을 논박함 ·························· 4분

⑩ 긍정측 제1토론자의 반박 : 부정적 제2토론자의 입론과 부정측 제1토론자의 반박에서 논리적인 허점을 찾아 반박함 ······················· 4분

⑪ 부정측 제2토론자의 반박 : 긍정측 주장의 허점을 명료하게 요약하여 논박하고, 자기들이 제시한 대체 방안을 요약하여 말함 ···················· 4분

⑫ 긍정측 제2토론자의 반박 : 부정측 주장의 허점을 논박하고 자기들의 주장이 타당한 이유를 요약하여 말함 ·· 4분

각 토론자의 입론·교차 조사(신문)·반박 등에 소요되는 시간은 상황에 따라 조절할 수 있다. 이 토론의 형식으로 토론 대회를 할 경우에는 긍정측과 부정측에 준비할 시간을 부여한다. 토론 참가자들은 준비 시간을 효과적으로 사용하여 자기 팀의 대응 전략을 탐구한다.

2. 토론의 논제

논제는 여러 논쟁점 중에서 가장 핵심적인 것을 명료하게 제시하는 진술문이다. 가령 교육에 대한 재정 지원이라는 화제로부터 많은 토론의 논제를 이끌어낼 수 있다. 다음에 열거한 논제는 앞의 화제로부터 도출할 수 있는 예들이다.

- 교육에 대한 재정 지원은 재능 있는 학생에 대한 전액 장학금 지급에 한정되어야 한다.
- 교육에 대한 재정 지원은 학교 건축에만 쓰여야 한다.
- 교육에 대한 재정 지원은 본교뿐만이 아니라 분교에서도 쓸 수 있어야 한다.

논제의 종류는 사실적 논제, 가치적 논제, 정책적 논제 등이 있다. 이들 중 정책적 논제가 가장 많이 토론의 대상이 된다. 다음의 예 ①은 사실적 논제이고, ②는 가치적 논제이며, ③은 정책적 논제이다.

① 한국에는 인종 차별이 없다.
② 안락사는 비윤리적인 행위이다.
③ 국가는 폭력집단과 협상을 하지 말아야 한다.

이와 같은 토론의 논제를 결정할 때에는 다음과 같은 사항에 유의하여야 한다.

① 논제에는 단 하나의 중심적인 논쟁점만이 분명히 제시되어야 한다. 좋은 논제는 하나의 진술문에 하나의 논쟁점만을 담고 있는 단문(單文)이다. "인간 복제와 끽연은 금지되어야 한다."라는 논제는 '인간 복제'와 '끽연'이라는 두 가지 논쟁점을 담고 있기 때문에 입장에 따라서는 인간 복제는 찬성하지만 끽연은 허용되어야 한다는 견해를 지닐 수 있다. 따라서 이 논제는 좋은 논제가 아니다. 이것은 "인간 복제는 금지되어야 한다."와 "끽연은 금지되어야 한다."로 나누어 논제를 결정하여야 한다.

② 논제에 찬반 어느 한 편에 유리하게 작용하는, 감정이 담긴 표현은 배제하여야 한다. 논제에는 정서적 가치 판단을 최소화하는 중립적인 어휘를 사용하여야 한다. "야만적인 개고기 판매는 금지하여야 한다."라는 논제의 경우 '야만적인'이라는 표현을 통해 이미 찬성측에 유리한 정서가 내포된 것이므로 좋은 논제라고 할 수 없다.

③ 논제는 찬성측 혹은 긍정측에서 바라는 결정의 방향을 분명하고 정확하게 표현하여야 한다. "자유 민주주의는 수호되어야 한다."라는 논제는 현 상태의 문제 자체가 내포되어 있지 않고 쟁점 역시 추상적이고 모호하다. "자유 민주주의는 파괴되어서는 안 된다."라는 논제는 부정적인 진술문으로 청중의 혼동을 야기하며 토론자가 논의를 진행하는데 혼란을 초래할 수 있으므로 부적절한 것이다. 그런데 "스크린 쿼터제는 폐지하여야 한다."라는 의제는 현 상태의 문제를 적시하고 이를 해결하기 위한 찬성측의 입장이 분명하고 긍정적인 형태로 제시될 수 있는 것이므로 좋은 논제라고 할 수 있다.

④ 중요한 현실 문제를 고려한다. 중요한 당면 문제는 토론에 대한 관심을 환기시키고 준비를 위한 자료 수집이 용이하기 때문에 좋은 의제가 될 수 있다.

이 밖에도 토론의 논제를 결정할 때에 고려해야 할 사항이 있다. 이에 대해서는 다음의 몇 가지를 참고할 수 있다.

첫째, 토론 논제의 요건에서 토론의 논제는 쟁점이 있는 것이어야 한다는 것이다. 이미 알려진 사실에 대해서 논의하는 것은 멋쩍은 일이나 우리 사회 체제의 개혁을 요구하는 토론은 상당한 가치가 있고 관심을 가지게 된다는 것이다.

둘째, 토론 긍정자의 거증 책임(the burden of proof)에서 토론의 논제는 거증하는 책임이 긍정측에 있어야 한다는 것이다. 거증(擧證)의 책임이란, 가령 "대학에서는 내신 성적만으로 신입생을 선발하여야 한다."라는 논논제에서 긍정측은 현행 대학 입시 제도를 개혁할 필요성이 있다는 것과 내신성적만으로 신입생을 선발하는 제도가 바람직한 것이라는 것을 적극 지지하여야 하는데, 이러한 책임을 말한다. 그러니까 거증의 책임은 변화를 주장하는 사람들 즉 긍정측이 맡게 된다. 따라서 토론의 논제는 증거를 드는 책임이 긍정측에 있는 것이어야 한다.

셋째, 토론 논제의 영역에서 토론 논제는 한 분야만을 포함해야 한다는 것이다. 가령 "소련의 교육 체제는 미국의 교육 체제보다 우월하다."라는 의제는 교육이라는 오직 한 영역에서만 의견 대립을 보이는 것처럼 생각되나 실제로는 그 의제에는 많은 영역—로켓 기술자 교육 제도, 외교관 교육 제도, 외국어 교육 제도 등—에서 의견 대립을 보이기 때문에 좋지 않은 의제라는 것이다. "소련의 로켓 기술자 교육 체제는 미국의 그것보다 우월하다."라는 의제는 한 분야의 의견 대립을 드러내므로 효율적으로 비교할 수 있는 의제가 될 수 있는 것이다.

넷째, 토론 논제의 용어에서 토론의 논제는 정의할 수 있는 용어로 이루어져야 한다는 것이다. 토론의 의제는 토의중인 문제에 대한 간단한 진술이다. 그러므로 정의를 통해서 의제에 쓰인 용어를 명백하게 해야 한다. 가령 앞에서 제시한 의제의 용어 '소련의 교육 체계'라는 단어는 교육에 대한 한 가지 접근 방법을 의미하는 것 같으나 실제로는 더 많은 접근 방법을 의미한다. 그러므로 그 용어가 로켓 기술자에 대한 교육으로 명백하게 정의되지 않는 한, 소련과 미국의 교육 체제 중 어느 것이 우월한지에 대해서는 결정을 내릴 수 없다는 것이다.

3. 토론 규칙과 윤리

토론이 제대로 이루어지게 하려면 토론자가 토론의 규칙을 반드시 지켜야 한다. 토론자는 발언 순서에 따라 정해진 시간 안에 발언해야 한다. 처음 발언은 찬성 측에서 하며 마지막 발언도 찬성 측에서 하는 것이 원칙이다. 이것은 찬성 측이 여러 가지 면에서 불리한 점이 많기 때문이다. 그리고 내용적으로 논리를 벗어난 발언을 해서는 안 된다. 같은 말을 되풀이하면서 우기거나 말재주, 독설, 호언장담 등으로 상대를 압도하려 하거나 인신공격적인 말을 하지 말아야 한다. 또한 쟁점을 이탈하지 말아야 한다. 주 쟁점을 분명히 하고 부수 쟁점은 주 쟁점과 긴밀한 관련을 가지는 범위 안에서 꼭 필요한 경우에만 다루어야 한다. 의사소통에는 화행 목적만큼이나 관계 목적도 중요하다. 토론자들 사이의 인격적인 관계가 전제되어야 토론이 원만하게 이루어진다. 그러므로 상대방을 존중하며 그에 맞는 말을 하고 겸손하게 그의 말을 경청해야 한다.

이 밖에 토론이 생산적으로 이루어지게 하려면, 토론자들은 사전에 철저하게 토론

준비를 해야 한다. 그렇지 않고 자신의 견해를 옹호하기 위하여 사실을 왜곡하여 속임수로 승리를 거두려는 전략적 논의를 해서는 안 된다. 예나 보기를 더 들어 실제적 논점들을 전개하여 논리적인 실제의 논의를 해야 한다.

4. 토론 사회자와 참여자의 역할

토론에 참여하는 사람은 사회자, 토론자, 청중 등이다. 토론 대회에서는 그들 외에 심판관이 토론에 참여한다. 토론이 생산적으로 이루어지려면 토론 참여자들이 맡은 바 자기의 역할을 제대로 하여야 한다.

(1) 사회자

① 토론의 시간과 장소 및 참가자의 좌석을 정한다.

② 토론 문제와 이를 토론하게 된 이유를 밝히면서 논제를 참관한 청중에게 알려준다. 그리고 토론자의 인적 사항과 토론에서 맡은 역할을 소개한다. 또한 토론 방식과 순서 및 토론에서 지켜야 할 중요한 규칙을 이야기한다.

③ 토론자의 발언을 요약하여 참가자 전원에게 알려주어야 한다.

④ 토론자가 토론 규칙에서 벗어나면 그 규칙을 지키며 토론하게 한다.

⑤ 토론자의 발언이 모호할 경우에는 질문을 하여 그 의미를 명확하게 밝힌다.

⑥ 토의가 결론에 이르면 그것을 정리해서 분명히 하고, 결론에 이르지 못하면 토론된 범위와 문제점을 정리해서 토론을 마친다.

(2) 토론자

① 논제를 분석하여·찬성측과 반대측 주장이 서로 엇갈리고 다투는 문제점, 즉 쟁점을 분명하게 파악한다.

② 자기의 타당한 주장을 뒷받침할 수 있는 논거를 충분히 준비한다. 논거에는 사실 논거(직접 경험, 면담, 설문 조사, 현장 조사, 문헌 조사, 실험 등)와 의견 논거(타당하다고 이미 입증된 기존의 견해) 등이 있다. 이 가운데 사실 논거가 훨씬 중요하다.

③ 상대편이 자기의 주장을 뒷받침하기 위해 제시할 논거들을 예상하고 그것들을 논박하는 데 필요한 자료를 충분히 수집하고 정리한다.

④ 공동 토론자와 협동하여 토론 전략을 세우고 토론한다.

⑤ 상대편의 발언을 잘 경청하여 논리적인 오류나 허점을 발견하여 논박한다.

⑥ 논증의 방법으로 논거를 이용하여 자기주장의 타당성을 입증하거나 상대편의 의견의 부당성을 입증하는 실제 작업이 추론이다. 추론을 잘하기 위한 여러 방법(논거 비판, 일반화, 귀납적 추리, 연역적 추리, 오류의 방지와 구명 등)을 적극 활용하여 발언한다.

⑦ 토론자는 토론의 규칙을 준수하여 발언해야 한다.

(3) 청중

① 토론자의 발언을 객관적인 입장에서 듣는다.

② 주장의 타당성, 논거의 타당성과 적절성, 자료의 정확성 등을 판단하며 듣는다.

③ 사회자의 말에 적극적으로 협조한다.

(4) 심판관

① 공평무사(公平無私)하게 객관적인 입장에서 판정한다.

② 일정한 기준, 가령 논거의 풍부성과 타당성, 논박의 치밀성, 시종일관성, 자료의 정확성, 토론 규칙의 준수, 발성·용어·태도 등의 적절성, 결론의 명확성 등을 마련하여 그것에 따라 평가표를 만들어 판정한다.

5. 교육을 위한 토론의 절차

여기서는 교육적인 목적에 적합하도록 토론의 절차와 내용을 간단히 소개한다. 학생들은 앞에서 배운 토론에 대한 이론을 적용하여 토론의 절차에 따라 준비하고 수행해야 한다.

① 토론을 하기 위해서는 먼저 토론 조를 편성해야 한다. 가령 한 조를 5명으로 하면, 찬성측 2명, 반대측 2명, 진행을 맡은 사회자 1명으로 구성된다. 교육을 위한 토론에서는 사회자는 토론 전체를 책임지고 이끌어가기 때문에 강의를 담당한 사람이 할 수도 있다. 그럴 경우에는 한 조 4명의 학생들로 구성된다.

② 토론을 하기 위해서는 토론의 주제를 결정해야 한다. 그렇게 하려면 우선 토론의 문제를 선정해야 한다. 토론의 문제는 찬성과 반대의 의견이 엇갈리는 문제여야 한다. 그런 후에 그에 대한 논제를 찬성측에서 서술한다. 가령 "학교에서 체벌은 금지되어야 하는가?"가 토론의 문제라면, 그에 대한 논제는 "학교에서 체벌은 금지되어야 한다."가 된다. 이와 같이 논제는 선언적인 평서문으로 서술해야 한다. 이렇게 논제가 확정되면 미리 반대측에 알려야 한다. 물론 논제의 논증 책임은 찬성측에 있다. 그런데 토론의 문제를 잘 골라서 그 주제는 학생들 수준에 맞고 학생들에게 관심을 끌 수 있고, 가치가 있는 것으로 정해야 한다.

③ 채택된 논제에 교실 전체 학생들이 접근하기 쉽게 그와 관련된 자료들을 미리 제공하는 것이 좋다. 그 자료를 통하여 학생들은 논제에 대한 자신의 생각과 주장을 미리 정리하여 토론에 간접적으로 참여할 수 있다. 그런 자료에는 논제에 사용된 어려운 개념들에 관한 것도 있겠지만, 교육 토론이라는 점을 감안하여 토론자의 발언을 미리 요약하여 학생들에게 인쇄물로 배부할 수도 있을 것이다.

④ 토론을 원만하게 진행하려면, 본 토론에 들어가기 전에 예비적인 토론을 해보는 것이 좋다. 그렇게 하지 않으면 토론이 일방적으로 자기주장을 전달하기에 급급한 토론이 되기 쉽다. 형식에 얽매이지 않고, 좀 막연한 주장을 자유롭게 미리 상

대편과 주고받고 간단한 논박을 해 봄으로써 쟁점을 분명하게 인식할 뿐만 아니라, 같은 편끼리 그를 바탕으로 토론의 전략을 세울 수 있다. 그 전략이란 상대편을 속이기 위한 술책이 아니라 상대편의 주장에 대한 반박 방법이라든가 논거로서 부족한 자료를 수집하고 제시하는 방법이라든가 주장을 하는 데 더 효과적인 토론의 순서를 다시 정한 것이라든가 하는 따위를 말한다. 그런 토론은 교실 전체 학생들 앞에서 하는 것이 이상적이겠지만, 여건에 따라서는 조별로 각각 일정한 장소에서 찬성측과 반대측으로 나누어 시행해 볼 수 있을 것이다.

⑤ 본격적인 토론에 들어가면, 진행자는 논제 설명을 해야 한다. 그는 본 토론에서 해결해야 할 문제는 무엇이고 논제와 관련된 배경은 어떠하며 어떤 쟁점을 가지고 논쟁을 할 것인지 등, 논제에 대한 토론의 필요성을 언급한다.

⑥ 논쟁하기에 들어가면, 토론의 방식으로 찬성측과 반대측이 먼저 차례로 기조 발언을 하고 난 후에 각 쟁점에 대해 논쟁을 해보는 것도 한 방법이 될 것이다. 기조 발언에서는 참여자 양측이 자신들의 주장과 근거를 개략적으로 설명하는 것이다. 물론 토론하기 전에 토론의 내용에 대한 이해와 관심을 갖게 하여 논제에 대한 자신의 생각들을 정리하도록 기조 발언을 요약하여 교실 전체 학생들에게 알려줄 수도 있을 것이다.

⑦ 기조 발언이 끝나면, 쟁점에 대한 주장과 반박의 단계로 접어든다. 참여자의 논쟁 방법에 대해서는 토론의 종류에서 익힌 직파식 토론과 반대신문식 토론의 말하기 방식이 참고가 된다. 토론에서는 쟁점 발견이 중요하다. 가령 토론의 주제로 체벌에 관한 토론을 한다고 할 때에 '체벌의 정의', '체벌의 효과', '체벌의 원인', '체벌의 대안' 등에 대한 하위 쟁점들이 발굴되지 않으면 이 논제와 관련하여 풍성한 논의를 할 수 없다. 그러나 쟁점의 수가 많아지면 토론이 혼란스러워지기 때문에 두세 가지 정도의 쟁점이 토론하기에 좋다. 논박에서는 상대편의 주장에서 동의할 수 있는 내용은 수용하면서 논리적인 오류나 허점을 발견하는 것이 중요하다. 이 단계에서 상대편에게 주장을 펼치고 논박을 하지만 정작 설득해야 할 대상은 청중인 학생들이라는 사실을 잊지 말아야 한다.

⑧ 논쟁하기가 끝나면 학생들은 토론을 정리해야 한다. 토론에서는 토의와 달리 반드시 해결책에 합의하는 것은 아니다. 문제의 해결책은 토론의 내용을 참고하여 토론 참여자와 청중이 스스로 결정하는 것이다.

토론에 참가한 학생과 청중인 학생들은 각기 자신의 입장(의견)을 견지한 상태에서 토론의 과정에 참여하여 토론을 통해 드러난 쟁점에 대한 주장과 논박을 자신의 입장에서 비교하고 분석한다. 그리고 그것을 바탕으로 자신의 입장을 수정하고 보완하거나 바꾸게 된다.

⑨ 토론이 끝나면 심판관은 객관적인 입장에서 일정한 기준들로 만든 평가표에 따라 공정하게 심판한다. 그리고 평가표를 모아 점수를 합산한 뒤에 최종적으로 찬성측과 반대측 중 어느 측이 이겼는지 판정을 한다. 일반적으로 토론 대회에서 심판관이 심판을 하게 된다.

〈학술대회 심포지엄 모습〉

2.2.1. 다음 글을 참고하여, 문학의 민족적 보편성과 특수성에 대한 토론한다고 가정할 때 1) 주제의 설정, 2) 논거의 확보, 3) 결론 도출을 위해 어떠한 작업이 필요할지 구체적으로 작성해 보자.

> 탈식민주의 비평은 그동안 제국주의 열강들이 식민주의 이데올로기를 전달하는 도구로 삼아온 본질주의나 보편주의를 비판하는 일에도 관심을 기울인다. 유럽 식민주의자들은 자신들의 생각이나 의견을 일반화하거나 보편화해 다른 민족이나 나라를 이해하려는 경향이 있다.
>
> 그러나 이러한 태도는 한 민족이나 나라의 특수성을 소홀히 하거나 아예 무시하는 결과를 낳는다. 예를 들어 미국의 비평가 마크 밴 도런은 중국 청나라 때의 대표적 소설로 꼽히는 조설근의 〈홍루몽〉에 관할 글에서 "가장 위대한 사랑 이야기는 장소와 시간의 구별이 없다"고 말한 적이 있다. 러브스토리는 굳이 서양과 동양을 가르지 않고, 또한 옛날이나 지금이나 시간을 초월하여 두루 나타난다는 것이다. 그러나 찰스 라슨이 지적했듯이 아프리카 문학에서는 서구 작품에서 흔히 볼 수 있는 그런 사랑 이야기를 찾아보기가 쉽지 않다. 마찬가지로 영국의 소설가이자 비평가인 앨프릿 알바레스는 『야만의 신』에서 "아마도 세계문학의 절반은 죽음에 관한 것일지 모른다"고 말하면서 죽음이 문학의 보편적 주제나 소세임을 밝혔나. 그러나 아프리카 문학에서는 서구 작품에서 흔히 볼 수 있는 죽음을 주제로 한 작품이 별로 없다. 그리하여 치누아 아체베는 "아프리카 문학을 논할 때 아예 '보편적'이라는 말은 완전히 제외시켜야 한다."고 주장하기에 이른다.

2.2.2. 다음 글은 병원의 경영 방향에 대하여 논의한 글이다. 이 글을 읽고 병원의 경영에서 파레토 법칙과 롱테일 법칙 중 어느 쪽을 선택하는 것이 좋을지 토론해 보자.

이탈리아 경제학자 파레토는 개미를 관찰하다가 20%는 열심히 일하지만 나머지 80%는 그렇지 않다는 것을 발견하고, 이런 개미의 습성을 인간 사회에 적용하여 이른바 2080법칙이라는 것을 만들어 내었다. 이를 파레토의 법칙이라 한다. 병원이건, 일반 기업이건 CRM을 이야기 할 때, 항상 따라다니는 말 중에 하나가 파레토의 법칙이다. 20-80법칙이라고도 불리는 이 말은, 소위 상위 20%의 고객이 병원이나 기업의 80% 수익이나 매출을 창출하니, 고객을 잘 분석해서, 상위 20%의 고객에 집중하는 것이 바람직하다는 식이다. 이 법칙은 성과의 대부분(80)이 몇 가지 소수의 요소(20)에 의존하는 사회의 여러 현상을 꼬집어서 표현한 말로서, '매출의 80%는 20% 핵심고객에서 창출된다, 우리나라 돈의 80%는 20% 부자가 보유하고 있다, 회사의 핵심역량 80%는 20% 핵심사원으로부터 나온다.' 등의 논리적 근거로 작용하고 있다.

그런데 과연 그럴까? 실제 필자가 우리나라 병의원의 매출데이터를 분석해 보면서 느낀 결론은 전혀 그렇지 않다는 것이다. 극히 일부 병의원을 제외하고는 파레토의 법칙이 적용되기보다 오히려 롱테일(long tail) 법칙이 적용되는 경우가 훨씬 더 많았다.

롱테일 법칙(逆 파레토의 법칙)이란 일본학자 스기야 요사히로가 주장한 것으로, 20%의 핵심 고객이 아닌, 나머지 80%의 '사소한' 고객이 더 큰 가치를 창출해내는 기업도 많음을 강조한다. 즉, 지금까지 버림받던 고객이 매출의 중심축으로 등장한 것이다. 예를 들어 온라인 서점 아마존닷컴의 전체 수익 중 절반 이상은 '반스 앤 노블스'에는 진열조차 되어있지 않은 비주류 단행본이나 희귀본에서 나온다. 인터넷 포털 업체 구글의 주 수익원은 〈포춘〉지 선정 500대 기업과 같은 거대 기업들이 아니라, 꽃 배달 업체나 제과점, 웨딩샵과 같은 소위 '개미군단'이다. 미국 온라인 뮤직 숍에서 빌보드 차트 50위권 이내 CD의 판매량은 전체의 20%에 불과하다라든가 하는 식이다.

—네이버 블로그 〈제리 웹의 창고〉에서 일부 발췌

2.2.3. 전통지식●을 지적재산권으로 보호하는 것이 필요한가에 대하여 토론을 벌이려고 한다. 전통지식은 과연 지적재산으로 인정받을 수 있을까? 다음 글을 참고하여 이 문제의 토론에서 어떤 자료와 논거가 제시될 수 있을지 찾아보고, 실제 토론을 벌여 보자.

● 전통지식
전통지식이란 오랜 시간 동안 관습적, 문화적, 관행적으로 자리잡아온 지식으로, 그 사회에 전통적으로 전해져 온 지적 가치를 지닌 대상을 가리킨다. 우리나라의 경우 한의학이나 대체의학에 관련된 지식들, 식물재배법, 자개농 제작법 등이 이에 해당될 수 있다.

전통지식은 경제사회에서 중요한 가치를 가지며, 그 가치는 과학적, 문화적, 경제적, 환경적 그리고 상업적인 노력을 포함한 다양한 분야에서 증가되고 있다. 특히 전통지식을 통한 생산물과 물질들이 국제적으로 거래되며 상당한 경제적 가치를 창출하고 있다. 예를 들면 약학자가 전통적인 서구의 의약관행에 토착적인 의료식물에 관한 지식을 보충했을 때, 1000개의 샘플로부터 하나의 시장성 있는 약품을 개발할 가능성은 3배 반 증가하게 된다. 그와 마찬가지로, 의학적인 자원으로 개발하기 위하여 식물들을 검토하는데 따른 효율성은 전통지식을 사용함으로써 약 400퍼센트 이상 증가한다. 더욱이, OECD 국가에서 판매된 식물을 기초로 한 의약품의 시장가치는 이미 610억 달러에 달하였으며, 따라서 많은 제약 회사들은 전통지식을 이용해 제약 산업계에서 선두를 차지하고자 한다.

전통지식의 가치를 돈으로 환산하는 것은 거의 불가능한데 그 이유는 전통지식이 다른 생산품을 개발하는데 필수요소이며, 또한 대부분의 전통지식으로부터 만들어진 생산품이 현대적 의미의 시장에 진입하지 않기 때문이다. 하지만 많은 전통지식이 정확하게 양적인 측정을 할 수 없지만 일정한 문화적, 경제적 가치를 갖는다는 것은 사실이다.

전통적인 사람이나 지역주민이 의학적인 치료에 사용되는 식물들, 건강관련 약초들의 체계화, 그리고 농업과 삼림생산물을 포괄한 전통지식의 발견, 개발 및 보존에 일차적 책임을 진다. 그러나 전통적인 사람들과 지역주민의 이러한 역할과 공헌에도 불구하고 진보된 과학적, 기술적, 마케팅의 능력을 가진 서구 기업들이 전통지식에 부과된 모든 가치를 보유하게 된다. 더 나아가, 전통적인 사람들과 지역주민은 최종적인 그들의 자원의 사용을 통제할 수 없다.

예를 들면 아마존의 인디언들은 에콰도르의 정글로부터 타마테(원통형으로 생긴 조그만 토마토)를 암세포와 싸우는 물질로 몇 세기 동안 사용해왔다. 한 다국적 제약회사는 토마토의 활성 성분인 리코펜을 분리하고 그것을 암 치료에 혁명적인 생산품으로 판매하였다. 그러나 그 나라와 국민들은 지적재산권이 만들어진 전통지식으로부터 아무런 이익도 받지 못했다.

또 다른 예는 아마존에서 발견된 아야화스카라고 불리는 식물을 사용함으로써 특허를 받은 미국의 제약연구소이다. 전통적인 의료제로부터 기인한 약을 통하여 얻어진 이윤의 0.001퍼센트 미만이 그 토착주민들에게 돌아가는 것으로 알려져 있다.

　토착주민이 살고 있는 지역은 경제적으로 피폐하고, 착취와 생물학적인 붕괴가 이루어지는 지역이다. 따라서 토착주민이 전 세계에 공헌한 점을 미루어볼 때 그들의 자원을 사용한 것에 대한 보상이 이루어져야 한다. 정당한 보상 없이 그들에 대한 착취를 계속하는 것은 전통지식의 진화에 영향을 미치고, 그들로 하여금 전통적인 관습을 포기하게 한다. 이는 과학발달에 치명적인 결과를 초래하게 될 것이다.

노동은 ▼ 이다

Ⅲ. 말하기의 평가법

1. 말하기와 평가

말하기는 다양한 하위 장르를 가지고 있다. 두 사람이 하는 대화에서부터 면접, 자기소개, 강연, 연설, 토의, 토론 등 관점에 따라 무수한 경우가 있다. 여기서는 대학교에서 이루어지는 교실 상황에서의 교육적인 발표와 토론을 중심으로 어떻게 평가할 것인지를 중심 대상으로 논의를 전개하고자 한다.

말하기의 평가는 그 기준을 정하는 것부터가 쉽지가 않다. 사실 말을 잘한다는 것의 정확한 개념이 무엇인지 사람에 따라 전혀 달라질 수 있다. 말을 어눌하게 해도 진실한 감동이 전달된다면 많은 청중을 휘어잡는 대중연설가의 가식적인 연설보다 좋다고 느끼는 사람이 있을 것이다. 감동이란 진실한 것에 바탕을 둔다는 것이 모든 화법 연구가의 공통된 주장이다. 그러나 모든 내용이 감동을 목적으로 전달될 수는 없다. 학문적인 목표를 가지는 발표는 논리성과 창조성이 생명이다. 따라서 내용에 대한 평가도 발표의 목적에 따라 달라져야 한다.

내용뿐만 아니라 형식도 평가의 중요한 요소다. 화자의 태도나 말의 속도, 청중에 대한 배려, 조화 등등. 다양한 형식적 요소도 평가의 대상으로 삼아야 한다. 그러므로 내용과 형식을 적절히 조화롭게 평가의 요소로 삼아야 할 것이다.

말하기의 평가는 아직까지 어느 정도는 상대적인 관점이라는 것을 이해할 필요도 있다. 평가자와 평가 대상자가 모두 상대적이다. 예를 들어 어떤 학생의 말하기를 전문가가 평가하는 것과 평가의 기준에 대해서 잘 알지 못하는 초보 수준의 사람이 평가하는 것은 전혀 다른 결과를 가져올 것이다. 즉 평가자의 수준에 따라서 상대적으로 다른 평가가 도출된다는 의미다. 또한 평가 대상자인 학생의 경우도 그 집단이 어느 그룹인가에 따라서 달라진다. 말하기가 뛰어난 집단을 평가하는 경우와 그렇지 않은 경우의 평가를 일률적인 기준으로 평가하기가 힘들다. 예를 들어 초등학생의 평가와 대학생의 평가가 동일할 수는 없다. 이러한 이유는 말하기의 평가에 대한 객관적 기준을 아직 마련하지 못했다는 의미가 내포되어 있다. 상대적 평가는 평가 대상의 그룹을 일정한 수준에 도달한 것으로 상정하고 평가함을 의미한다.

여기서는 3~5명으로 구성된 조별 평가를 대상으로 하고자 한다. 학교에서의 수업은 주당 세 시간을 기준으로 40명에서 100명 정도의 학생을 대상으로 평가하는 것을 가정한다. 조원들은 다시 사회자와 발표자, 토론자를 기본으로 하고 경우에 따라서는 발표자를 두 명으로 하거나 토론자 혹은 정리자를 두어 각자 역할을 분담하도록 한다.

2. 평가 내용

(1) 발표의 주제 및 구성

발표와 토론에서 가장 중요한 것은 발표 내용이다. 발표에 대한 내용이 충실하고 잘 갖추어져 있으면 발표는 어느 정도 성공했다고 볼 수 있다. 주제의 선정이 무엇보다 중요하다. 청중들의 호응이 잘되기 위해서는 너무 난해하지 않은 주제를 선택해야 한다. 어려운 주제를 선택했다 해도 설명을 잘하기 위해서는 주제를 명확히 전달할 필요가 있다. 모든 조원들이 성실하게 그 주제를 파악하고 전달하기 위해서 얼마나 노력했는가를 평가에 반영해야 한다. 조 전체의 평가를 잘 받기 위해서는 온라인이나 오프라인 상에서 여러 번 만나 각자의 역할을 항상 점검하고 서로 도와야 할 부분과 읽어야 할 책들을 선정하는 것이 중요하다.

주제의 선정에서부터 참고 목록의 작성, 읽어야 할 책이나 논문의 순서를 작성할 때까지 조원들은 진지하게 서로의 의견을 교환해야 한다. 이러한 사실은 구체적으로 나타나지 않지만 발표 전체가 잘 되었는지 못 되었는지를 가늠해 보는 결정적인 역할을 한다. 혼자서 준비하는 경우가 있는데, 처음 들을 때는 그럴 듯해도 어느 순간에 손발이 맞지 않아서 다른 조원이 이해하지 못하는 표정을 청중이나 교수는 금방 알아낼 수 있다.

설득하는 말하기나 설명하는 말하기나 둘 다 목적은 다르지만 내용의 논리성이나 증거의 명확성을 확보하는 것은 발표의 성패를 가늠하는 중요한 요소다. 주장이 있고 그에 대한 수긍할 만한 증거가 확보되어야 한다. 반대 주장을 논거도 없이 비난하고 자기의 주장만 장황하게 나열하는 발표를 간혹 보게 되는데 이는 아무리 말을 청산유수처럼 잘한다 해도 좋은 발표라고 보기 어렵다. 논리성을 확보하기 위해서 조원들은 서로 협력해서 증거를 수집해야 한다. 구체적인 경험이 많으면 많을수록 좋다. 직접 경험이 불가능한 경우에는 도서관에서 다양한 자료를 수집해서 읽어야 한다.

발표의 내용이 아무리 논리적이라고 해도 이미 여러 번 미디어나 많은 책에서 논의된 내용을 반복하는 경우라면 청중들은 식상하기 마련이다. 참신한 내용, 창조적 발상이야말로 우리가 대학교에서 발표와 토론을 진행하는 진정한 목적이다. 인문학이 위기인 시대에 경쟁이 심화되고 있는 현실에서 창조적 발상은 발표와 토론을 통해서 달성될 수 있다. 끝없이 논쟁하고 자기의 의견을 발표하고 정리하는 가운데서 새로운 문제가 나타나고 해결의 실마리를 찾게 되는 것이다.

다음으로 성실하게 발표를 준비했는가도 중요하다. 참고 문헌도 없고 유인물도 대충 만들고 구체적 증거도 없이 형식적으로 발표를 마치는 경우가 종종 있다. 논리성도 없고 창의성도 없다 해도 무엇인가 새로운 답을 구하기 위해 엄청나게 노력했다면 또한 많은 점수를 주어야 한다. 어려운 주제를 선정했을 때, 혹은 아무도 문제를 제기하지 않은 주제를 선택했을 때, 참고할 만한 자료가 없을 때, 발표자들은 결론을 쉽게 도출하기 어렵다. 그렇다 해도 최선의 노력을 했다는 것을 보여 준다면 일정한 점수를 주는 것이 합당하다.

이상의 논의를 정리하면 다음과 같다.

> 1. 조원 전체가 주제와 결론을 잘 이해하고 있는가?
> 2. 발표의 내용이 논리적이고 합리적인가?
> 3. 발표의 구성이 짜임새 있고 조화로운가?
> 4. 발표의 내용이 참신하고 창의적인가?
> 5. 발표를 준비하는 과정이 얼마만큼 성실했는가?

(2) 조원의 평가

각 조원에 대한 평가는 내용에 대한 평가가 아니고 형식적인 면을 평가하는 것이다. 여기에는 각 조원의 모두에 해당하는 공통적인 부분이 있고 맡은 역할에 따라 고유한 영역이 있다. 예를 들어 발표의 준비성이나 음성, 태도 등은 모든 사람에게 해당되는 것이다. 그런데 발표의 시간이나 전체적인 질서를 통제하는 것은 사회자의 역할이다. 그러나 각 조원을 평가할 때는 공통부분이나 고유 영역이나 각기 다르게 평가해야 한다. 음성이나 태도가 비록 공통적인 요소이기는 해도 각자 다르게 나타나기 때문에 전체적인 평가를 유지하기 힘들다. 사회자는 잘했는데, 발표자가 잘 못하는 경우가 있다. 이렇게 다르기 때문에 전체적으로 다르게 평가해서 모두 합산하는 방법이 가장 좋다.

❶ 공통적인 면

우선 발표에 들어가기 전에 교실이 잘 정돈되어야 한다. 칠판이나 조명, 교실 책상의 정리정돈 등은 조원 모두가 신경을 써야할 부분이다. 지저분한 환경에서는 집중이 잘 되지 않고 어두운 곳에서는 발표가 되지 않을 수도 있다. 또한 유인물의 준비도 중요하다. 청중들은 아무것도 모르는 상태에서 앉아 있기 때문에 발표자가 일사천리로 읽어내려 가는 발표는 5분 이상을 집중하기 어렵다. 그러므로 요약된 유인물을 발표

전에 미리 준비해서 나누어 주어야 한다.

태도와 음성은 형식적인 평가에서 가장 중요하다. 우선 목소리가 제일 뒤에 있는 사람까지 잘 전달되어야 한다. 목소리가 약한 경우에는 마이크를 먼저 준비해 두어야 한다. 듣는 사람이 무슨 말인지 알 수 없을 때는 집중이 되지 않아서 청중의 호응과 반응이 없다. 복장은 단정하게 입고, 머리나 신발 등도 사람들의 눈에 거슬리지 않게 해야 한다. 모자를 쓰고 발표한다든가 선글라스를 끼고 발표하는 등의 태도는 감점 요인이다. 목소리가 단조롭게 계속되는 것도 주의해야 한다. 리듬 있게 강하게 약하게 반복하는 것이 중요하다.

❷ 사회자

사회자는 전체 발표를 주도적으로 이끌어 간다. 전체적인 분위기를 집중시키는 것이 중요하다. 먼저 각 조원을 소개하는 것이 중요하다. 이때는 자기 자신부터 소개해 나간다. 사회자는 목소리가 우렁차고 유머가 있는 사회자가 좋다. 그렇다고 너무 지나치면 발표의 무게를 떨어뜨리게 되므로 주의해야 한다. 시간을 잘 통제해야 한다. 발표가 너무 길어지면 중간에 흐름이 끊어지지 않도록 하면서 메모, 쪽지 등을 이용하여 시간을 알려 준다. 청중도 잘 통제해야 한다. 떠드는 사람이나 졸거나 지는 사람은 주의를 준다. 또한 청중과의 질의응답도 자발적인 참여가 잘 안될 때는 지적하거나 자발적인 참여를 유도하는 것이 중요하다.

❸ 발표자

발표자는 사실 발표의 성패를 책임지고 있다고 해도 과언이 아니다. 우선 발표자는 주제와 논거 등 발표의 핵심 사항을 완전히 숙지하고 원고 없이 발표할 정도가 되어야 한다. 그러나 현실적으로 학생들은 발표할 때 모두 원고를 읽는 수준이다. 이를 좀 더 발전시켜서 원고를 아주 짧게 요약해서 구체적인 예들은 발표문을 읽지 않고 발표하는 것이 중요하다. 청중을 눈으로 서로 마주보고 대화하듯이 발표를 하는 것이 가장 이상적이다. 원고를 읽지 않고 바로 대화하듯이 한다면 청중의 집중과 이해도는 놀라울 정도로 올라간다. 그러나 발표자가 원고를 읽고 청중은 그것을 듣기만 한다면 집중도가 현저히 떨어진다. 더욱이 발표자의 음성이 가늘거나, 빠르게 읽어나가거나, 청중이 원고도 없이 듣기만 하는 경우는 발표가 성공적으로 이루질 수 없다.

발표자의 목소리는 지루하지 않게 리듬을 타야 한다. 강조할 때는 강하게 말하고, 쉴 때는 잠시 침묵하는 방법도 중요하다. 사례를 들 때는 각종 보조 도구를 미리 준비해서 사용하는 것도 중요하다. 영상기기, 도표, 그림, 각종 기구 등을 사용하면 청중들의 호기심을 자극하고 호응도 좋을 것이다.

❹ 토론자

토론자는 발표자가 발표한 내용 중에 의심이 가거나 반대적인 의견, 혹은 논거가 미비한 경우 등을 지적해서 발표의 내용을 더욱 확고히 하고 결점을 보완해서 성공적인 발표를 마치게 하는 중요한 장치다. 모든 발표가 발표자에 의해 완벽하게 표현될 수는 없다. 토론자의 질문 내용도 유인물에 미리 삽입한다면 청중들이 이해하는데 도움이 될 것이다.

❺ 기타

정리자가 있는 경우나 발표자가 두 명인 경우에도 여기에 합당한 평가항목을 만들어 평가하면 될 것이다. 정리자를 따로 두지 않고 사회자가 간단히 발표를 요약하기도 한다. 또한 청중의 호응도도 평가의 중요 요소이다. 청중들이 집중했는지 호응이 있고 많은 사람이 질의응답에 참석했는지도 중요한 평가요소이다.

3. 평가표의 실제

위의 사항을 반영하여 발표토론 전반에 대한 평가를 일정한 형식의 <평가표>에 기재할 수 있다. 그 양식을 제시하면 다음과 같다.

<h3 style="text-align:center">〈평 가 표〉</h3>

구 분	평가 항목	평 가 (수우미양가)	비 고
주제와 구성	조원 전체가 주제와 결론을 잘 이해하고 있는가?		
	발표의 내용이 논리적이고 합리적인가?		
	발표의 구성이 짜임새 있고 조화로운가?		
	발표의 내용이 참신하고 창의적인가?		
	발표 전체과정을 성실하게 노력했는가?		
사전준비	유인물이 배포되고 좌석이 정리정돈 되었는가?		
사 회 자	태도는 성실했는가?		
	음성의 사용은 적절했는가?		
	전체적인 역할을 잘 진행했는가?		
발 표 자	주제를 잘 이해하고 청중과 대화식으로 발표했는가?		
	태도는 성실했는가?		
	음성의 사용은 적절했는가?		
토 론 자	발표 내용의 문제점이나 보완점을 잘 지적했는가?		
	태도는 성실했는가?		
	음성의 사용은 적절했는가?		
기 타	청중과의 질의 응답은 잘 진행되었는가?		
	청중의 호응은 어느 정도인가?		
	마지막 요점 정리를 잘 하고 마무리 했는가?		

Ⅳ. 발표와 토론의 실제

1. 조원의 결정과 역할 배정

이 장에서는 주제발표의 한 유형으로 조별로 주제를 정해서 발표와 토론을 진행하는 방법에 대해서 논의하고자 한다. 이것은 대학의 수업 중에 실제로 실행한 방법을 중심으로 한 논의이므로 실제 활용 가능한 것이다.

먼저 중요한 것은 몇 개의 그룹을 결정하는 일이다. 가장 이상적인 조원은 4명이다. 발표자, 사회자, 반대토론자, 정리자 등이 필요하기 때문에 적어도 4명이나 5명이면 이상적이라고 말할 수 있다. 그러나 반의 인원과 한 한기 동안에 몇 번이나 발표와 토론을 할 수 있을지에 따라서 조원의 배정은 달라질 것이다. 한 학기동안 발표를 하기로 작정할 수도 있고, 이론 수업을 병행할 수도 있다. 예를 들어 10번을 발표하기로 하고 한 주에 두 번 발표를 한다면 5주가 필요하고 한 조에 4명씩 한다면 40명이 필요하다. 가장 중요한 사람은 발표자와 사회자이다. 혼자서도 조를 구성해서 발표를 할 수 있다. 이때는 한 사람이 발표자와 사회자를 겸하면 될 것이다.

2. 주제의 결정

각 조와 조원이 배정되면 이제 주제를 결정해야 한다. 그런데 주제와 조의 배정은 서로 밀접하게 관련이 있다. 중요한 것은 동일한 주제를 배제해야 한다는 점이다. 동일한 주제를 여러 조가 반복해서 발표한다면 청중도 따분해 하고 두 번째 발표 조는 아무리 노력한다 해도 첫 번째 조와 다른 방안이나 좋은 점수를 획득하기가 힘들다. 그래서 처음에 조를 배정하기 전에 각자가 관심이 있는 주제를 써서 내게 한 다음, 동일하거나 비슷한 주제를 가진 사람끼리 최대한 배정하는 방법이 좋다.

주제는 논쟁적인 내용이 좋다. 설명을 위주로 하는 것은 지식이 많이 요구될 뿐만 아니라 한 학기의 수업 동안에 충분히 준비할 시간이 부족하다. 정치, 사회, 경제, 교육 등 현대사회는 많은 논쟁적인 주제들이 산적해 있다. 학생들에게 이에 대한 쟁점을 정리하고 자신의 견해를 당당히 밝혀서 민주사회의 일원이 되도록 하는 것이 중요하다. 2주 정도의 준비 기간을 거쳐 바로 발표에 들어가도록 한다.

3. 준비 과정

각 조원은 주제의 성격에 따라서 역할을 분담해서 충실한 발표를 준비한다. 무엇보다 처음에 해야할 일은 모두가 자료의 목록을 작성하는 것이다. 참고할 자료는 도서관의 단행본, 논문, 잡지, 신문, 인터넷의 각종 자료가 동원될 것이다. 이에 대해서 서로 분담해서 되도록 많은 자료를 목록화해서 다시 모여 토론을 거쳐 최종적인 참고자료를 작성한다. 이러한 목록을 중요한 순서대로 읽는 것이 중요하다. 읽어야 할 참고 자료가 너무 많을 경우에는 분담해서 읽고 서로 토론을 거쳐 조 전체의 생각을 정리하도록 한다. 이러한 과정을 거쳐 주제의 쟁점을 드러내고 주장할 것이 무엇이고 그 주장에 대한 논거를 작성한다. 논거를 작성할 때는 되도록 어떤 반대 주장이 가능한지를 검토하면서 반박할 논거도 준비한다. 자료는 많으면 많을수록 좋다. 특히 추상적인 내용보다는 구체적 자료가 뒷받침되는 논거를 많이 모으도록 최선을 다한다. 또한 조원 중에서 그 주제와 관련된 구체적 경험이 있으면 그보다 더 좋은 자료는 없을 것이다. 주변 사람 중에서 그러한 경험이 있는지 직접 경험자를 찾아서 사례를 모아보는 것도 좋은 방안이다. 문제는 논거의 진실성과 논리성을 확보하는 것이 토론을 더욱 알차게 하는 지름길이다.

결론이 도출되었으면 발표자를 정해서 더욱 알차게 발표를 준비하도록 전담하게 한다. 발표자는 자신이 어떻게 발표할 것인지를 상상하면서 발표 내용을 요약해서 청중 숫자만큼 요약문을 준비한다. 청중은 단순히 발표자의 내용을 듣는 것보다는 요약문을 보면서 들으면 그만큼 더 발표내용을 잘 이해할 수 있기 때문이다. 사실 발표는 원고를 읽지 않고 요약한 메모를 보면서 하는 것이 최선이다. 그러나 전문가가 아니기 때문에 이처럼 원고 없이 메모만으로 발표를 하기에는 많은 노력이 요구된다. 학생들은 최상의 발표란 이처럼 당당하고 자신 있게 메모만으로 발표해야 한다는 것을 알아둘 필요가 있다.

4. 진행

추첨에 의해서 각 조의 순서가 결정되면 매 시간 발표를 시작하게 되는데, 이제 그 절차에 대해서 알아보기로 하자. 먼저 조원은 앞으로 나와서 청중을 향해서 자리를 잡는다. 발표 내용을 요약한 원고를 청중에게 나누어 주는 것으로 발표의 준비는 마치게 된다. 이제 준비가 완료되면 사회자의 개회 선언으로 발표를 시작한다. 사회자는 "제○조 발표를 시작하겠습니다. 우리조의 발표 주제는 '무엇 무엇입니다'. 저는 사회자 ○○○이고, 발표자는 ○○○, 반대토론자는 ○○○, 정리자는 ○○○입니다. 많은 격려와 경청을 부탁드립니다. 그럼 발표자께서는 나오셔서 발표를 해주시고 바랍니다."라는 형식으로 개회를 선언한다. 사회자는 들어가 자리에 앉고 발표자가 앞으로 나와서 준비물을 확인하고 발표를 시작한다.

┌───┐
│ **수업모델 진행 시간**   │
│   │
│   사회자→발표자 10분 내지 30분→사회자→반대토론자의 질문→사회자→   │
│   발표자의 대답→사회자→반대토론자의 추가 질문→사회자→발표자의 재   │
│   응답→사회자→청중과 질의 응답→사회자→정리자   │
└───┘

여기서 반대토론자의 추가 질문이 없다면 생략해도 될 것이다. 또한 추가 질문이 없을 경우 발표자의 재응답도 필요 없다. 시간 사용은 교수가 이론도 강의해야 할 필요가 있는지 아니면 평가를 따로 하면서 교육이 필요한지에 따라서 신축적으로 사용할 수 있을 것이다.

5. 구체적 사례

사례 1
주제 : 호주제 유지에 대한 찬성
조원 : 서미리(03학번), 박미정(03학번), 이재숭(02학번), 임시현(04학번)

사회자   안녕하세요, ○조의 발표를 시작하겠습니다. 저는 사회자 ○○○이라 합니다. 저희 조는 '호주제 유지에 대한 찬성 입장'에 대해서 발표와 토론을 하고자 합니다. 우선 발표자는 ○○학번 ○○○ 학우이고, 반대토론자는 ○○학번 ○○○ 학우입니다. 마지막으로 정리자는 ○○학번 ○○○ 학우입니다. 여러분의 격려와 경청 바랍니다. 그럼 발표자를 박수로 맞아주시기 바랍니다.

발표자   안녕하세요. 발표자 ○○학번 ○○○입니다. 제가 오늘 발표하고자 하는 내용은 여러분이 받은 요약문에 보듯이 '호주제 유지에 대한 찬성 입장'입니다. 그럼 제 원고를 읽으면서 발표를 시작하도록 하겠습니다.

발표요지

1. 서론
호주제는 우리 가족제도의 근간을 이루는 제도의 하나로서 1960년 민법 시행

후 지금까지 47년 간 시행되어온 제도이다. 호주제는 민법상의 호주제도가 규정하는 바에 따라 국민 각 개인의 모든 신분변동 사항(출생, 혼인, 사망, 입양 등)을 시간별로 기록한 공문서로서, 사람의 신분을 증명하고, (…중략…)

따라서 이러한 논쟁의 와중에 있는 호주제에 대한 찬성의 입장을 밝히고 여러분들과 토론을 하도록 하겠다.

2. 본론

다음과 같은 여러 가지 이유로 요즈음 논의되는 호주제는 유지되어야 한다고 생각한다.

첫째, 가족의 해체와 이혼율, 미혼모 등의 증가를 더욱 가속하게 만드는 호주제 폐지는 마땅히 중단되어야 한다. 가족해체의 현상은 청소년들에게 탈선과 사회 범죄를 가중시키는 일이 될 것이다.

둘째, 호주제는 예부터 우리에게 전해 내려오는 전통이다. 호주제는 자신의 근본과 뿌리를 알 수 있게 해준다. 우리와 같은 호주제를 가졌던 몽골이나 중국은 호주제 폐지 이후 많은 시련을 겪고 다시 호주제를 살리고 있으며, 특히 중국은 유교를 재교육 시킨다고 한다. 이처럼 호주제는 가족의 근본과 뿌리를 이어주는 원동력이다. 호주제가 없다면 잃어버린 가족도 찾을 수 없다.

셋째, (…중략…)

반대토론자	발표 잘 들었습니다. 그런데 제 생각은 토론자와 다릅니다. 첫째, 호주제는 전통적인 우리나라의 가족제도가 아닙니다. 호주권의 상속은 일제 강점 후에 등장하고 이는 일제가 민족의 통치를 목적으로 만든 것입니다. 둘째, 이 제도는 남성이 우월적으로 호주를 승계하고 있어 성차별적입니다. 다음으로 아래에 열거한 호주제에 의한 다양한 피해 사례가 있습니다. 이를 바로잡기 위해서도 호주제는 폐기되어야 합니다. 사례1 : (…중략…)
토론자	답변 (…내용 생략…)
사회자	그럼 이제 청중 중에서 의견이 있으면 말씀해 주시기 바랍니다.
청중1	질문 (…내용 생략…)
정리자	정리 (…내용 생략…)
사회자	이상으로 ○○조의 토론을 마치겠습니다. 경청해 주셔서 감사합니다.

주제 : 성형 수술에 대한 찬성

조원 : 감다니(02학번), 김영선(05), 이미희(04학번)

사회자	안녕하세요, ○조의 발표를 시작하겠습니다. 저는 사회자 ○○○이라 합니다. 저희 조는 '성형 수술에 대한 찬성 입장'에 대해서 발표와 토론을 하고자 합니다. 우선 발표자는 ○○학번 ○○○ 학우이고, 반대 토론자는 ○○학번 ○○○ 학우입니다. 마지막으로 정리자는 사회를 맡은 제가 하도록 하겠습니다. 요즈음 성형수술에 관심 많으시죠? 그러면 우리조의 발표를 한번 들어볼까요? 여러분의 격려와 경청 바랍니다. 그럼 발표자를 박수로 맞아주시기 바랍니다.
발표자	안녕하세요. 발표자 ○○학번 ○○○입니다. 제가 오늘 발표하고자 하는 내용은 여러분이 받은 요약문에 보듯이 '성형 수술에 대한 찬성 입장'입니다. 그럼 제 원고를 읽으면서 발표를 시작하도록 하겠습니다.

발표요지

1. 서론

　최근 들어 생활수준의 향상과 미에 대한 관념이 변화됨에 따라 외모에 대한 관심이 증가하는 추세다. 과거에는 성형수술에 대해서 대부분의 사람들이 직업상 연예인들이나 행하는 사치스러운 것으로 여겼으나 최근 경제성장과 더불어 국민들의 가치관의 변화는 일반 대중에게도 성형수술에 대해 점차 긍정적인 태도의 변화를 가져오게 했다.

　이러한 맥락에서 우리 조는 미용성형수술에 대한 찬성의견을 발표하고자 한다.

2. 본론

　가. 아름다워지려는 것은 인간의 본성이다.

　인간은 태초부터 미를 추구하는 본성이 내재되어 있다. 성형수술은 이러한 인간의 본성을 충족해 주는 하나의 도구에 불과하다. 지나친 성형수술은 문제가 있지만 자신의 경제적 범위 내에서 이루어지는 성형수술은 자기계발을 위한 것으로 볼 수 있다. 자신의 개성을 위한 성형수술은 좀 더 만족스럽고 행복한 삶을 영위하는 디딤돌이 될 것이다.

　나. 우리 사회는 외모차별화와 외모 지상주의로부터 자유롭지 못하다.

　외모에 대한 고정관념은 여성들에게 인생에 있어서 외모가 가장 중요하고 삶에 중대한 영향을 미치는 것으로 느끼게 한다. 서울과 수도권 여대생 479명을 대상으로 한 조사 결과 '외모가 뛰어난 여성들은 더 좋은 조건의 남성을 결혼상 대로 만날 수 있다'라는 반응이 76%, '취업 시장에 유리하다'라는 반응은 88%로 나왔다. (…중략…)

다. 성형수술을 통해 심리적 자신감을 얻을 수 있다.

신체에 대한 만족도는 그 시대의 사회 문화적 기준에 의해 크게 영향을 받는다. 현대 사회는 영상매체의 발달, 대인 접촉의 빈번함, 패션의 발달 등으로 외모가 중요한 시대다. 자신의 몸매에 열등감을 느끼고 있는 사람들은 이로 인해서 자신감을 상실하고 대외적인 관계에 망설임을 느낀다고 한다. 인터넷 쇼핑몰 인터파크가 회원 3,390명을 대상으로 실시한 조사에서 성형수술 이유로는 가장 많은 37%가 '자신감을 회복하려고'라는 대답을 했고 '예뻐보이려고'라는 대답은 22%, '외모 때문에 불이익을 받을까봐'가 17% 등으로 나타났다. (…중략…)

라. 외모는 타인에게 평가 받는 요소 중의 하나다. (…중략…)

반대토론자 발표 잘 들었습니다. 그러나 제 생각하고 다른 것이 있어서 몇 가지 질문을 드리고자 합니다. 먼저 성형 수술을 통해서 자신이 원하는 외모로 더 나은 삶을 사는 경우도 있으나 수술의 후유증이나 만족스럽지 못한 결과로 그 이후의 삶이 오히려 더욱 힘들어지는 경우를 낳기도 하는데 이에 대해서 어떻게 생각합니까? 다음으로 아름다움은 철저히 주관적인 평가입니다. 성형수술로 아름다움이 만족될 수 없습니다. 차라리 마음을 아름답게 가꾸고 외모지상주의에 대한 인식을 바꾸는 것이 올바른 태도가 아닙니까? (…중략…)

발표자 반대토론자의 말씀에도 일리가 있습니다. 첫 번째 수술 후유증에 관한 것은 성형수술만의 문제가 아니라고 봅니다. 이는 전체 의료사고와 관련된 것으로 저의 답변사항이 아니지만 수술을 하기 전에 믿을만한 의사와 병원인가를 알아보고 해야 합니다. 두 번째 문제는 저도 동감하는 사항입니다. 그러나 현재 이 순간에 우리가 외모 때문에 고통 받는다면 당장에 수술을 하고 나서 그러한 문제를 나중에 서서히 순차적으로 고쳐나가도 된다고 봅니다. (…중략…)

사회자 그럼 이제 청중 중에서 의견이 있으면 말씀해 주시기 바랍니다.

청중1 질문 (…내용 생략…)

정리자 정리 (…생략…)

사회자 이상으로 ○○조의 토론을 마치겠습니다. 경청해 주셔서 감사합니다.

사례 3

주제 : **공교육을 살리기 위한 방안과 대책**
조원 : 양길오(00학번), 서이남(04학번), 권오미(06학번), 한예지(05학번)

사회자 안녕하세요. ○조의 발표를 시작하겠습니다. 저는 사회자 ○○○이라
합니다. 저희 조는 '공교육을 살리기 위한 방안과 대책'에 대해서 발표
와 토론을 하고자 합니다. 우선 발표자는 ○○학번 ○○○ 학우이고,
반대토론자는 ○○학번 ○○○ 학우입니다. 마지막으로 정리자는 ○○
학번 ○○○ 학우입니다. 요즈음 해외 유학가느라고 공항이 만원이라
고 합니다. 왜 이렇게 되었을까요? 그러면 우리조의 발표를 한번 들어
볼까요? 여러분의 격려와 경청 바랍니다. 그럼 발표자를 박수로 맞아
주시기 바랍니다.

발표자 안녕하세요. 발표자 ○○학번 ○○○입니다. 제가 오늘 발표하고자 하
는 내용은 여러분이 받은 요약문에 보듯이 '공교육을 살리기 위한 방
안과 대책'입니다. 그럼 제 원고를 읽으면서 발표를 시작하도록 하겠
습니다.

발표요지

1. 들어가며

  (1) 공교육을 떠나는 우리의 아이들

  고교생 5명중 1명은 대학입시와 성적이 주는 부담 때문에 자살 충동을 느끼
고 있다고 한다. 또한 2005년도 초중고생 2만 명이 해외 유학을 떠났다. 자녀
공부를 위해 이민을 가거나 부모의 해외파견 동행 등을 포함하면 3만 5천 명이
나 된다. (…중략…)

  (2) 공교육의 중요성

  이렇게 사교육 시장이 이제는 자연스럽게 우리의 일상생활이 되고 있는 현
시점에서 자칫 공교육 정상화는 어떻게 보면 먼 나라의 이야기가 될 수 있다.
하지만 공교육은 국가 인재 양성을 위한 인성 및 전문적 지식 교육이 그 목표
다. 빈부 격차가 점점 커지고 있는 우리나라의 상황에서 '교육의 부익부빈익빈'
현상 또한 이제 현실이 되고 있다. (…중략…)

2. 공교육 붕괴의 원인과 진단

  (1) 대학의 서열화, 학벌 사회가 교육을 망친다. (…중략…)
  (2) 교육 정책의 문제점 (…중략…)

(3) 2008년도 이후 대학 입시정책, 논술 시장 확대 초래 (…중략…)

(4) 교원 평가로 교육의 질이 높아졌다는 사례는 없다. (…중략…)

(5) BK21사업, NURI사업은 대학의 서열화 강화 (…중략…)

(6) 새로운 환경에 맞는 교사의 가치관 부재 (…중략…)

(7) 교수 학습 방법의 연구 부재 (…중략…)

(8) 각종 교육 과정의 도입 취지 상실 (…중략…)

3. 공교육 정상화를 위한 해결 방안

(1) 국공립대 네트워크 형성을 통한 대학서열화 해소 (…중략…)

(2) 독립적 교육기구 신설로 교육정책 일관성 유지 (…중략…)

(3) 교사의 연구 모임 활성화 (…중략…)

(4) 예산 확보의 중요성 (…중략…)

토론자	발표 잘 들었습니다. 우선 질문은 해외 유학은 자신의 발전을 위해서 나쁘지 않다고 생각합니다. 다음으로 교원 평가에 대해서도 문제가 있다고 했는데 저는 다르게 생각합니다. 교원을 객관적으로 평가하는 것은 중요하다고 생각합니다. 마지막으로 예산확보의 구체적 방안을 제시하지 못하고 있는 것으로 보입니다.
발표자	(…내용 생략…)
사회자	그럼 이제 청중 중에서 의견이 있으면 말씀해 주시기 바랍니다.
청중1	질문 (…내용 생략…)
정리자	정리 (…내용 생략…)
사회자	이상으로 ○○조의 토론을 마치겠습니다. 경청해 주셔서 감사합니다.

2.4.1. 다음은 수업 시간에 교육토론을 하기 위해 설정해 볼 수 있는 토론 주제들이다. 이를 바탕으로 앞에서 배운 방법과 절차대로 조를 편성하고 실제 토론을 진행해 보자. 아울러 토론 후 각자 혹은 조별로 〈평가표〉를 작성해 보자.

1. 지식인의 은둔 생활에 대한 입장(철학사상)

＊다음 글을 논의의 출발점으로 하여 '소부'와 '허유'의 은둔 생활을 지지하거나 비판하시오.

> 사회는 개개인을 구성 인자로 한다. 따라서 개인의 자신이 몸담고 있는 사회에 대하여 일정 정도 책임을 가지고 있다. 만일 자신이 속한 사회가 부도덕적이라 할 때, 개인이 그 사회를 올바른 방향으로 이끌지 않고 은둔 생활을 한다면 그는 사회에 대한 책임을 다하지 않은 것이라고 할 수 있다. 설령 그 사회가 바람직한 방향으로 나아가고 있을 때라 할지라도 지식인이라면 그러한 방향이 계속 유지될 수 있도록 사회에 끊임없이 관심과 비판을 가해야 할 책임이 있는 것이다.

• 지지 :
• 비판 :

2. 종교의 역할에 대한 입장(종교)

＊히틀러 통치 당시 옥중에서 사망한 독일의 신학자는 다음과 같이 말했다. 다음을 토대로하여 종교는 개인의 영혼을 구원하는 것보다 사회정의를 구현해야 한다는 주장에 대하여 지지하거나 비판하시오.

> 히틀러가 공산주의자를 체포할 때 나는 공산주의자가 아니기 때문에 무관하다고 생각했다. 또한 히틀러가 유태인을 학살할 때 나는 유태일이 아니라는 이유로 침묵을 지키고 있었다. 히틀러가 드디어 신학자를 박해하기 시작했다. 그때 나는 주위의 도움을 청하여 했으나 아무도 자기의 일이 아니라고 하면서 침묵을 지키고 있을 뿐이었다.

• 지지 :
• 비판 :

3. 영어 조기교육에 대한 입장(교육)

* 영어 조기교육에 대해 지지하거나 비판하시오.

> 현대는 국가간 무한 경쟁의 시대이다. 이 경쟁에서 낙오된다면 세계 선진국
> 의 대열에서 밀려날 수밖에 없다. 어느 나라나 자국의 물건을 팔기 위해서는
> 수단과 방법을 가리지 않는다. 부존 자원이 없는 우리나라로서는 국가간 무한
> 경쟁에서 절대로 질 수 없는 절체절명의 과제를 안고 있다. 이 경쟁에서 승리
> 할 수 있는 가장 강력한 무기는 교역 대상국의 언어이다. 한국어는 우리나라를
> 제외한 세계 어느 나라에서도 사용하지 않는 언어이다. 따라서 우리는 국가간
> 생존 경쟁에서 승리하기 위해서는 외국어 또는 외래어의 범람에 대해서 신경질
> 적인 반응을 보여서는 안 된다. 어떤 면에서는 그것을 장려해야 한다. 더군다나
> 모든 국민이 외국어를 자유자재로 구사할 수 있도록 유치원 때부터 하나 이상
> 의 외국어를 가르쳐야 한다.

- 영어조기교육 지지 :
- 영어조기교육 반대 :

4. 문학의 과학성에 대한 입장(문학)

* 철수는 김동인의 「감자」에 나오는 복녀의 삶을 토대로 하여 1920년대 식민지 사회의 도덕
  적 타락상에 관한 논문을 썼다. 이 논문이 과학적인 글이 될 수 있는지에 대해 다음과 같
  은 주장이 있다. 이 중 하나의 입장을 택하여 다른 의견을 반박하면서 자신의 입장을 옹호
  하시오.

> 1) 문학은 인간의 상상력의 산물이다. 「감자」가 소설인 이상 그 속에 담겨 있
>   는 인간의 행동은 모두 허구일 수밖에 없다. 따라서 「감자」의 내용을 토대
>   로 하여 당대의 도덕적 타락상을 분석하였다면 이는 허구를 분석한 것이므
>   로 과학적인 글이라고 할 수 없다.
> 2) 문학은 현실을 반영한다. 물론 작가의 상상력이 어느 정도 개입되는 것은 사
>   실이지만, 본질적으로 현실의 내용을 바탕으로 해서 이루어지는 것이다.
>   1920년대 당시의 도덕적 타락상 같은 것을 구체적인 실물 자료보다는 소설
>   속의 내용이 구체적이므로, 이 글은 과학적인 글이라 할 수 있다.

- 문학의 과학성 지지 :
- 문학의 과학성 비판 :

5. 전통예술의 향유방식에 대한 입장

* 다음 주장을 지지하거나 비판하시오.

이매방 명인은 요즘의 북춤이 관광 업소나 나이트 클럽 같은 데서 술취한 사람들의 눈요기 거리로 변한 것에 대해 비판의 입장을 취하고 있다. 그러나 우리의 전통 예술 향유 방식을 오늘날 음악회나 무용 발표회처럼 전용 무대에서의 공연을 향유하는 것이 아니라, 생활 속에서 향유되었다. 모내기하면서도 춤을 추었고, 베를 짜면서도 노래를 불렀던 것이다. 또한 잔치라도 베풀라치면 으레 소리꾼이나 춤꾼들을 데려다가 흥을 돋우게 하기도 하였다. 이렇듯 전통 예술의 향유는 예술 그 자체보다는 생활의 한 장면에서 일정한 기능을 하였던 것이다. 이런 면에서 본다면 차라리 세종문화회관 같은 엄숙한 무대보다는 나이트클럽 같은 곳에서 공연되는 것이 전통적인 예술 향유 방식과 근접하는 것이라고 말할 수 있지 않을까.

• 대중화된 공간 공연 지지 :
• 대중화된 공간 공연 반대 :

6. 영화의 예술성과 외설성에 대한 입장

* 다음 진술을 읽고 영화 〈거짓말〉의 예술성과 외설성에 대해 논하시오.

영화의 폭력성이나 외설성을 부정적으로만 바라보는 것은 영화의 본질을 인식하지 못하는 소산이다. 영화는 더 이상 대중에게 엄숙한 교훈물이나 단순한 오락물로서만 존재하지 않는다. 관객들은 자신과 자신이 속해 있는 사회의 첨예하면서도 은밀한 요구를 받아들이지 않는 영화는 철저하게 외면한다. 이런 예를 극명하게 보여주는 것이 홍콩 영화이다. 폭력물의 대명사로 불리워지는 소위 '홍콩 느와르'를 단순한 오락물로 보는 것은 영화를 피상적으로 보는 것이다. 80년대 이후 소위 '홍콩 느와르(noire)'의 성생을 단순히 현대인들의 오락적, 폭력적 성향에서만 그 원인을 찾을 수 있는 것은 아니다. 이미 '홍콩 느와르'속에는 1997년 중국 반환을 앞둔 홍콩인의 불안한 미래가 담긴 것이다. 이러한 의식이 알게 모르게 영화 속에 침윤되어 있고 이것이 관객들에게 호소력을 갖고 있다. 이런 면에서 볼 때 영화 속의 폭력 장면이나 에로틱한 장면은 모두 당대의 시대적 의식과 대중적 욕구를 반영한 것이므로 금기시할 것은 아니다.

• 영화의 예술성 지지 :
• 영화의 외설성 지지 :

7. 친일 행적이 있는 작가들에 대한 입장(역사)

＊다음은 인터넷에 올라온 어느 학생의 글이다. 이와 관련하여 친일 작가에 대한 찬반 입장을 밝히시오.

> 저는 작가의 연대표를 보거나 그에 관한 걸 대충 알 때 그러니깐 나쁜 점이 있으면 책을 읽을 때의 감정이 그리 좋지 않더군요. 중학교 때 이광수의 소설과 최남선 시를 읽고 좋아했어요. 그런데 현재 책을 읽고 그들이 친일파였던 걸 알았죠. 그러니깐 그때 읽었던 감정이 다시 살아나진 않더군요. 이광수의 소설도 그렇지만 특히 최남선의 시는 더 그렇구요. 남들은 어떤가요? 남들도 그 작가의 연결해서 책이 읽히나요?

- 친일 행적 작가의 작품에 대한 작품성 지지 :
- 친일 행적 작가의 작품에 대한 작품성 비판 :

8. 여성 할당제에 대한 입장(여성/성)

＊여성 할당제에 대해 지지하거나 비판하시오.

> 최근 정부는 여성 인력의 활용을 위해 공무원 채용시 일정 비율로 여성을 의무적으로 채용한다는 이른바 '여성할당제'를 발표했다. 이는 공무원 시험에서 '남성들의 군복무 가산점 폐지'에 이은 여성 우대 정책의 일환이라고 볼 수 있다. 그러나 우리는 여성 차별을 폐지하기 위해 시행하는 방침이 또다른 남녀 차별을 낳을 수 있다는 점을 간과해서는 안 된다. 헌법에는 대한민국 국민들은 성별이나 종교 등의 차이와 관계없이 누구나 '공무담임권'을 갖고 있다. 그런데 '여성할당제'는 남성에 비해 여성을 우대화하는 것으로 위헌의 소지를 갖고 있는 것이다.

- 여성 할당제 지지 :
- 여성 할당제 비판 :

9. CCTV 설치에 대한 입장(생활)

＊범죄 우발 지역에 CCTV를 설치하는 것에 대해 지지하거나 비판하시오.

> 강남 경찰서와 강남 구청은 서울 강남 일대의 강력 범죄 예방을 이유로 유흥가나 가구 주택, 원룸 밀집 지역 등의 범죄 우발 지역에 '폐쇄 회로 TV(CCTV)' 300여 대를 설치하겠다는 계획을 발표하여 주민의 프라이버시권 침해 논란을 불러일으킨 바 있다. 강남 경찰서는 2003년 6월 25일에 강력 범죄가 많이 우려되는 역삼1동과 논현1동 등을 중심으로 7월 말까지 방범용 CCTV 27대를 설치

하고, 구의회의 추경 예산안이 통과되면 연말까지 모구 320대를 설치하겠다고 밝혔다. 강남 경찰서는 이미 2002년 12월에 논현동 일대에 방범용 CCTV 5대를 설치해 시범 운영 중이었다. 그 후 CCTV를 통한 각종 범인 검거 덕에 언론에 의해 CCTV가 "범인 검거의 일등 공신"으로 치켜세워졌고, 구청이나 경찰서 등에서는 일반 국민이나 지역 주민을 상대로 한 각종 여론 조사에서 CCTV 설치에 찬성하는 비율이 더 높다고 선전했다. 얼마 전에는 서울 22개 구의 CCTV 설피 비용 절반을 재정 능력이 탄탄한 강남 구청이 내기로 하면서 CCTV가 서울 22개 구로 확대되어갈 전망이다.

- 설치 지지 :
- 설치 반대 :

10. 동성연애자를 위한 입법추진에 대한 문제(성)

* 다음 글을 읽고 동성연애자에 대한 사회적 인식의 문제에 대해 생각해 보시오. 현재 떳떳하게 자신의 처지를 밝히지 못한 채 부당한 대우를 받으며 생활하는 동성애자가 많다. 이러한 상황을 고려해 동성연애자는 사회에서 정당한(정상적인?) 대우를 받아야 하는지, 아니면 사회적 안정을 위해 법적 차별을 해야 하는지 등에 대해 고민한 후 입법추진의 타당성에 대해 입장을 밝히시오.

2005년 7월 24일에 국가인권위원회가 국무총리에게 입법추진을 권고한 차별금지법안에는 동성애 확산을 조장하는 동성애차별금지조항이 있다. 첨부된 차별금지법안을 보면, 2조에 '성적 지향'을 차별금지대상에 포함시키고 있으며, 4조6항에 성적 지향을 이성애, 동성애, 양성애로 정의하고 있다. 따라서 차별금지법안에 따르면 동성애한 이유로 개인이나 집단을 분리, 구별, 제한, 배제하거나 불리하게 대우할 수 없으며, 고용, 주거시설 이용, 교육, 정책의 집행 등에서 차별할 수 없다(2조). 또한 동성애란 이유로 교육기관에의 입학, 편입을 제한하거나 금지하면 안 되고, 전학과 자퇴를 강요하거나 부당한 퇴학 조치를 해서도 안 된다(21조). 특히 교육내용, 생활지도 기준에 동성애에 대한 차별을 포함해서는 안 되며, 동성애에 대한 혐오와 편견을 교육내용에 포함하거나 이를 교육하는 행위가 금지된다(22조).

- 입법추진 찬성 :
- 입법추진 반대 :

제 3 부 글쓰기와 대학논술

Ⅰ. 글쓰기의 원리와 종류

1. 글쓰기의 세 국면

글을 쓴다는 것은 글로 자신을 표현하는 행위라 하였다. 따라서 글쓰기에는 네 국면이 개입된다. 우선 글을 쓰는 사람(주체)이 있어야 하고, 글을 읽어 줄 사람(대상)이 있어야 하며, 표현의 수단이 되는 글(매체), 그리고 글을 통해 표현하고자 하는 바(내용)가 있어야 한다.

물론 이 네 국면은 야콥슨(Roman Jakobson)이 말한 소통의 여섯 요소 안에 포함된다. 기호학자 야콥슨이 제시한 소통의 여섯 요소란 다음과 같다.

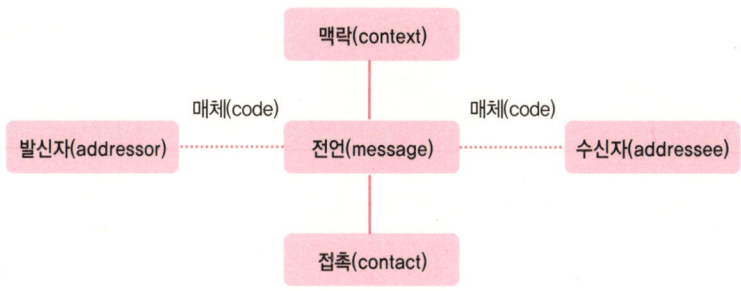

야콥슨의 여섯 요소를 글쓰기에 적용해보면, 발신자는 글을 쓰는 사람, 수신자는 글을 읽

는 사람이 된다. 매체는 글이고, 전언은 글 쓴 사람이 읽는 사람에게 표현하고자 하는 메시지, 즉 글을 통해서 전달하고자 하는 궁극적 내용이다. 맥락은 '어떤 상황에서, 무엇에 관해서' 글을 쓰는가에 해당하고, 접촉은 책, 인터넷 편지지 등 글을 읽게 되는 과정을 의미한다.

위 여섯 가지 중 수신자, 맥락, 접촉은 일차적으로 글쓰기 학습에서 먼저 고려할 사항이 아니다. 이들은 상황적인 요소들이기 때문에 더 특수한 글쓰기에서는 중요한 문제가 될 수 있지만 일반적인 글쓰기에서는 우선적인 요소가 아니다.

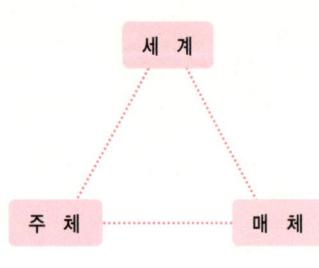

일반적인 글쓰기에서 중요한 것은, 표현의 주체인 글을 쓰는 사람이 글을 통해서 무엇을 이야기할 것이며 글을 어떻게 쓸 것인가 하는 점이다. 따라서 일차적으로 중요한 글쓰기의 세 국면은 글을 쓰는 사람(주체), 표현하고자 하는 내용(세계), 전달하는 매체(글)이다. 글쓰기란 주체, 세계, 언어의 세 꼭짓점으로 이루어지는 삼각형과 같다. 따라서 좋을 글을 쓰려면 이 세 국면을 잘 파악하면 된다.

첫째, 나를 잘 알아야 한다.
둘째, 내가 말하고 싶어 하는 대상에 대하여 잘 알아야 한다.
셋째, 언어를 잘 다루고, 글 쓰는 방법을 잘 알아야 한다.

이 셋 중에 가장 중요한 것은 '나를 잘 아는 것'이다. 우선 글을 쓰고 있는 자기 자신을 잘 알아야 자신이 무엇을 표현하고 싶어 하는지 파악할 수 있을 것이다. 자기 자신을 가장 잘 아는 사람은 바로 자신일 것 같지만 사실은 그렇지 않다. 대부분의 학생들이 글쓰기를 시작할 때, 자기가 표현하고자 하는 주제를 스스로 확정하지 못하곤 한다. 자신이 말하고 싶어 하는 핵심을 스스로 알지 못하는데 어떻게 좋은 글을 쓸 수 있겠는가?

좋은 글을 쓰기 위한 가장 중요한 첫걸음은 바로 스스로를 파악하는 것이다. 다르게 말하면 자기가 말하고자 하는 주제를 명확하게 인지하고 확정하는 것이다.

다음으로 중요한 것은 자기가 글로 쓰려고 하는 내용에 대하여 어느 정도 알고 있어야 한다는 점이다. 원예치료사에 대하여 글을 쓰려고 하는 사람이 '원예치료'라는 것이 무엇인지 모르고 있다면 당연히 좋은 글을 쓸 수 없을 것이다. 아동 지도법에 대하여 글을 쓰려는 사람은 아동심리학에 대하여, 지진에 대하여 글을 쓰려는 사람은 지리학에 대하여, 컴퓨터 신기술에 대하여 글을 쓰려는 사람은 컴퓨터공학이나 소프트웨어에 대한 지식을 많이 가질수록 더 좋은 글을 쓸 가능성이 높다.

따라서 좋은 글을 쓰기 위한 두 번째 조건은 자신이 글을 쓰려고 하는 내용에 대한 지식, 자료, 이해도, 정보, 논리 등을 확보하는 것이다. 무엇보다 우리를 둘러싸고 있는 세계(사회, 현실, 환경 등)를 잘 아는 것이 중요하다. 세계를 잘 알면 자신이 다루어야 할 대상을 쉽게 지배할 수 있고, 배경지식도 풍부해진다.

좋은 글을 쓰려면 매체 즉 글을 잘 다루는 능력이 필요하다. 언어를 잘 다루어야 자신이 하고 싶은 표현을 자유자재로 해낼 수 있다. 어휘를 적절히 선택하고, 문장을 짜임새 있게 구성하며, 단락을 잘 세울 수 있는 능력이 필요하다. 이 능력은 타고나기도 하지만 대부분 훈련과 연습에 의하여 만들어진다.

다시 강조하거니와 이 셋 중 가장 중요한 것은 자신을 잘 아는 일이다. 글을 쓰는 이유가 궁극적으로 자신의 내부를 드러내는 것, 즉 표현이라 한다면, 글을 쓰는 사람이 자기 자신을 이해함은 무엇보다 중요하다. 자신을 발견하고 이해하는 과정이야말로 글쓰기의 궁극적 목표인 것이다.

2. 글쓰기가 우리에게 주는 것

이미 글은 우리 삶의 일부이다. 혹은 글을 쓰는 행위 자체가 우리 삶의 일부이다. 이 말은 글을 쓰지 않고서는 생존하기 어려움을 뜻한다. 무인도에서 당신은 무엇을 할 것인가? 가장 중요한 일은 기록하는 것이다. 미래나 과거를 위해서가 아니라, 무엇인가를 쓰는 행위 자체가 삶을 확인시켜주기 때문이다.

물론 사회생활을 위해서, 문화생활을 위해서, 무엇보다 직장생활이나 돈벌이를 위해서 글쓰기는 매우 중요하고 기본적인 활동이다. 문자적인 삶을 포기함은 현대적 인간이 가진 가장 중요한 요소를 상실하는 것과 같다. 글쓰기가 삶에서 왜 중요한지를 다시 정리해보자.

(1) 나는 표현을 통해서 세계와 만난다

표현은 사회적 존재인 인간이 자신을 세계에 드러내는 기본적인 방식이다. 몸짓이나 그림 또는 노래나 언어를 통하여 사람은 표현 활동을 한다. 이러한 다양한 표현 활동 중에서도 언어를 통한 말하기와 글쓰기는 가장 구체적인 표현 행위이다. 인간은 언어로 존재를 자각하고 드러내며 사회에 참여하기 때문이다.

(2) 나를 자유롭게 표현하지 못하면 내 삶도 자유로울 수 없다

사람은 혼자 살 수 없다. 사회 속에서 나를 실현하고 남과 관계를 맺는 것이 인간의 삶이다. 그러려면 자기를 표현하지 않을 수 없다. 표현은 사회적 삶의 기본적 방법이다. 그러므로 자기표현을 제대로 하지 못하면 인간다운 삶 자체를 확보할 수 없다. 자유롭고 진실한 자기표현을 할 수 없을 때 마음은 병들고 자기실현도 불가능하다.

(3) 표현을 통하여 나를 만나고 나를 만든다

표현은 인간이 자기 존재를 자기를 둘러싼 세계와 교류하는 길이다. 글쓰기를 통하여 우리는 자신과 세계와의 관계를 탐색하고, 자기를 이해하기도 한다. 우리는 자기를 표현하면서 단순히 자신의 생각이나 느낌을 다른 사람에게 전달하는 데 그치지 않는다. 글쓰기와 같은 구체적 표현 과정을 통하여 자신과 만나고 자신을 형성한다. 자기 경험을 글로 쓰는 일은 자기를 객관으로 바라보고, 자신을 반성하고 성찰하며, 다른 사람들과 의미 있는 관계를 가지거나 진실을 나누게 된다.

(4) 글쓰기는 가장 구체적인 표현 방법이다

표현의 가장 좋은 수단은 글쓰기다. 글쓰기만큼 사람의 사상과 정서를 자세하고 다양하게 표현할 수 있는 방법은 없다. 글은 구체적으로 표현할 수 있는 가장 대표적 매체이다.

(5) 글쓰기는 문화적 실천이다

글쓰기는 사회적 의미 공유 체계를 바탕으로 이루어지는 문화적 실천이다. 우리는 글을 쓰면서 남과 소통하는 방법을 찾고 자신의 정체성을 확립해간다. 체험과 관찰을 바탕으로 자기를 성찰할 뿐 아니라, 자기 안에 있는 낯선 자기를 수용하여 자아를 확장하는 길을 열 수도 있다. 또 다른 사람의 진실을 수용함으로써 자기 세계를 넓혀갈 수 있는 가능성도 제공한다.

(6) 글쓰기는 다양한 통로를 열어준다

자기 삶에 대하여 표현하는 여러 가지 글쓰기는 일기, 편지, 문학창작, 논설문, 비평문, 수상록 따위로 쉽고 다양하게 이루어진다. 따라서 다양한 방식으로 창의성을 개발하고 자기를 발견하는 수단이 된다.

3. 좋은 글을 쓰려면

좋은 글이란 어떤 것일까? 앞에서 좋은 글을 쓰려면 세 가지 국면에서 능력을 갖추어야 한다고 했다. 그 세 가지 측면을 중심으로 좋은 글이 되기 위해 갖추어야 할 요건들을 살펴보자.

한글 맞춤법 공략② 자모의 순서

사전에 올라가는 자모의 순서는 다음과 같다.
• 자음 : ㄱ, ㄲ, ㄴ, ㄷ, ㄸ, ㄹ, ㅁ, ㅂ, ㅃ, ㅅ, ㅆ, ㅇ, ㅈ, ㅉ, ㅊ, ㅋ, ㅌ, ㅍ, ㅎ
• 모음 : ㅏ, ㅐ, ㅑ, ㅒ, ㅓ, ㅔ, ㅖ, ㅗ, ㅘ, ㅚ, ㅛ, ㅜ, ㅝ, ㅞ, ㅟ, ㅡ, ㅢ, ㅣ

(1) 주체의 측면에서

❶ 뚜렷한 목적과 주제

가장 좋은 글은 독자가 글의 목적을 명확하게 파악할 수 있는 글이다. 독자 입장에서 글을 다 읽긴 했는데 무슨 소리를 하는 것인지, 왜 그런 말을 하고 있는지 판단할 수 없다면 결코 자기의 소임을 충실하게 해낸 글이라 말할 수 없다. 글의 목적하는 바가 뚜렷하려면 주제가 명확해야 한다. 그 글의 핵심내용, 글을 통해서 글쓴이가 전하려고 하는 메시지가 뚜렷해야 좋은 글이 된다. 뚜렷한 주제는 좋은 글의 가장 기본적 요건이다.

❷ 필자와 독자 사이의 원활한 소통

글쓰기의 궁극적인 목적은 독자와 소통을 하는 데에 있다. 독자와 소통을 잘 하려면 필자와 독자 모두에게 잘 부합하는 글이 되어야 한다. 필자나 독자의 지적 능력을 무시하고 어렵게 쓴 글이나 독자에게 잘 어울리지 않는 글은 피해야 한다. 독자가 어린이들이라면 글의 내용도 어린이들에게 적합해야 함은 당연하다. 필자가 자신만이 잘 아는 내용을 모든 사람이 보편적으로 알아야 할 내용으로 치부해서 글을 쓰면 그 글은 당연히 어렵고 이해 불가능한 것이 될 것이다.

❸ 일관된 태도와 관점

특별한 이유가 없는 한 필자는 주제나 소재에 대한 태도, 관점, 어조 등에 일관성을 유지하는 것이 바람직하다. 관점과 태도에 일관성이 없으면 그 글은 주제가 흐려지고 독자는 당황스럽게 여긴다. 글을 잘 쓰기 위한 주체의 확립은 무척 중요하므로 다음 두 예문을 통하여 이 문제를 더 살펴보기로 한다.

> **〈예문 1〉 인터넷 중독은 인격 장애를 부르는가?**
>
> "인터넷 중독이 인격 장애 부른다"라는 기사가 실렸다. 사실 난 이런 류의 기사들을 혐오한다. 많은 이들이 이런 종류의 기사를 받아들이는 데 있어서 '명백한 오독' 증상을 보이기 때문이며, 실제로 내 주변에도 이런 류의 기사를 읽고 자신의 오독 증상을 인지하지 못한 채 앵무새마냥 같은 소리를 반복하는 것을 목도하기도 한다. 그렇다면 그 '오독'이란 무엇인가?
>
> 이번 기사에서도 나타났듯이 인터넷 중독 증상을 보이는 집단에서 인격 장애가 이른바 정상적인 대조군보다 많이 드러나는 것은 사실이다. 그러나 여기서 문제가 되는 것은 '인터넷 중독=인격 장애'라는 등식은 결코 성립하지 않는다는 점이다. 엄밀하게 말하면 '인터넷 중독'과 '인격 장애'는 별개의 문제로서 취급되어야 마땅하다. 그렇지 않다면 인터넷 중독 증상을 보이면서 인격 장애를 갖고 있지 않은 사람들의 경우를 설명할 수가 없기 때문이다.
>
> 결국 질문은 닭이 먼저인가 달걀이 먼저인가라는 해묵은 논법으로 넘어간다. 즉 '인터넷 중독'이 먼저인가 아니면 '인격 장애'가 먼저인가 하는 질문이다. 두

경우 모두 가능하다. 인터넷이란 공간이 가지는 특징 중 하나가 바로 자신의 입맛에 맞는 대상을 취사선택할 수 있기 때문이다. 현실에선 싫어도 참고 얼굴을 마주 해야 하는 대상들이 존재하는 반면 인터넷에선 그럴 필요가 없다. 고로 타인과의 부침 속에서 형성될 수 있는 인격적인 성향이 미형성 될 수 있으며 이를 일러 '인격 장애'라 할 수 있다. 반면 어떤 이유로든 이미 현실에서 인격 장애가 형성된 이가 앞서 언급한 인터넷의 특성 탓에 인터넷에 중독될 수 있는 여지 역시 매우 높다.

따라서 '인터넷 중독 증상=인격 장애'란 등식은 잘못된 것이다. 만약 이 두 부문의 상관관계에 대해서 좀 더 심도 깊은 연구를 하고자 한다면 이 둘 중 어떤 것이 선행하여 원인으로서 기능했는지를 파악하는 것이 좀 더 올바른 학문적 자세일 것이다. 그러나 문제는 이런 문제를 다루는 연구들이 앞서 언급한 근본적이고 직접적인 문제에 집착하기 보다는 표피적이고 현상적인 문제에 집중하고 언론사들은 이런 부정확한 연구결과를 선정적으로 보도한다는 데 문제가 있다. 그래서 이런 류의 기사들의 결론은 늘상 이 두 개의 개별적인 문제들을 모두 지적하고 경고하기보다는 한 부문, 이 경우라면 '인터넷'에 그 책임을 전가시키고 만다.

이런 류의 무식하기 그지없는 학자들과 언론의 외눈박이 놀이는 사실 그 역사가 매우 깊다. 그래서 이런 류의 사회적인 문제들의 원인을 지적하면서 늘상 만만한 인터넷, 비디오 게임, 시끄러운 음악 등등을 그 희생양으로 삼으려 든다. 왜 그럴까? 일단 이것들은 인간이 아니기 때문에 '네 잘못이야!'라고 비난해노 직접적으로 반기를 들지 않기에 만만하기 때문이며, 또한 같은 이유로 자신을 포함한 모든 사회 구성원들로 하여금 이번 문제의 책임에서 자신들은 비켜나 있다는 안도감을 선사한다. 이 또한 인류 역사 속에서 그 유례가 깊은 희생양, 마녀사냥과 관련이 있다.

그리고 조금이라도 역사에 대해서 관심이 있는 이라면 다들 알고 있겠지만 이런 류의 행위는 인간들의 치사함과 비겁함뿐 아니라 몰상식과 반합리주의의 뿌리가 되어 왔다.

한글 맞춤법 공략③ '-오/-요'

종결형 '-오'는 '-요'로 소리 나더라도 '오'로 적고 연결형은 '-이요'로 적는다.
예) 이것은 책이오.
   저것은 붓이 아니오.
   이것은 책이요, 저것은 붓이 아니다.

제목으로 미루어 볼 때 이 글은 인터넷 중독이 미치는 악영향에 대한 고정관념을 비판하고 인터넷 중독과 인격 장애 문제를 해명하기 위해 쓴 글로 보인다. 그러나 인터넷 중독과 인격 장애의 상관관계에 대한 자신의 구체적인 의견을 글 속에 담아내지 못하였다.

글쓴이는 먼저 신문 기사를 예로 들어서 화제를 끌어내었다. 인터넷 중독과 인격 장애를 별개의 문제로 보아야 한다는 것이다. 이후 글의 흐름은 인터넷 중독과 인격 장애의 관계에 관한 과학적, 분석적 논거를 제시하고 자신의 주장을 개진해야 했다. 그래야 주제가 선명해지기 때문이다.

그러나 이 글은 '달걀이 먼저인가 닭이 먼저인가'라는 논리로 문제의 초점을 흐리게 하고, 엉뚱하게 언론의 문제점을 논하다가 인터넷 게임을 희생양으로 만드는 사회적 편견으로 논점을 바꾸고, 역사 문제를 언급함으로써 글을 마무리 지었다. 글의 소재가 오락가락하면서 논리나 태도가 일관성을 유지하지 못하게 되었다.

이처럼 논점이 흐려지면 글의 목적도 흐려지고, 글쓴이가 전하고자 하는 핵심적 메시지가 뚜렷하지 못할 뿐 아니라 독자와의 소통도 원활하게 이루어지지 못한다.

〈예문 2〉 게임의 긍정적 활용은 가정에서부터

서울대가 전국 10세 이상 3,500여 명을 대상으로 실시한 〈주5일제 이후 여가시간 활용 방법〉에 대한 조사에 따르면 우리 국민은 여가시간에 나들이와 산책을 가장 많이 즐겼고, 그 다음으로 컴퓨터 게임을 즐긴다고 답했다. 게임이 이제 3대 여가 생활 가운데 하나로 당당히 자리매김하게 된 것이다.

이렇듯 게임을 즐기는 시간이 많아지고 대상 연령층도 갈수록 확산 되고 있으나, 게임을 바라보는 일반의 시선은 아직도 냉랭하기만 하다. 게임의 역기능에 대해서도 게임 중독의 악영향에 대한 비판만 분분할 뿐 건전게임 문화 조성을 통한 역기능 예방과 순기능 확산을 위한 방법 찾기에는 큰 노력을 기울이지 않고 있다.

컴퓨터 게임이 국민들에게는 가장 쉽게 즐길 수 있는 여가생활의 하나가 되고 있으나, 사회 여건은 아직 산업 발전을 좇아오지 못하고 있다. 가까운 일본의 경우는 70년대 후반부터 시작된 게임 산업이 이제 하나의 주류 문화로 자리 잡았고, 요즘은 가족들이 둘러앉아 함께 게임을 즐기고 대화를 나누는 모습이 일상처럼 되었다. 특히 80년대 초·중반 패미컴을 비롯한 비디오게임기를 접했던 세대들이 이제 30~40대 사회의 주류가 되어 컴퓨터 게임을 일상적인 문화로 발전시키는 중심 세력으로 역할하고 있다.

일본의 경우 게임 산업이 거대한 부를 창출하고 있음에도 불구하고 게임의 중독에 따른 사회적 문제는 상당부분 축소시켜 왔다. 이러한 일본의 사례는 게임임의 역기능을 예방하고 게임이 가지고 있는 순기능을 확산시키기 위해서 가정의 역할이 가장 중요함을 입증하는 본보기다.

문화관광부가 발표한 〈게임 몰입증의 현황과 대처 방안〉이라는 보고서에 따르면, 게임에 대한 부모의 견해가 긍정적일수록 그 아이들이 게임으로부터 더욱 긍정적인 영향을 받고, 게임을 효과적으로 이용한 청소년일수록 컴퓨터 게임 이용 이후 자신감과 집중력이 향상 된다는 것이 밝혀졌다. 이러한 연구는 게임이 무조건 악영향을 미치며 따라서 집중력을 떨어뜨리고 폭력성을 강화한다는 일반의 인식이 옳지만은 않음을 밝히고 있다. 이제는 컴퓨터 게임을 일방적으로 사회적 악인 양 취급하는 데에서 벗어나서 더 긍정적으로 활용할 수 있는 방안을 찾아야 할 때이다.

긍정적 기여를 하는 사례는 많다. 특정한 컴퓨터 게임은 자연환경의 중요성을 인식시키기 위해 개발되었다. 에듀 게임은 교육을 위하여, 또 장애인을 위한 놀이문화를 위하여 개발된 게임들도 있다. 컴퓨터 게임이 차세대의 새로운 문화 지형으로 발전할 것은 분명하다. 연세대 최유찬 교수는 "컴퓨터게임은 놀면서 사는 방법을 배우는 프로그램입니다. 나이 든 사람들은 머리로 충분히 이해한 뒤에야 손가락을 움직이지만 젊은이들은 보는 즉시 반응합니다. 차세대의 세계관을 반영한 것이라고나 할까요."라고 주장했다.

따라서 이제 중요한 것은 컴퓨터 게임이 긍정적 기능을 할 수 있도록 사회적 장치를 만드는 작업이다. 이를 위해 가장 중요한 역할을 할 수 있는 것이 바로 가정이다. 앞에서 말한 최교수는 "정부는 게임 산업을 장려하고 부모는 아이들 공부에 지장이 된다며 게임을 못하게 막는 모순된 상황입니다. 하지만 컴퓨터 게임에서 체험하는 다양한 세계는 문화 창조 형식으로 바뀔 것이라고 봅니다."라고 했다. 아이들이 부모와 함께 게임을 배우면, 아이들은 게임을 통하여 사회 적응을 위한 여러 규칙을 배우고 창의성을 기르게 되며 부모는 게임을 통하여 아이들을 이해할 수 있게 된다. 이를 위하여 정부와 업계는 부모가 함께 게임을 체험하는 프로그램을 개발해 운영한다면 가족 구성원간의 대화통로를 마련해 주는 효과를 얻을 수 있다. 또 교육적 효과를 위한 다양한 세미나와 축제를 업계에서 제공해야 한다.

이러한 과정을 통해 부모는 게임에 대한 긍정적인 인식 변화를 얻고, 자녀와 대화할 수 있는 눈높이를 가질 수 있다. 자연스럽게 아이들의 게임 몰입이나 중독을 줄이고 방지할 수 있는 효과도 거둘 수 있다.

컴퓨터 게임은 청소년들에게 이미 하나의 생활문화로 자리 잡았기 때문에 청소년들을 이해하는데 굉장히 유익한 방법이 될 수 있다. 가정에서 부모가 아이들과 함께 게임을 즐긴다면 게임의 부작용을 해소시키고, 단절되었던 세대 간의 대화도 원활하게 소통될 것이다. 무엇보다 가족 사이의 결속력도 다질 수 있게 된다. 청소년들에게 이미 하나의 생활문화로 자리 잡은 게임을 긍정적으로 활용하려면 가정의 역할이 가장 중요함을 재확인할 수 있다.

―한국게임산업협회, 전자신문이 2004년에 공동으로 주최한 캠페인
〈클린 게임, 쿨한 세상〉의 일부

한 글
맞춤법
공략⑤   사잇소리

한자어와 한자어로 결합된 단어
는 '초점'처럼 사잇소리가 나더라
도 적지 않는다. 다만 다음 6자
는 예외로 한다.
곳간, 셋방, 숫자, 찻간, 툇간, 횟수

이 글은 어느 고등학생이 쓴 글임에도 마치 전문가가 쓴 듯이 높은 수준의 글 솜씨를 보여주고 있다. 이 글은 주제가 뚜렷하다. 컴퓨터 게임의 긍정적 기능에 관심을 두고, 그 긍정적 기능을 사회적으로 실현하기 위한 방안을 제시했다. 그 방안은 가정 안에서 해결한다는 것이다. 어쩌면 너무 상투적인 방안이고 이론은 옳지만 실현은 잘 되지 않을 방안이기도 하다. 그러나 글쓴이는 일본의 경우를 예로 들거나 전문가를 인용하는 방법을 통하여 그 방안의 현실 가능성을 설득력 있게 전하고 있다. 이처럼 주제가 분명한 글은 논리를 전개하기도 편하고 설득력도 강하게 지닌다.

아마 자녀들의 게임 중독을 걱정하는 부모들이라면 이 글을 통하여 새로운 가능성을 발견할 수 있을 것이다. 그만큼 독자와의 대화가 잘 이루어질 수 있는 글이다. 또 방안의 실현을 위한 구체적 방향을 제시하는 것도 잊지 않으면서 전체적으로 글의 주지에 변함이 없어서 일관성도 잘 유지되고 있다.

(2) 객체(세계)의 측면에서

❹ 주제와 부합하는 소재

건축물을 지을 때 벽돌, 유리, 나무 등의 재료가 필요하듯이 글쓰기에도 적절한 재료를 갖추어야 한다. 이를 소재라고 하는데, 소재는 주제와 잘 어울리는 것으로 선택해야 한다.

❺ 정확하고 충실한 자료 확보

설명하는 글이든 주장을 담은 글이든 설득력을 갖추려면 글의 핵심내용을 뒷받침할 근거가 있어야 한다. 예증, 인용, 비교 등의 기술 방법에 쓰일 자료는 언제나 정확하고 분명해야 가치를 지닌다.

❻ 풍부한 지식과 적합한 논리

글의 내용을 풍부하게 만들려면 배경지식이 많을수록 좋다. 물론 그 배경지식은 주제와 부합되어야 하고 정확해야 하는 게 우선적이지만, 활용할 수 있는 양이 많으면 논거를 들기에 유리하다. 아울러 논거는 언제나 글의 내용에 적합해야 한다.

(3) 매체의 측면에서

❼ 전체적 통일성

좋은 글은 전체적으로 통일성을 지녀야 한다. 글의 제목과 주제, 각 문단의 역할과 문단끼리의 호응, 문장과 문장의 이음새, 글의 내용과 어휘들이 전체적으로 통일될 때 글은 제 가치를 지닌다.

❽ 유기적, 체계적 구조

모든 글은 구조를 지닌다. 문장의 구조, 문단의 구조, 전체 글의 구조가 유기적으로 잘 짜이고, 글의 구성이 체계적이고 논리적으로 구조화되어야 좋은 글이 될 수 있다.

❾ 명료한 문장

문장 하나하나는 알기 쉽고, 그 뜻이 명료해야 한다. 문장이 명료해지려면 어순이 잘 이루어지고 모호한 표현이나 단어가 없어야 하며 생략과 지시어 사용이 적절해야 한다. 그 전에 주의해야 할 사항은 어휘 선택을 정확하게 하는 것이다.

❿ 정확한 언어와 규범

모든 글은 맞춤법을 비롯한 글쓰기의 일반적인 규범을 지켜야 한다. 문장 성분끼리의 호응, 접속사의 정확한 사용, 올바른 표기법 준수, 문맥에 맞는 어휘 등을 고려해야 좋은 글이 된다.

4. 글쓰기의 종류와 목적

우리는 왜 글을 쓰는 것일까? 모든 글쓰기는 의도적 행위이므로 거기에는 어떤 목적이 있게 마련이다. 그 목적과 용도가 글쓰기를 분화시켜왔다. 따라서 목적과 용도에 따라 글쓰기의 종류를 나누어 보는 것이 좋다.

우선 글쓰기를 크게 '일상생활 가운데에서 이루어지는 글쓰기'와 '특별한 목적을 가진 글쓰기'로 나누어 볼 수 있다. 전자를 생활 글쓰기라 부른다면, 편지글, 일기, 생활에 필요한 각종 기록, 낙서, 예식과 관련된 글, 초청장 등이 이에 속한다. 이런 글은 그 목적과 용도가 개인적이라는 특성을 지닌다. 따라서 대학에서 이러한 개인적 글쓰기를 별도로 학습할 필요는 없을 것이다.

생활 글쓰기와 달리 특별한 목적과 용도를 가진 글쓰기는 일상적인 언어 기능에서 벗어나 특별한 기능을 하게 된다. 그 기능을 중심으로 생각해 보면 다음과 같이 글쓰기의 종류를 나누어볼 수 있다.

첫째, 자신이 아는 것을 다른 사람에게 이해시키는 것.
둘째, 자신의 생각이나 주장을 남이 받아들이도록 설득시키는 것.
셋째, 어떤 사실을 밝히거나 기록하려는 것.
넷째, 자신의 생각과 느낌을 다른 사람과 나누려는 것.

(1) 설명적 글쓰기

어떤 원리를 밝히거나 지식을 전달함으로써 남들로 하여금 새로운 사실을 알게 하려는 목적을 가진 글을 설명문이라 한다. 설명적 글쓰기는 사실성과 객관성을 생명으로 삼는다. 자신이 명백하게 알거나 조사한 내용, 자료의 출처를 분명히 밝힐 수 있는 내용, 객관적으로 진리인 내용을 담는 것이 원칙이다. 여기에 글을 쓰는 주체의 주관적 생각이나 독창적 느낌을 개입시킬 수 없다. 따라서 설명적 글쓰기는 객체(세계)가 중심이 된다.

대학에서 학문을 전수하기 위해 사용하는 대부분의 교재는 설명적 글쓰기로 이루어져 있다. 그 외에도 어떤 제품의 사용설명서, 어떤 공간이나 장치의 이용안내문 등이 이에 속한다.

(2) 논술적 글쓰기

자신의 생각이나 주장을 남들이 받아들이도록 설득하려는 글을 일반적으로 논문 혹은 논술문이라 한다. 이 글에서 중요한 것은 특별한 자기 생각이나 주장이 먼저 존재해야 한다는 점이다. 따라서 주관적 내용을 남에게 전달하는 글이다. 그러므로 글쓰기의 세 국면 중 주체의 분야가 중심에 서게 된다.

주관적 주장과 생각을 우선시해야 하지만 그 목적이 남을 설득하는 것이므로 그 주관적 내용을 어떻게 객관화시키는가가 무척 중요하다. 논술적 글쓰기에는 무엇이 진실인지를 밝히고, 왜 그것이 옳은지를 밝히는 논리적 전개와 논증적 방법, 정확하고 유효한 논거의 제시가 필요하다. 요약하자면 여기에서 가장 필요한 것은 논리이다.

대학에서 연구의 결과를 밝히는 논문이나 학생들이 자신의 연구와 학습의 결과를 보고하는 보고서, 실험 결과를 밝히는 보고문 등이 이에 속한다.

(3) 정보적 글쓰기

자기에게 필요한 어떠한 사실을 밝히거나 기록을 남기기 위하여 쓰는 글들이 있는데, 이러한 글들은 실용적인 성격을 강하게 지닌다. 여기에서는 정확한 정보와 기록이 생명이다. 이 글쓰기의 목적은 그 용도가 어떠하건 정보를 축적하거나 전달하는데 있으므로 사실성과 확실성이 중요한 것이다. 따라서 이 글쓰기에서도 세계(객체)가 우선적으로 중심에 서게 된다.

신문의 기사문, 취업을 위하여 작성하는 자기소개서, 추천서, 혹은 어떤 역사적 사실을 남기기 위한 기록문, 전기문 등이 이에 속한다.

(4) 창조적 글쓰기

자신의 특별하고 독창적인 생각이나 느낌을 남과 나누려는 글쓰기를 우리는 문학이라 한다. 이러한 글쓰기는 미학적 쾌감을 목적으로 하는데, 이에 가장 중요한 것은 언어의 미학적 사용이다. 따라서 어떠한 글쓰기보다 매체의 문제가 중요하다.

시, 소설, 희곡, 시나리오 등 일반적인 문학 갈래는 다 창조적 글쓰기에 속한다. 물론 그렇게 정해진 갈래에 속하지 않더라도 미적 목적을 위한 글쓰기가 있다면 다 창조적 글쓰기에 속한다.

(5) 논리적 글쓰기와 대학 글쓰기

위 네 가지 종류 중 창조적 글쓰기에는 말 그대로 개인의 창조적 능력, 말하자면 개인의 상상력, 감수성, 표현력, 예지력, 미적 감각 등이 큰 비중을 차지하지만, 그 외의 세 가지 종류에는 지적 노력과 논리가 필요하다. 일반적으로 논술적 글쓰기에만 논리가 필요하다 생각하기 쉽지만, 논리란 설명을 용이하게 하기 위해서도 필요하고, 정보를 효과적으로 전하기 위해서도 필요하다. 때로는 창조적 글쓰기에서도 논리를 요구하곤 하지만, 그 비중이 약한 것이다. 굳이 순위를 매기자면, 논술적 글쓰기, 설명적 글쓰기, 정보적 글쓰기, 창조적 글쓰기 순으로 논리의 비중이 큰 편이다.

대학 글쓰기는 위 네 가지 분야를 다 다루어야 하지만, 창조적 글쓰기는 그 절차와 분야가 너무 광범위하고 개인적인 요소가 강하고 특별한 능력을 요구하므로 이 책에서는 다루지 않을 것이다.

논리적 글쓰기는 글의 전개 과정에서 논리의 고리가 생명선처럼 작용한다. 따라서 생각의 작용이 인과관계에 따른 논리의 생성으로 향할 수 있어야 하고, 그렇게 될 수 있도록 학습해야 한다. 논리를 만들 수 있는 능력은 창조적 글쓰기처럼 특별한 재주나 적성을 필요로 하는 것이 아니다. 이는 반복적인 학습과 노력으로 축적해가는 것이다. 대학 글쓰기가 바로 논리적 글쓰기를 중심에 두는 것은 그 교육적 효과와 가능성 때문이다.

3.1.1. 다음은 '고독은 생활의 활력소'라는 주제의 논술문을 준비하기 위하여 개요를 작성한 몇 가지 예들이다. 내용을 잘 검토하고 다음 물음에 대한 답을 생각해 보자.

① 서두 : 고독에 관한 일반적인 반응이나 태도
　본론 : 1. 고독에 관한 실제 경험
　　　　 2. 고독에 관한 부정적 견해
　　　　 3. 고독을 통한 사색
　결말 : 고독을 통한 사색이 가져오는 이점
② 서두 : 고독에 관한 부정적인 견해
　본론 : 1. 고독에 관한 실제 경험
　　　　 2. 고독을 통한 사색
　결말 : 고독을 통한 사색이 가져오는 이점
③ 서두 : 고독에 관한 실제 경험
　본론 : 1. 고독에 관한 부정적 견해
　　　　 2. 고독을 토안 사색
　결말 : 고독을 통한 사색이 가져오는 이점
④ 서두 : 고독에 관한 명언, 명구 해설
　본론 : 1. 고독에 관한 일반적 견해
　　　　 2. 고독을 통한 사색
　결말 : 고독을 통한 사색이 가져오는 이점
⑤ 서두 : 고독에 관한 부정적 견해
　본론 : 1. 고독에 관한 실제 경험
　　　　 2. 고독을 통한 사색
　　　　 3. 고독을 통한 사색이 가져오는 이점
　결말 : 고독에 관한 명언, 명구 해석

1) 글을 쓰기 위해 가장 많이 고민하고 시간을 투자해야 할 내용은 다음 중 어느 것일까?
　① 나의 성찰과 반성
　② 독창적이고 창의적인 발상
　③ 간의 구조, 기능 등 간에 대한 사실과 정보 자료

④ 문체와 수사법

2) 이 글을 효과적으로 쓰려면 어떤 기술 방법들을 동원해야 할까? 다음 중 꼭 필요하다고 생각하는 것을 모두 고르고, 왜 골랐는지를 밝혀보자.

비유, 비교, 대조, 열거, 반복, 예증, 서사, 분석, 설명, 논증

---

3) 가장 잘 짜인 개요는 어느 것인가, 왜 그렇게 생각하는가?

3.1.2. 다음 다섯 문장을 '나'를 주어로 한 문장으로 고쳐 써 보자.

A.
〈발표토론과 글쓰기〉 강의시간은 1교시부터 시작이어서 한 학기 내내 지각을 해왔지만, 오늘은 종강 날이기에 오늘만은 지각하지 말자고 결심했는데 오늘따라 집을 나서려니 비가 무진장 내렸고, 비 오는 날은 차가 많이 막히니까 결국 지각하고 말았다.

B.
그 여 한의사는 30대 후반이라는데도 어이없게도 뽀얗고 티 하나 없는 피부를 가지고 있었다.

C.
물은 차면 넘치고 달은 차면 이지러진다는데, 사람들은 왜 겸손할 줄을 모를까?

D.
교육은 사람을 변화시키는 것인데, 그것은 좋은 변화일 수도 있고 나쁜 변화일 수도 있으며, 나의 의식적 노력일수도 있고 무의식적인 결과일 수도 있다.

E.
언어는 사회적 약속이므로 고양이를 놓고 물이나 꽃 등 다른 이름으로 부르고 싶어도 그럴 수 없다.

3.1.3. 다음 글들은 글의 종류를 고려하여 각각 그 독자 대상이 어떤 사람이며 글의 목적이 무엇일 것으로 보이는지 찾아보자. 만약 이 글들을 대상 독자를 바꾸어 읽게 한다면 어떤 현상이 나타날지 상상해 보자.

A.

　기차, 비행기처럼 불안정한 공간이 주는 매력은 보들레르, 이국적인 풍경이 주는 매혹은 플로베르, 미술이 주는 영감은 반 고흐를 통해 전해진다. 알랭 드 보통의 눈길은 예술가들의 행적을 좇아가고, 여행의 의미는 그들의 작품과 자취 속에서 되살아난다. 이들이 제안하는 유용한 기술은 여유로움이다. 눈으로 보고 즉각적으로 반응할 것이 아니라, 찬찬히 살펴보고 음미하며 깊이 생각하라는 것, 여행의 기술은 곧 여행의 의미가 된다.

B.

　미셸 푸코는 서양의 근대 과학과 철학의 합리적 지식에 대한 비판을, 주체/객체, 심/신, 남성/여성, 자연/사회와 같은 지식 내의 다양한 양분법에 대한 비판에서 지식/권력의 그물망에 대한 비판이라는 새로운 차원으로 옮긴 철학자이다. 합리적 지식의 탄생과 발전을 새로운 권력의 형성과 뗄 수 없는 관계로 파악한 푸코는 일련의 저술을 통해서 근대 의학, 경제학, 식물 분류학, 정신 병리학과 같은 '객관적' 지식이 어떻게 세상의 사물과 사람을 새롭게 분류하고 이해하게 했으며, 이를 통해 어떻게 사람들의 삶을 특정한 방식으로 정형화시켰는가를 제시했다. 근대 사회가 '정상'과 '비정상'을 엄격하게 구분하고, '비정상'을 판별하기 위해 다양한 과학적 분석과 기준을 설정하고 이를 기반으로 비정상으로 분류된 사람들을 격리·감시했다는 것은 푸코가 제시한 지식/권력의 대표적인 작동 방식이었다.

C.

　전국적으로 내 집(기존 아파트) 마련에 걸리는 기간은 평균 10.5년이며, 서울은 17.8년, 부산은 7.2년이 소요되는 것으로 나타났다. 6일 부산 영산대학교 부동산연구소에 따르면 지역별 소득 수준에 따른 아파트 구입 가능기간을 산정한 결과, 전국적으로 2006년 2분기 기준 기존 아파트 구입을 통한 내 집 마련에 걸리는 기간은 평균 10.5년인 것으로 조사됐다.
　연구소는 설문조사를 통해 아파트 구입 가능기간을 산출하는 정부의 기존 방식 대신 노동부 노동통계(2006년 2분기 지역별 월 소득)와 부동산 114 자료(2006년 2분기 아파트 매매가)를 활용해 '지역 내 소득'으로 '지역 내 아파트'를 구입하는데 소요되는 기간을 계산했다.

지역별로는 소득수준에 비해 아파트 가격 상승이 컸던 서울이 17.8년으로 가장 길었고, 경기도 11.6년, 대구와 인천 7.7년, 부산 7.2년, 대전 6.8년, 충남과 제주 6.0년 순이었다. (연합뉴스, 2007. 8. 6)

D.

콩을 하루 전날 밤에 불려둔 뒤 다음날 담가둘 때 거품이 생기면 물로 한 번 헹궈 담가두시고요, 다 불린 콩을 냄비에 끓이는데 후루룩 끓을 정도면 되요. 이때 콩 한 알 꺼내 먹어봐서 비린내가 나지 않으면 다 익은 것이에요. 너무 많이 삶으면 맛이 없어요. 이것을 물과 콩이 1대1이 되게 넣어 갈아서 면 보자기에 받쳐서 손으로 조물조물 하면 물만 빠져나가요. 비지는 물을 더 넣어 한 번 더 갈아서 짜줘요. 이때 너무 많은 물을 넣으면 고소하지 않으니, 만약 불린 콩이 1컵 정도라면 콩물이 1컵 반 정도만 나와야 맛이 납니다. 다른 것을 첨가 하면 맛있지만 번거롭겠죠? 여기에 칼국수나 소면을 삶아 찬물에 박박 헹궈 소금과 깨소금, 오이채 썬 것을 얹어 먹으면 정말 맛있어요. 얼음 동동 띄우는 것도 잊지 마시고요. (〈콩국수 만드는 법〉)

E.

옛날에 두더지네 가족이 살았어요. 두더지가 시집갈 때가 되어서 두더지의 아버지가 사윗감을 찾으러 다녔어요. 먼저 해님을 찾으려고 산을 건너서 해님 하고 이야기를 하고 있는데 갑자기 구름이 해님을 가렸어요. 그래서 구름을 찾으려고 산을 건넜어요. 구름을 찾아서 이야기를 하고 있는데 갑자기 바람이 불어와서 구름을 데려갔어요. 그래서 바람을 찾으려고 또다시 산으로 갔어요. 바람하고 이야기를 하고 있는데 미륵보살님이 갑자기 나타나서 바람을 사라지게 했어요. 그래서 산을 건너고 건너 겨우 미륵보살님을 찾았는데, 미륵보살님이 움직이는 것이었어요. 그 아래를 보니까 두더지 한 마리가 있었어요. 드디어 사윗감을 찾았다고 가족들에게 말하고 그 다음날에 혼례식을 치렀답니다.

과학은 [▼] 이다

Ⅱ. 좋은 글의 요건

1. 논리적 글쓰기의 필요성

앞 장에서 일반적인 글쓰기의 원리를 살펴보고 글쓰기의 핵심은 나와 세계가 만나는 것임을 강조했다. 나와 세계가 만나는 글쓰기에도 여러 종류가 있지만, 대학에서 가장 절실하게 요구되는 것은 논리적인 글쓰기이다. 논리적 글쓰기란 논리를 통하여 나의 생각을 다른 사람에게 전달하고 나의 주장을 객관적으로 표현함으로써 다른 사람을 설득하는 것이다. 대학 글쓰기에서 논리적 글쓰기가 가장 중요한 이유는 다음과 같다.

① 대학은 학문을 배우고 연마하며 연구하는 곳인데, 이러한 학술 활동은 논리를 통하여 이루어진다.
② 일반 비즈니스나 직장생활에서 필요한 글쓰기에서도 논리를 바탕에 두지 않으면 자기의 의견을 객관적으로 드러낼 수 없거니와 다른 사람을 설득할 수도 없다.
③ 논리적 글쓰기는 사고체계를 조직적으로 성장시키고, 사물을 보는 눈을 넓고 깊게 갖도록 한다.
④ 논리적 글쓰기의 연마는 궁극적으로 인식의 폭을 넓힌다.

2. 좋은 글의 평가 기준

그렇다면 좋은 글을 쓰려면 어떻게 써야 할까? 일반적인 글쓰기에서 그 글이 좋은 글인지 아닌지를 평가하는 경우, 보통 다음과 같은 기준으로 평가한다.

한글
맞춤법
공략⑧ '-하고자/-코자'

'하'의 'ㅏ'가 줄고 'ㅎ'이 다음 음절의 첫소리와 어울려 거센 소리로 될 적에는 소리 나는 대로 적는다. '가하다→가타, 시행하고자→시행코자, 간편하게→간편케'처럼 적는다.

> ① 글의 목적이 분명하게 제시되었는가?
> ② 글의 내용은 충실하게 구성되었는가?
> ③ 글의 성격에 맞게 형식을 잘 갖추었는가?
> ④ 논리적인 일관성을 갖추었는가?
> ⑤ 말하고자 하는 바를 완전하게 담았는가?
> ⑥ 글의 주제와 표현은 잘 어울리는가?
> ⑦ 문장은 정확하고 규범에 맞는가?

그러나 대학 글쓰기, 즉 논리적 글쓰기에서는 위의 평가 기준에 몇 가지 중요한 사항들이 덧붙게 된다. 다음과 같은 내용들이다.

> ⑧ 논제(쟁점, 논점)가 분명하게 제시되었는가?
> ⑨ 논거가 충분하며 적절한가?
> ⑩ 각주, 참고문헌, 도표, 사진, 그림 목록 등이 정확하게 제시되었는가?

3. 좋은 글의 일반적 요건

위의 평가 항목들을 뒤집어 보면 바로 좋은 글의 요건이 된다. 평가할 항목들이 모두 만족스러우면 좋은 글로 평가받을 것이기 때문이다. 일반적인 글쓰기에서 공통적으로 추릴 수 있는 좋은 글의 요건은 다음과 같다.

❶ 주제의 명확성

글을 통해 말하고자 하는 바가 무엇인지, 즉 그 글쓰기의 참된 뜻이 무엇인지 명확해야 한다. 주제가 모호하거나 일관성이 없는 글은 자기 목적을 분명하게 지니지 못하므로 바르게 표현된 것이라 말할 수 없다. 뜻이 분명하면 문장력이 부족하거나 글쓰기의 기술이 모자라더라도 독자와의 대화는 성공적으로 할 수 있는 법이다. 따라서 어떤 글이든 글쓰기에서 가장 우선적으로 결정하고 고려해야 할 사항은 주제를 명확하게 정하는 것이다.

❷ 대상과의 어울림

흔히 글은 대상과 잘 부합해야 한다고들 하는데, 이는 글을 쓰는 목적과 글을 읽게 될 대상이 잘 어울려야 한다는 뜻이다. 즉 글을 쓰는 목적과 글을 읽는 독자, 그리고 글의 주제가 서로 잘 맞아야 한다는 뜻이다. 어린아이들에게 읽힐 글을 쓰면서 성인들이나 이해할 어려운 용어를 사용하거나 무거운 철학적 사유를 요구하는 내용을 담는다면 결코 좋은 글이 될 수 없을 것이다.

❸ 내용의 충실성

아무리 뜻이 좋아도 그 뜻을 충분히 전달할 수 있는 내용을 갖추지 못하면 무용지물이 된다. 글의 내용이 주제를 충분하게 전달할 수 있도록 충실하게 구성되고, 아울러 인용하거나 설명하는 내용이 실제 사실이나 자연의 이치에 맞도록 정확해야 한다. 또 비유를 들거나 인용을 할 때에는 그 근거를 명확하고 정확하게 제시해야 좋은 글이 된다.

❹ 내용과 형식의 통일성

글은 내용적으로나 형식적으로 통일성을 지녀야 좋다. 글의 내용과 형식이 서로 조화될 때 양쪽 모두 통일성을 갖는다. 글 전체가 통일성을 갖기 위한 첫 번째 조건은 전체적인 구성이 잘 되어야 한다는 것이다. 또 각 문단이 제 기능을 적절하게 수행하면서 서로 유기적으로 연결되어야 통일성을 갖춘다. 제목 역시 내용과 통일되어야 함은 물론이다. 또 글 전체의 어조와 문장 구성, 어휘 선택, 문장과 문장을 연결하는 접속어

선택 등에서도 통일성이 조성된다.

❺ 내용과 형식의 완결성

글은 완결성을 가져야 하는데, 완결성이란 글을 다 읽었을 때 애초의 목적이 온전하게 수행됨을 뜻한다. 한편의 소설을 모두 다 읽었을 때 독자는 소설이 끝났음을 느껴야 한다. 그러려면 구조적으로나 내용적으로 완전히 매듭이 지어졌음을 인지해야 한다. 이를 완결성이라 부른다. 어떤 글이든 하나의 텍스트는 형식적인 틀을 갖기 때문에 글이 끝났을 때 독자가 끝났음을 느껴야 텍스트로서 제 구실을 할 수 있다. 그것은 형식적인 완결뿐만 아니라 내용적으로도 글의 목적하는 바가 다 이루어져야 획득된다. 특히 논술문에서는 결론이 명백하게 제 기능을 수행해야 완결성을 갖는다. 전체 글의 완결성이 갖추어지려면 부분별로도 완결성을 지녀야 한다. 즉 각 문단은 문단 대로 완결되어야 하고, 글 전체적으로 마무리가 자연스러우면서 분명하게 이루어져야 한다. 도입부에서 제시된 내용이 이후에 잘 호응되었는지, 앞에서 제기된 문제들에 대한 해답이 다 구해졌는지, 그래서 독자에게 더 이상 미진한 점을 남기지 않는지 등도 중요하다.

❻ 표현의 적절성

문장 형식과 어휘 선택, 표현법 등이 글의 목적과 독자 대상 등과 잘 부합해야 좋다. 대상 독자와 글 자체의 주제에 맞도록 표현 형식을 갖추고, 문장 구조도 글의 성격과 잘 어울려야 한다. 예를 들어 철학적인 논문을 쓰면서 웅변조의 표현법을 사용한다면 결코 목적을 이룰 수 없을 것이다. 여성들의 새로운 패션 경향을 설명하는 글을 쓰면서 지나치게 상투적 표현이나 고압적인 고어(古語) 투의 글을 쓴다면 독자들이 호응할 리가 없다. 어떤 경우든 권위적이고 반복적인 표현, 번역투의 문장, 지나치게 긴 문장 등은 피하는 것이 좋다.

한글 맞춤법 공략⑨ 수의 표기

수를 적을 때는 만 단위로 띄어 쓴다.
예) 이천오백육십이만 삼천사백
    팔십구 원(25,623,489원)

❼ 문장의 명료성

하나의 문장은 그 의미가 명료해야 좋은 글을 만든다. 문장이 모여서 전체 글을 이루는데, 전체 글의 재료인 어휘나 문장이 명료하지 못하면 글 자체도 모호해지게 마련이다. 문장 하나하나마다 그 쓰임새가 꼭 필요한지, 적절한지, 그 뜻이 분명하지를 잘 따져서 써나가야 한다. 특히 성분의 호응이 맞는지, 어순은 잘 맞는지, 생략된 성분은 없는지, 지시어 사용은 분명한지 등을 살펴야 한다. 대체로 지시 대명사 이것, 그것, 이, 그 등을 많이 사용하면 독자는 그 지시하는 것이 무엇인지를 따져가며 읽어나가야 하므로 빨리 문장의 뜻을 받아들이기 어려워진다. 그러므로 명료한 문장을 만들려면 뜻이 얼른 잡히지 않는 단어나 지시대명사, '것' 등의 의존명사를 가능한 사용하지 않는 것이 좋다.

❽ 어휘 선택의 정확성

어휘를 잘 선택해야 문장이 명료해진다. 문장이 모여서 전체 글을 이룬다면, 그 문장은 하나하나의 어휘가 모여서 이루어진다. 따라서 어휘 선택이 잘 되어야 문장도 좋아질 게 뻔하다. 단어의 의미가 정확하게 쓰였는지, 동어반복은 없는지, 현학적이어서 너무 어렵지는 않은지, 상황에 잘 부합하는 단어인지, 불필요한 외래어나 외국어는 아닌지 등을 잘 살펴야 좋은 문장을 만든다. 글을 쓰려면 어휘의 선택을 끊임없이 해 나가야 한다. 가장 적합하고 좋은 어휘를 선택하기 위하여 고민하는 과정은 글쓰기의 즐거움이자 괴로움이다.

❾ 규범의 준수

좋은 글은 언제나 맞춤법, 띄어쓰기 등 문법과 어문 규범을 잘 준수한다. 그러려면 글을 쓸 때마다 문장 성분끼리의 호응이 잘못 되어 비문이 되지는 않았는지, 조사와 어미가 정확하게 사용되었는지, 존대법은 맞게 되었는지, 표준어 규범에 맞는지, 외래어 표기법 규정은 잘 지켰는지 등을 살펴야 한다.

❿ 내용과 형식의 일관성

좋은 글은 일관성을 가져야 한다. 글을 쓰는 사람의 입장이나 시각이 앞과 뒤에서 다르게 나타나면 독자로부터 인정받을 수 없기 마련이다. 특히 단락과 단락의 관계는 일관된 논지와 논리로 잘 엮어져야 한다. 일관성은 단어와 문장, 문장과 문장의 관계,

문장과 내용의 관계, 문단과 문단의 관계, 전체 주제와 표현 양식의 관계 등 모든 요소에서 적용되어야 한다.

4. 논리적 글쓰기의 강조 요건

(1) 핵심주장을 명백하게 가져라

논리적 글쓰기는 자기의 주장을 펼치는 것이 목적이다. 주장을 펼치기 위하여 가장 유의해야 할 것은 '자기의 주장'을 확실하게 세우는 것이다. 자기주장이 명확하지 않은 채 주장을 펼치는 글을 쓸 수 없음은 당연하다. 자신이 글을 통하여 말하고자 하는 궁극적인 내용이 무엇인지에 대하여 스스로 분명하게 인지하여야 한다. 핵심주장은 명백하고, 실질적이며, 구체적이고 또 대표성을 많이 지닐수록 좋다.

(2) 독자를 설정하라

자기주장이 분명해졌다면 그 다음에 생각해야 할 것은 그 주장을 어떤 방식으로 표현할 것인가이다. 아무리 좋은 생각과 의견을 갖고 있다 하더라도 그것을 잘 표현하지 못한다면 남들을 설득할 수 없다. 잘 표현한다는 것을 다르게 말하면 객관화를 잘 한다는 것이다. 자기주장을 남에게 설득하려면 누구나 인정할 수 있을 정도의 객관성을 확보해야 한다. 그렇게 보면 논리적 글쓰기란 결국 자기주장을 객관화하는 글쓰기라 말할 수 있다.

자신의 생각이나 주장은 원래 주관적인 것인데, 이를 남에게 전달하고 남이 나의 생각에 동조하거나 나의 주장을 받아들이게 하려면 남과 소통해야 한다. 그것이 바로 객관화이다. 모든 글쓰기는 기본적으로 '주관의 객관화'라 할 수 있는데, 논리적 글쓰기는 논리를 통하여 객관화를 추구한다는 점에서 다를 뿐이다.

객관화를 추구하기 위해서는 먼저 글을 읽을 독자를 설정해야 한다. 내 글을 읽을 사람을 이해하지 않고서는 객관화가 시작될 수 없기 때문이다. 독자가 없는 논리적 글쓰기는 불필요하고 독자를 무시하는 논리적 글쓰기는 무의미하다. 따라서 내 글을 읽을 독자가 누구일 것인지 글을 쓰기 전에 고려하지 않으면 안 된다. 이를테면 초등학생이 독자라면 초등학생의 지적 수준에 맞는 어휘 선택과 문장구성이 필요하고, 글의 핵심 수준도 맞추어야 할 것이다. 혹은 독자대상이 주부라면 주부들이 받아들일 수 있는 논거와 논리전개 방식을 선택해야 할 것이다.

(3) 쟁점을 분명하게 제시하라

보통 논리적 글쓰기에서 서론은 글의 목적과 논제를 제시하는 데 주력한다. 글의 목적은 '왜 이러한 주장을 펼치는가', 혹은 '이 글은 궁극적으로 무엇을 위하여 쓰는가?'이고, 논제는 이 글이 '무엇에 관해 말하는가?'에 해당한다. 환경 개선을 위해 종이 사용을 줄일 수 있는 방안에 대하여 자기주장을 펼친다면, 글의 목적은 '환경 개선'이고 논제는 '종이 사용의 축소 방안'이 된다. 목적과 논제를 합한 것이 쟁점이라 할 수 있다. 즉 쟁점은 이 글이 논하고자 하는 바의 시급성, 필요성, 중요성 등에 관한 것이다. 이 쟁점이 명백하게 제시되지 않으면 독자는 그 글을 관심 있게 읽어야 할 이유를 알지 못한다.

(4) 결론에 이르는 과정을 밝혀라

논리적 글쓰기의 목표는 자신의 주장이 옳음을 밝히는 것인데, 그 내용의 알맹이는 결론에 집약된다. 그런데 그 결론이 일방적인 자기주장의 반복일 뿐이라면 설득력을 가지지 못하게 뻔하다. 논리적 글쓰기는 과정이 중요하다. 쟁점에서 비롯한 자기주장이 어떠한 과정을 통하여 결론에 이르게 되었는지에 따라서 글쓰기가 성공할 수도 있고 실패할 수도 있다. 따라서 논리적 글쓰기의 본론은 결론에 이르는 도정이라 할 수 있다. 그 과정을 분명하게 제시하는 것이 논리적 글쓰기를 성공하는데 필수적인 요소이다.

한글 맞춤법 공략⑩ 성과 이름

성과 이름, 성과 호 등은 붙여 쓰고, 이에 덧붙는 호칭어, 관직명 등은 띄어 쓴다.
예) 김영신, 서화담, 채영신 씨, 최치원 선생, 박동근 석사, 충무공 이순신 장군

(5) 자기의 입장이 다른 사람들과 어떻게 다른지 밝혀라

나의 주장이 역사상 한 번도 나온 적이 없는 독창적인 것이라면 좋겠지만, 그럴 가능성은 거의 없다. 논리적 글쓰기에서 절대적 독창성이란 꼭 필요하지도 않을 뿐더러 그런 것이 산출될 가능성도 거의 없다. 단지 글을 쓰는 사람의 분명한 입장 제시는 반드시 필요하다. 자기주장이 다른 주장의 반복이거나 흉내 내기에 불과하다면 그 글은 무의미하다. 나름대로 자기주장에 이유가 있다면 그 자체가 자기의 입장이 된다. 논리적 글쓰기에서는 다른 주장에 대한 반론을 펼치거나 비교하는 방법 등을 통하여 글을 쓰는 사람의 입장을 드러낼 수 있는데, 가능한 다른 사람들과 자신의 견해나 위치가 어떻게 다른지 밝혀두는 게 필요하다.

3.2.1. 다음 글을 읽고 물음에 답하라.

일본의 어느 작가는 '우정은 섹스가 없는 연애다'라 했다. 서로 죽고 못사는 친구를 보면 배우자마저도 '둘이 사귀는 것 아니야?'라며 의심할 정도로 가까이 지내는 친구들이 있다. 하지만 우정이란 이렇게 연애감정과 비슷한 것만은 아니다. 그보다 서로 함께 있으면 불편하지 않은 관계라고 할 수 있다. 작고한 작가 김현은, '좋은 친구가 놀라운 것은 놀라운 것이 하나도 없기 때문이다. 나는 진정한 의미에서의 친구란 아무 말 없이 오랫동안 같이 앉아 있어도 불편하지 않은 사람이라고 생각하고 싶다.'라 쓴 적이 있다.

불편감이 없는 사이라는 것이 친구가 되는 기본적 전제라고 할 수 있고, 이는 남녀 모두 공통적이다. 그런데 불편감이 없는 데에는 경우에 따라 차이가 있다. 남성들은 사람을 먼저 만나면 가장 먼저 하는 것이 위인지 아래인지 가늠해 보는 것이다. 차이를 확인하고 그 안에서 위계질서를 갖는다. 그러나 친구들 사이에는 그런 긴장관계를 형성할 필요가 없으니 편한 것이다. 그래서 남성들은 어른이 된 후 사회에서 만난 사람들끼리 친구가 되기 어렵다. 그리고 나이가 들면 들수록, 사회적 경쟁이 격해지면 격해질수록 어떤 경쟁관계도 없을 때 만들어진 사이인 고향친구, 중·고등학교 동창들을 친하게 여기고 그들과 격의 없이 만나는 관계를 중요하게 생각한다. 불알친구라는 말이 있듯이 마치 내 몸안의 너, 네 몸안의 나와 같은 사이가 돼야 진정한 친구라 여긴다.

이와 달리 여성들은 불편감을 느끼지 않는 것은 꾸준한 상호소통에 의해 이루어진다고 생각한다. 그러므로 그 사람이 고등학교 때 친구인지, 아니면 옆집 엄마인지, 아이의 학교 친구 엄마인지의 근원적 차이보다는 지금 나와 긴밀한 소통을 할 수 있냐 없냐가 친구로서의 필요조건이다. 물론 서로 약간의 경쟁의식은 있을 수 있다. 하지만 서로 공통의 관심사를 갖고 그것에 대해 상의를 하고 문제를 해결해가는 과정을 함께 하는 것으로 우정이 만들어진다고 생각한다.

남성들이 막상 친구들을 만나도 집안 얘기나 속 깊은 개인의 고민을 나누기보다 곧바로 정치, 축구 얘기를 하게 되는 것은 경쟁을 피하기 위함이다. 이에 반해 여성들은 시시콜콜하지만 각자의 일상이 더욱 중요하다고 생각한다. 그래서 지금 내가 당장 겪고 있는 고민을 나눌 수만 있다면 그 누구와도 친구가 될 수 있다고 여긴다.

－하지현, 〈친구에 대한 인식 차이〉, 『생활 속의 이야기』, 2005. 10에서 발췌

1) 이 글은 주제가 분명하지 않다. 〈올바르게 친구를 사귀려면〉이란 제목으로 쓴 글이라 가정하고 주제가 분명해지도록 마지막 단락을 보완해 보자.

2) 남성과 여성의 친구에 대한 인식, 혹은 친구에 대한 태도나 사교법에는 어떤 차이가 있는지, 그 차이를 어떻게 해석하는 것이 좋을지에 대해서 토론하고, 그 차이를 보여주는 사례를 세 가지 이상씩 찾아서 예거해 보자.

3) 이 글에는 서론과 결론이 생략되어 있다. 자기 임의로 글의 제목을 정하고 서론과 결론을 보완해 보자.

3.2.2. 다음 글은 〈말의 중요성〉이란 과제로 논리적 글쓰기를 한 것이다. 이 글을 읽고 아래 물음에 답하라.

말실수

　　왕족이 아니었던 로마의 줄리어스 시저는 왕족들의 편견을 뚫고 말로 민중을 사로잡아 로마는 물론 유럽 최고의 통치자가 되었습니다. 반면 프랑스의 마지막 왕 루이 16세의 왕비였던 마리 앙트와네트는, 자기는 온갖 사치를 다 부리면서 허기진 민중들에게는 "빵이 없으면 케이크를 먹으면 될 게 아니냐?"라고 말해, 화난 민중들이 삽과 곡괭이를 들고 바스티유 감옥으로 달려가게 함으로써 프랑스 혁명의 단초를 제공했고 자신은 단두대의 이슬로 사라져야 했습니다. 중국 진나라 말기의 초패왕 항우는 한신을 무시하고 업신여김으로써 한신이 유방의 밑으로 가게 하였고, 결국 유방과의 싸움에 패배, 비참한 최후를 맞았습니다.

　　위의 예들은 말이 얼마나 중요한지를 보여줍니다. 말의 중요성에 대해서는 이처럼 세기적 사건이나 고전적 예를 들지 않더라도 누구나 다 알고 있는 사실입니다. 오늘은 내 인생에서 최고의 스승이라고 여겨왔던 아버지께서 범하신 말실수를 소개하고, 거기에서 얻은 소중한 교훈을 몇 자 적습니다.

　　6·25 직후 우리나라에는 전쟁의 후유증으로 상이용사들이 참 많았습니다. 참전용사는 물론이고 의용대, 학생뿐만 아니라 부녀자까지 온 국민이 전쟁을 겪는 과정에서 많은 분들이 애석하게 불구의 몸이 되었습니다. 어린 시절 옆집에 그런 상이용사 한 분이 살았습니다.

　　새마을운동이 전국을 휩쓸고 너도나도 잘 사는 마을 만들기 위해 도로, 농로 개설 등 새마을사업이 한창이던 때입니다. 이웃을 외면하지 않는 시골의 인심으로 모두 도와가며 잘 지내던 시절이었습니다. 새마을사업을 위해 집집마다 부역의무(새마을사업을 위해 의무적으로 무료 노력지원)가 부과 되었으며 오직 잘살아 보자는 일념으로 불평불만 없이 응했습니다. 그러나 하루하루를 벌어 끼니를 때우던 당시 부역은 부담 가는 일이었는데, 다행이 상이군경 등이 있는 가정은 부역에서 제외되었습니다.

우리 마을도 마을 농로를 새로 내는 일을 하게 되었으며 농로에 들어가는 토지 등을 무상양여하거나 싼값으로 내 놓아야 했습니다. 이 일로 아버지는 옆집 상이군경아저씨와 이해관계가 대립되어 말다툼을 하게 되었으며 이 와중에 아버지는 큰 실수를 하게 되었습니다. 아버지께서 "상이군경으로 부역도 못하고 국가 세금이나 축내는 주제에 일에 협조가 없어. 일하고 있는 사람들에게 미안함을 가져야지!"라 말씀하셨던 것입니다.

그 말이 몰고 온 상황에 대해서는 더 이상 설명할 필요를 느끼지 못하지만, 결국 아버지의 사과로 마무리되었으나, 두 분은 세상을 떠나실 때까지 앙금을 완전히 해소하지는 못했습니다.

세월이 지나 둘째형이 군복무 중에 사고를 당해 몸이 반신마비 상태가 되는 고통을 겪게 되었습니다. 우리 형제, 남매 중 가장 영리하고 공부를 잘한 형이었습니다. 서울대에 지망하여 실패하긴 했지만 군 복무 이후에는 꿈을 이룰 것으로 모든 식구들이 믿었습니다. 그런데 군 복무 중에 사고를 당한 것이었습니다. 불구의 몸으로 들어오는 아들을 보고 아버지는 망연자실하여 며칠이나 식음을 전폐하셨습니다. 아마도 그 옛날 실수한 말에 대한 회한이 더 크지 않았나 생각해 봅니다.

저도 말이 참 직설적이며 부드럽지 못합니다. 아버지의 그 값비싼 유산을 받았으면서도 후회할 말실수를 한 적이 몇 번 있습니다. 저의 말에 의해 상처받은 모든 분들에게 진심으로 사과드리면서 이제 아버지로부터 물려받은 유산을 다시 한 번 마음깊이 새겨 생활 속에서 주의를 해야겠다고 다짐해 봅니다.

—http://blog.korea.kr/familyday에서 인용

1) 이 글은 어조나 문장 구성, 글의 전개 방식 등이 논리적 글쓰기에 적합한 것인가? 아니라면 왜 그런지 요인을 찾아보자.

2) 이 글은 역사적 사건을 예로 들어 시작하고 자기다짐으로 마무리를 하였다. 전체적으로 글의 구성 방식이 어떠한지 정리해 보자.

3) 자신이 이 글을 쓴 사람이라고 가정하고 어떤 과정을 거쳐 이 글을 완성시키게

되었을지 유추해 보자. 예를 들어 '취업시험 중에 〈말실수〉라는 제목으로 수필을 쓰라는 요구가 있었는데, 무슨 내용으로 쓸까 고민하는 중에 아버지의 실수담을 떠올리게 되었다.'와 같이 글을 쓴 과정을 추리해보는 것이다.

4) 글쓴이가 마지막 단락을 자기반성으로 채운 이유는 무엇일까? 글쓰기의 성격을 고려하여 발표해 보자.

3.2.3. 다음 글들은 박기복 감독의 다큐멘터리 영화 〈영매〉에 관한 글들이다. 이 글들은 각각 어떤 목적으로 쓴 것인지 구분해보고, 각 글의 특징을 요약적으로 서술해 보자.

(가) 세습무

신들리는 현상 없이 조상 대대로 무업(巫業)을 이어받아 형성된 무당이다. 점치고 예언하는 강신무(降神巫)에 비해 순수한 사제자로서 무속의례를 집행한다. 지역에 따라 세습무권과 강신무권으로 갈라지는데 한강 이남과 태백산맥 동쪽이 세습무 지역이다.

세습무는 일정한 지역을 자신의 당골판으로 가지고 있어 당골판 내에 거주하는 주민들의 종교적 요구를 충족시켜주는 의무를 지니며, 대가로 봄, 가을에 곡식과 돈을 받는다. 이러한 사제권은 부계로 세습된다. 세습무권에서는 여자만 무당으로 굿을 하고 남자는 악사로서 무악(巫樂)을 담당하고 진행을 돕는다. 동해안에서는 남자들이 촌극과 염불을 하기도 한다.

(나) 박기복 감독이 말하는 〈영매〉

무의 세계에서는 죽은 자의 혼령이 산 자의 삶에 관여한다. 특히 문제가 되는 것은 죽은 자의 원혼인데 혼령이 원혼이 되고 마는 것은 그가 살아생전에 받은 기억의 상처 때문이다. 무당은 죽은 자의 상처받은 기억을 치유함으로써 산 자와 죽은 자를 화해시킨다. 한(恨)을 달램으로써 산 자와 죽은 자를 화해시킨다는 무적(巫的) 사유는 우리를 매혹시킨다.

수천 년 이어져 온 한국의 무는 어찌됐든 우리 삶의 한 부분을 이루고 있다. 무를 이해하는 것은 우리 밑바닥에 흐르는 종교적 심성에 다가서는 일이다. 하늘과 땅, 그리고 선조들의 음덕(陰德) 안에서 모두 하나(大同) 되어 한 판 멋들어진 영(靈)의 축제를 벌여 보는 것, 그것이 본 작품의 소망이다. 죽음을 통해 삶을 이해했던 무적(巫的) 사유 안에서는 한과 원, 그 모든 기억의 상처들에서 우리가 조금은 자유로워질 수 있지 않을까…

(다)

- 영화제목 : 영매-산 자와 죽은 자의 화해
- 상영시간 : 100분
- 등급 : 12세이상 관람가
- 화면 : 아나몰픽 와이드스크린 1.85:1, NTSC
- 오디오 : 돌비디지털 2.0
- 자막 : 한국어 영어
- 더빙 : 한국어
- 지역코드 : 3 / Dual Layer
- 제작년도 : 2003년
- 출시일 : 2004-03-26

(라)

'나는 내가 아니다!' 이 명제는 한 바탕 굿판을 끌어가는 무당의 정신에 대한 나의 요약이다. 진오귀 굿을 하는 박미정 무당의 몸에는 죽은 아들의 원혼이 들어 와 있다. 〈영매〉에 등장하는 다양한 무당들에게 공통점은 한결같이 타자 (他者)를 영접하기 위해 자신의 몸을 빌려준다는 데에 있다. 굿판을 끌어가는 무당은 자신이 아닌 상태로 스스로를 몰아가고, 몰아적 상황에서 모두가 하나 가 되는 영적 체험을 만들어 낸다. 무당이란 직업의 본질은 '자신을 타인화(他 人化)'하는 일이다. 무당은 자기 자신을 중심에 세우는 서구 합리주의 사상의 원형인 소크라테스식의 현자(賢者)와는 완전 딴판이다. 자신을 타인화하는 정신. 이는 서구화의 물결 끝에 변하지 않은 한국인의 고유함, 새로운 세기가 보편적 으로 요구하는 샤머니즘의 한국적 재발견, '나' 속에 뿌리박힌 정신의 고백, 변 할 수 없기에 따라야 하는 필연, 새로운 시대에 부응하는 한국인의 긍정적 재발 견이다.

우리 무당의 기록은 잔존하는 샤머니즘의 기록으로 그 가치가 끝나지 않는 다. 거기에는 새로운 시대와 인간을 여는 '시작'의 의미가 담겨 있다. 한국의 남 쪽에 존재하는 모든 유형의 무당에 대한 3년간의 기록 〈영매〉는 사라져 가는 것을 보존하기 위함이 아니라, 새로운 것을 시작하는 열쇠라는 의미에서 인정받 기 원한다. 정신적으로 '버릴 것'이 '살릴 것'으로 바뀌어 가는 기묘한 세상의 소용돌이 안에서, 〈영매〉는 한국인으로 살아 온 우리 자신의 거울이 될 것이다.

-조성우(〈영매〉 프로듀서, M&F 대표)의 〈영매〉에 대한 리뷰 중 일부 발췌

우정은 [　　　　　　　　　▼] 이다

Ⅲ. 글쓰기의 절차와 과정

세상 모든 일이 그렇듯, 글쓰기에도 과정이 있다. 일정한 과정을 거쳐서 한 편의 글이 완성된다. 주제 설정에서 시작하여 퇴고에 이르기까지의 과정에 대해 순서대로 알아보기로 하자.

1. 주제 설정

주제란 필자가 그 글을 통해서 나타내려고 하는 중심 생각이다. 주제가 있기에 글을 쓰는 것이며, 주제를 정하는 일은 글쓰기에서 가장 먼저 해야 할 일이다. 글쓰기를 위해 가장 먼저 할 일은 주제 정하기이다. 무엇에 대해 글을 쓸 것인지 정하지 않고서는 알맹이 있는 글을 쓰기 어렵다. 주제 설정과 관련되는 몇 가지 사항에 대해 알아보자.

(1) 주제를 정할 때 유의해야 할 점은 무엇인가?

주제를 정할 때는 다음 네 가지 점에 유의해야 한다.

첫째, 독자가 누구인지 생각해야 한다. 어떤 글이든 누군가가 읽을 것을 염두에 두고 쓴다. 막연한 글쓰기는 이 세상에 없다. 어떤 책을 쓰고 싶어서 원고를 완성하여 출판사에 가지고 갔다고 하자. 가장 먼저 물어보는 게 무엇인지 아는가? "어떤 사람들을 독자층으로 생각하고 썼나요?" 이렇게 물어본다. 어린이를 독자로 생각한 글과 대학생을 독자로 삼은 글은 주제부터가 다르다. 어린이에게 어울리는 주제가 있고 어울리지 않는 주제가 있다. 어린이를 상대로 '남녀 교제'를 주제로 글을 쓸 때는 같은 주제라도 내용과 수준이 다르다. 아니 다르게 해야 한다. 눈높이가 다르기 때문이다. 이것이 선명하지 않으면 책 출판이 불가능하다.

둘째, 글을 읽는 이들에게 흥미와 관심을 불러일으킬 수 있는 참신한 것이어야 한다. 대부분의 독자는 글에서 참신한 주제를 요구한다. 참신한 주제는 사물에 대한 고정된 선입견에서 벗어나야 얻어진다. 새로운 눈으로 사물을 바라볼 때, 거기에서 예전에는 미처 생각지 못했던 의미들을 발견할 수 있기 때문이다. 그 글을 쓰는 사람만이 가지는 독특한 시각이야말로 독자에게 새로운 느낌으로 다가가 감동을 주는 요소가 될 수 있다. 예컨대 박지원의 『낭환집서』에 나오는 다음 글에서 고정관념을 거부하는 참신한 시각과 생각의 한 사례를 직접 확인해 보기 바란다.

> 임백호(임제)가 막 말을 타려는데 하인이 나서며 말했다.
> "나으리! 취하셨습니다요. 가죽신과 나막신을 한 짝씩만 신으셨네요"
> 백호가 꾸짖으며 말하였다.
> "길 오른편에 있는 자는 날더러 가죽신을 신었다 할 터이고, 길 왼 편에 있는 자는 날더러 나막신을 신었다 할 터이니, 내게 무슨 상관이란 말이냐?"
> 이로 말미암아 논하건대 천하에 보기 쉬운 발만한 것이 없지만, 보는 바가 같지 않게 되면 가죽신인지 나막신인지도 분별하기가 어렵다. 그런 까닭에 참되고 바른 견해는 진실로 옳다 하고 그르다 하는 그 가운데에 있다.

여기서 말하고 하는 바가 무엇인가? 전체를 볼 수 없는 우리 눈의 한계를 말한다. 눈은 전부를 볼 수 없다. 왼쪽에서 보면 가죽신만 보이고, 오른쪽에서 보면 나막신만 보인다. 전체를 보지 못하게 하는 장애물이 있으면 한쪽밖에 못 본다. 그렇기 때문에 사물을 보고 인식하고 판단하는 게 아무리 옳다 해도, 어디까지나 그것은 어느 한편에서만 진실일 따름이다. 바로 이 점을 박지원은 일깨워주고 있다. 우리 글쓰기에서도 이런 참신한 주제를 제시하여야 쓰는 사람도 신바람 나고 독자도 감동한다.

셋째, 글쓰는 이가 관심을 가지고 있고 잘 알고 있는 소재를 선택하여야 한다. 인생에서 성공하거나 보람있게 살기 위해서는 남을 모방하기보다는 자신이 잘할 수 있고 좋아하는 일을 해야 바람직한 것처럼 글쓰기도 마찬가지이다. 아무리 주제가 좋아도 자신의 관심사도 아니고 생소한 대상이라면 피해야 한다. 할 수만 있으면 자신 있는 주제를 택해야 힘 있고 알맹이 있는 글을 쓸 수 있다. 그래야 즐겁게 열정적으로 쓸 수 있고, 그러나 아무리 쥐어짜도 마땅한 주제가 없을 경우에는 동료나 선배나 교수 등에게 도와달라고 해야 한다.

넷째, 원고의 분량에 따라 주제는 적절하게 한정되어야 한다. 너무 방대한 주제도 너무 미세한 주제도 좋지 않다는 말이다. 더구나 원고지 분량이 제한되어 있다면 그 분량 안에서 소화할 수 있는 주제인지 아닌지를 따져서 주제의 범위를 조절해야 한다. 채워야 할 원고지 분량은 많은데, 너무 작은 주제를 정해 놓으면 그것도 낭패이고, 원고지 분량은 적은데, 너무 큰 주제를 잡아놓으면 그것도 낭패하기 십상이다. 자꾸 쓰는 과정을 거치다 보면 일의 견적서가 나오듯, 일정한 분량에 어울리는 주제가 무엇인지 알아차리는 감각이 생긴다.

다섯째, 전체 글은 하나의 주제로 집중되도록 해야 한다. '구슬이 서 말이라도 꿰어야 보배'라는 우리 속담도 있듯이, 글쓰기도 그렇다. 일단 그 글의 주제를 정했으면, 첫 문장에서부터 마지막 문장까지, 모든 부분은 그 주제와 연관되게 해야 한다. 주제를 드러내는 데 상관이 없는 부분은 과감하게 삭제하거나 고쳐야 한다. 모든 부분이 주제를 위해 봉사하게 해야 한다. 그래야 주제가 선명하게 드러나서 독자에게 진실을 전달해 감동을 줄 수 있다.

한글 맞춤법 공략⑫ '-장이/-쟁이'

기술자에게는 '-장이' 그 외에는 '-쟁이'가 붙는 형태를 표준어로 삼는다. '미장이, 유기장이'는 기술자의 의미로, '멋쟁이, 담쟁이, 소금쟁이, 골목쟁이' 등은 그 외의 경우로 표준어가 된다.

(2) '가주제'에서 '참주제'로

글쓰기 주제로 삼을 거리는 무한하다. 우리 각자가 경험한 모든 것이 글감이 될 수 있기 때문이다. 그렇다고 우리가 경험한 모든 것이 다 글의 주제가 될 수 있는 것은 아니다. '좋은' 주제를 마련할 수 있는 구체적인 방법은 무엇일까?

'좋은 글'(특히 논술)은 다른 말로 말하면 '주제'가 명확한 글이다. 그 글을 읽고 나서, 주제가 선명하게 떠오를 수 있어야 좋은 글이다. 따라서 글을 쓸 때는 우리 뇌리에 막연하게 떠오르는 내용을 붙잡아서 더 구체화하고 한정해야 한다. 사진찍는 것으로 비유하자면, 카메라를 어느 집에 들이댔다고 하자, 막연하게 그 집을 찍어서는 무엇을 보여주려고 했는지 알 수 없을 것이다. 하지만 그 집 베란다에서 정담을 나누는 부부의 모습에 초점을 맞추어 찍었다면, 누구든지 그 사진의 주제가 그 부부의 정다운 모습이라는 것을 또렷하게 알 수 있을 것이다.

글쓰기에서도 그렇다. 주제에는 '가주제(假主題)'와 '참주제'가 있다. '가주제'란 가짜 주제라는 뜻이 아니고, 임시로 설정한 주제 혹은 잠정적인 주제라는 뜻이다. 넓은 주제라고 해도 무방하다. 예컨대 '한글과 한국어'를 주제로 하는 경우와 '한글과 한국어의 차이'를 주제로 삼은 경우를 비교해 보자. 앞의 것은 너무 광범위해서, 한 편의 글, 아니 한 권의 책을 써도 하고 싶은 말을 다하지 못한다. '한글'에 대한 이야기도 만만치 않은데, 거기에 '한국어' 이야기까지 하려면 벅차기 때문이다. 하지만 알파벳이나 영어에 대한 것이 아니라 '한글과 한국어'에 대해서 글을 쓰고 싶다는 생각이 들면 일단 이것을 가주제로 정한 다음, 관련 자료를 더 읽고 생각을 정리하면서, 그중에서도 '한글과 한국어의 차이' 문제를 다루는 것이 필요하다고 여겨서 그렇게 정한다면, '한글과 한국어의 차이'가 '참주제'가 된다. 참주제는 '글의 중심사상' 또는 '핵심진술'이라고도 한다. 일반적으로 주제는 너무 넓으면 알맹이 없는 글이 되기 쉬우므로 한정해서 다루는 것이 좋다.

(3) 주제문 만들기

한글
맞춤법
공략 ③ '웃-/윗-'

'웃-' 및 '윗-'은 명사 '위'에 맞추어 '윗-'으로 통일한다. 예를 들면 '웃니'가 아니라 '윗니'가 표준어이다. 그러나 된소리나 거센소리 앞에서는 '위-'로 통일한다. 예를 들면 '윗층'이 아니라 '위층'이 표준어이다. 다만, '위, 아래'의 대립이 없는 단어는 '웃-'으로 발음되는 형태를 표준어로 삼는다. 여기에는 '웃국, 웃돈, 웃어른, 웃옷' 등이 있다.

참주제를 결정했다고 해서 저절로 글이 이루어지는 것은 아니다. 참주제는 글의 내용을 한정해 주는 것에 불과하므로 실제로 글을 쓰기 위해서는 어떤 방향으로 글을 쓸 것인지를 뚜렷하게 한 개의 문장으로 만들어야 한다. 이것을 주제문(主題文)이라고 한다. 위 '한글과 한국어의 차이'를 참주제로 하여 주제문을 작성해 보면, "한글과 한국어는 다르다." 또는 "한글은 글자이고 한국어는 말이다." 따위와 같이 만들 수 있다.

주제문은 필자 자신의 견해와 태도를 드러낸 압축파일처럼 아주 뭉뚱그려서 드러낸 문장으로서, 필자에게는 글 전체를 전개하는 데 있어서 문제의식이나 방향감각을 잃지 않게 해주어 글의 통일성과 긴밀성을 유지하게 하며, 독자에게도 그 글의 윤곽을 예상하게 해준다. 주제문이 지닌 이같은 구실을 잘 감당하게 하려면 다음과 같은 점에 유의하여 만들어야 한다.

> ① 주제문은 완결된 한 개의 문장이어야 한다.
> ② 자신의 견해와 태도가 명확하게 드러나야 한다.
> ③ 표현이 정확하고 구체적이어야 한다.
> ④ 주제문의 내용은 객관적이고 공정해야 한다.
> ⑤ 너무나 자명하여 누구나 다 알거나 인정하는 내용이어서는 안 된다.

위의 요건에 맞추어 다음의 주제문들이 과연 적합한지 살펴보자.

> (가) 한국 SF영화의 미래는 밝은가?
> (나) 세상에서 가장 아름다운 꽃은 무궁화이다
> (다) 남한이든 북한이든 한글을 사용해야 한다.

위의 예들은 모두 주제문으로서 적합하지 않다. (가)는 의문문 형식이어서 필자의 태도가 무엇인지 드러나지 않았으며, (나)는 지나치게 주관적인 판단이 앞서서 객관성과 공정성을 지니고 있지 못하다. (다)는 너무도 당연하여 모두가 인정하는 상식이므로 부적절하다.

(4) 소주제문 만들기

주제문은 그 글 전체의 중심 생각을 담아 한 문장으로 나타낸 것이므로, 실제로 글을 써나가기 위해서는 이 주제문을 더 구체화하여 세분해야 한다. 음식을 먹을 때 통째로 먹기 어려운 경우 잘게 몇 개로 나누어서 먹는 것과 같은 이치이다. 예를 들어보기로 하자.

한글 맞춤법 공략⑭ 중국 인명 표기

중국 인명은 과거인(신해혁명 (1911년) 이전에 죽은 사람)과 현대인을 구분하여 과거인은 종전의 한자음대로 표기하고 현대인은 원칙적으로 중국어 표기법에 따라 표기하되 필요한 경우에 한자를 병기한다. 鄧小平은 '등소평'이 아닌 '덩샤오핑'으로 표기한다.

- 주제문 : 한국인 이름은 서양인 이름과는 다르다.
- 소주제문 : 한국인 이름은 성이 앞에 온다(서양인은 성이 뒤에 온다).
  한국인 이름에는 항렬자가 있다(서양인에게는 항렬자가 없다).
  한국인은 웃어른의 이름을 쓰지 않는다(서양인은 아버지, 할아버지의 이름을 넣어서 짓는 게 보통이다).

주제문이 글 전체의 주제를 나타낸다면, 소주제문은 글을 이루는 각 문단 혹은 단락의 주제 혹은 중심 내용을 드러낸다고 볼 수 있다. 이 소주제문은 다음의 단락 구성 및 개요 작성과 직접 관련을 맺는다.

2. 자료의 선택과 정리

주제를 정하고 나면, 그 주제를 뒷받침하며 글의 내용을 이루게 될 재료를 찾아야 한다. 그 재료를 자료라고 한다. 이에 대해서는 <제1부 자료의 수집과 정리(준비단계 1)>에서 이미 학습한 바 있으므로, 그 내용을 참고하여 글쓰기에 적용하면 된다.

3. 단락 구성의 몇 가지 틀

집을 지을 때 이러 저러한 모양과 구조의 집을 짓겠다는 생각을 가졌다고 해서 집이 되는 것은 아니다. 한옥을 짓기로 하고, 삼칸 집으로 짓기로 했다 하더라도, 구체적으로 그 삼칸 한옥을 어떻게 지을 것인지 자세히 설계도를 그려야만 제대로 집을 지을 수 있다. 마찬가지로 글을 쓸 때도 주제가 정해지고 자료를 모으고 선택하여 정리하였으면, 이들 자료를 어떻게 얽어야 필자가 생각하는 것을 효과적으로 감동있게 전할 수 있겠는지 궁리해야 한다. 어떻게 자료들을 주제에 따라 얽어짤지 머릿속으로 궁리한 바를 한 편의 글로 나타낸 것을 '구성(構成)'이라고 한다. 글을 구성하는 데는 대체로 몇 가지 틀이 있으므로 익혀 두면, 글을 짜임새 있게 쓸 수 있고 글을 읽을 때도 필자가 생각을 어떤 방식으로 전개했는지 깊이 있게 이해할 수 있다.

구성의 종류는 어떤 기준을 적용하느냐에 따라 나눌 수 있다. 시간적 구성, 공간적 구성, 단계적 구성, 포괄적 구성, 열거식 구성, 점층적 구성 등이 그것이다.

(1) 시간적 구성

시간적 구성은 시간적 순서를 따라 글을 전개하는 방식이다. 사건의 추이나 진행 과정을 서술할 때 이용한다. 예를 들어 그날 하루에 있었던 일을 시간의 흐름에 따라 '아침-점심-저녁-심야'로 서술한다든지, '고대-중세-근대-현대', '유소년기-청년기-중년기-노년기', '과거-현재-미래' 등의 순서로 서술하는 따위이다. 과거의 기억이나 체험을 회상하여야만 글을 쓸 수 있는 경우에 아주 유용하다. 대부분의 전기나 역사는 이런 시간적 순서에 따른 연결 방법으로 단락들을 연결하고 있다.

이 구성은 시간의 순서만 따라서 적으면 되므로 매우 편리하기는 하나, 자칫하면 평이하고 지루한 인상을 주기 쉽다. 이런 위험에서 벗어나려면 때때로 시간의 순서를 바꾸어서 긴장감이 있게 하거나, 하나의 사건이 시간의 흐름에 따라 어떻게 변화하는지 집중적으로 부각시킨다든지 하는 전략을 구사하는 게 좋다.

(2) 공간적 구성

공간적 구성은, 흔히 자연 풍경이나 사물의 모습을 있는 그대로 그릴 때 이용하는 방법이다. 시간적 구성이, 움직이는 사물에 적용되는 연결 방법이라면, 공간적 구성은 움직이지 않는 사물을 다룰 때 주로 이용하는 연결 방법이다. 이는 크게 나라별, 지역별, 장소별로 구성되기도 하고, 전체와 부분의 관계로 구분되기도 한다. 전자의 예로는 '아시아─아프리카─유럽─오세아니아─미주', '천상─지상─지하', '서울─부산─광주─평양', '한대─온대─열대' 등을 들 수 있고, 후자의 예로는 '서경대학교─청운관─1층─구내서점', '정릉4동─성북구─서울─대한민국' 등을 들 수 있다.

공간적 구성은 대상의 모양이나 상황을 묘사하는 데 아주 유용한 방법이다. 사물의 구조나 조직, 체계를 설명하는 데도 많이 이용된다.

한글 맞춤법 공략 ⑮ 중국·일본 지명 표기

중국 및 일본의 지명 가운데 한국 한자음으로 읽는 관용이 있는 것은 두 가지 표기를 다 인정한다. 동경은 '도쿄'와 '동경'이 모두 맞다.

(3) 단계적 구성

3단 구성, 4단 구성, 5단 구성 등의 짜임이 여기 해당한다. 3단 구성은 '서론─본론─결론', '도입─전개─결말', '초장─중장─종장' 등 우리가 이미 잘 알고 있는 형태이고, 나머지는 이 3단 구성을 발전시킨 형태이다. 예컨대 4단 구성은, '서론─본론1─본론2─결론', '발단─전개─발전─정리', '기─승─전─결' 따위의 형식을 취하는 구성을 말하며, 5단 구성은 '현상 파악─문제 제기─원인 분석─해결 방안─정리', '주의 환기─문제 제기─문제 해명─해명의 구체화─요약·남은 과제' 등의 형태이다.

단계적 구성은 글 전체가 논리적이고 유기적이어서, 논증문을 비롯하여 요약 발표나 조사 보고서 작성할 때 흔히 이용한다.

(4) 포괄적 구성

포괄적 구성은 글의 주제, 즉 핵심적인 생각을 어디에 두느냐에 따라 나누는 형식이다. 말하고자 하는 중심 내용을 앞에 두면 '두괄식 구성' 또는 '연역적 구성', 뒤에 두면 '미괄식 구성' 또는 '귀납적 구성'이라고 한다. 중심 내용을 강조하기 위해 앞뒤에 모두 배치하기도 하는데 이를 '양괄식(쌍괄식) 구성'이라고 한다.

두괄식 구성은 저널형 글쓰기에서 많이 이용한다. 보도 기사의 경우, 사건의 핵심을 요약한, 소위 리드(lead)라고 하는 전문(前文)을 맨 앞에 놓고, 그 다음에 사건 발생의 이유와 배경 따위를 서술하는 방식이 이것이다. 보도 기사 유형에서는 이를 역피라미드형이라고 부르는데, 최근 인터넷 매체의 발달과 함께 속보 경쟁 때문에 이런 유형이 애용되고 있다. 하지만 대학 글쓰기에서는 짧은 형식의 글을 쓰는 데는 적합하나, 논문 형식의 글이나 에세이 형식의 글에서는 이보다는 양괄식 구성을 더 애용하는 편이다.

(5) 열거식(병렬적) 구성

열거식(병렬적) 구성은 주로 설명문에 많이 이용하는데, 대상이 여럿이고, 이들 사이에 우열의 차이나 중요도의 차이가 없을 경우에 이용한다. 여러 가지 내용을 순차적으로 나열하는 구성이다. 따라서 논리가 정연한 글을 쓰는 데는 부적합하지만, 우리들이 글쓰기를 할 때 흔하게 이용하는 형태이다. '지게'에 대한 글을 쓰기 위해 아시아의 지게, 아프리카의 지게, 이런 식으로 쭉 나열하는 방법이다. 생각하기도 쉽고 정보 전달도 빠르지만 정보 전달 이상의 내용, 즉 필자의 주장 따위를 강렬하게 전하기는 어렵다.

(6) 점층적 구성

점층적 구성은 정보를 조금씩 추가하여 뒤에 가서야 완전히 그 내용을 알게 되는 방법이다. 본론의 문제나, 문제 해결의 가짓수가 많을 때, 중요성이 덜한 것에서부터 더한 것으로 나아가거나 반대로 나아가거나 하는 방식이다. 후자의 경우는 엄밀히 말하면 '점층'이 아니라 '점강적 구성'이다.

4. 개요 작성

구성이 어느 정도 마무리되면 개요 작성으로 들어간다. 개요란 글을 쓰기 전에 자신이 쓸 글의 내용을 메모해 놓은 것이다. 머릿속에 구상하고 설계하는 내용을 도식화하여 메모해 보는 것은 매우 필요하고도 유익하다. 개요를 작성해 보면 자신이 쓸 글의 전체적 흐름을 명확하게 알 수 있다. 따라서 개요 작성을 통해서, 부족한 부분은 보충하고 과다한 부분은 잘라내고 글의 통일성을 해치는 부분을 없애는 등 글 전체의 균형을 잡을 수 있다. 짧은 글이야 굳이 개요 작성을 할 필요가 없지만 긴 글의 경우에는 개요 작성을 반드시 해야 한다. 개요를 작성할 때 유념할 점들은 다음과 같다.

> 첫째, 먼저 제목을 정하고 주제문을 작성한다.
> 둘째, 주제를 드러낼 논점을 자세히 열거하고, 이들이 어떤 관계를 지니는지 찾는다.
> 셋째, 각 논점들에 포함된 세부 사항을 생각하고, 이를 드러낼 보기, 인용 등을 생각한다.

개요는 화제식 개요와 요약식 개요 두 가지가 있다. 화제식 개요는 글의 내용을 '술이 사람에게 미치는 영향'처럼 '구(句)'나 '절(節)' 형태로 간략하게 제시하는 방식이고, 요약식 개요는 '술은 사람에게 영향을 미친다'처럼 글의 대략적인 줄거리 및 표현 의도 따위를 간략하게 요약된 문장으로 적는 방식이다. '술이 사람에게 미치는 영향'을 주제로 삼아 글을 쓸 경우 개요 작성을 어떻게 할 수 있는지 생각해 보기로 하자.

먼저 화제식 개요로서 3단 구성의 형식을 갖게 해 보자.

첫째, 술이 사람의 어디에 영향을 미치는지에 초점을 맞추고 싶다면 다음과 같이 개요를 작성할 수 있다.

한글 맞춤법 공략⑯ 로마자 표기법(1)

로마자 표기는 세계에서 가장 널리 쓰이는 로마자로 우리말을 적는 방식을 규정한 표기법이다. '홍길동'을 'Hong Gil-dong'으로 적고 '덕수궁', '종로'를 'Deoksugung', 'Jongno'로 적는 따위가 로마자 표기의 예이다.

> Ⅰ. 도입부(서론, 서언, 머리말)
> Ⅱ. 술이 사람에게 미치는 영향
>   1. 몸에 미치는 영향
>   1) 긍정적인 영향
>   2) 부정적인 영향
>   2. 마음에 미치는 영향
>   1) 긍정적인 영향
>   2) 부정적인 영향
> Ⅲ. 맺음말(결론, 결언)

일단 이런 개요가 가능하다. 이렇게 개요를 작성하면, 모아 놓은 자료를 이에 맞추어 분류하면 되므로 아주 편리하다. 이 개요에서는 본론 부분이 둘로 나뉘어 있다는 것을 알 수 있다. 흔히들 '본론'이란 표현에 얽매인 나머지, 이런 경우 Ⅱ장 부분을 다음과 같이 적기 십상이다.

> Ⅱ. 본론
>   1. 술이 몸에 미치는 영향
>   1) 긍정적인 영향
>   2) 부정적인 영향
>   2. 술이 마음에 미치는 영향
>   1) 긍정적인 영향
>   2) 부정적인 영향

하지만 '본론'이란 말은 그 내용의 성격을 봤을 때 '본론'에 해당한다는 얘기지, 그 전체의 제목을 반드시 '본론'이라고 적어야 한다는 것은 아니니 오해하면 안 된다.

둘째, 긍정적인 영향은 무엇이고 부정적인 영향은 무엇인지에 초점을 맞추고 싶을 때는 다음과 같이 개요를 작성할 수도 있다.

```
     Ⅰ. 도입부
 Ⅱ. 술이 사람에게 미치는 영향
     1. 긍정적인 영향
         1) 몸에 미치는 긍정적인 영향
         2) 마음에 미치는 긍정적인 영향
     2. 부정적인 영향
         1) 몸에 미치는 부정적인 영향
         2) 마음에 미치는 부정적인 영향
 Ⅲ. 맺음말
```

4단 구성으로 작성할 수도 있다.

```
     Ⅰ. 도입부
 Ⅱ. 술이 사람에게 미치는 긍정적인 영향
     1. 몸에 미치는 긍정적인 영향
     2. 마음에 미치는 긍정적인 영향
 Ⅲ. 술이 사람에게 미치는 부정적인 영향
     1. 몸에 미치는 부정적인 영향
     2. 마음에 미치는 부정적인 영향
 Ⅳ. 맺음말
```

4단으로 구성한 이 개요를 자세히 살펴보면 앞 3단 구성의 두 번째 것과 내용은 같다는 것을 알 수 있다. 3단 구성에서 본론을 이루는 두 개의 절을, 각기 별개의 장으로 독립시켜 4단 구성으로 재구성하였기 때문이다. 두 개의 절이 대등한 무게와 비중을 가지고 있기에 그것이 가능하다. 5단 구성도 가능하다. 그럴 경우에는 Ⅳ장에서 술에 대한 필자의 주장이나 태도나 해석을 드러낼 수 있다. 예컨대 다음과 같은 개요 작성이 가능하다.

한글 맞춤법 공략⑱ 로마자 표기법(2)

우리말을 로마자로 적을 때는 한글 표기를 중심으로 'ㅓ'는 'eo'로, 'ㅡ'는 'eu'로, 'ㅐ'는 'ae'로, 'ㅚ'는 'oe'로 적는다. 'ㄱ, ㄷ, ㅂ'은 모음 앞에서는 'g, d, b'로 적고 자음 앞이나 어말에서는 'k, t, p'로 적는다.

```
    Ⅰ. 도입부
    Ⅱ. 술이 사람에게 미치는 긍정적인 영향
        1. 몸에 미치는 긍정적인 영향
        2. 마음에 미치는 긍정적인 영향
    Ⅲ. 술이 사람에게 미치는 부정적인 영향
        1. 몸에 미치는 부정적인 영향
        2. 마음에 미치는 부정적인 영향
    Ⅳ. 술에 대한 바람직한 인식과 자세
    Ⅴ. 맺음말
```

3단 구성이나 4단 구성으로 개요를 작성했을 때는 설명문으로서는 나무랄 데가 없지만, 뭔가 밋밋한 감이 있으나, 5단 구성은 다르다는 것을 느낄 수 있을 것이다. 앞의 장들을 토대로 하여 Ⅳ장에서 필자의 주장을 또렷하게 제시할 수 있기에, 논증문의 개요로서는 훨씬 바람직하다고 할 수 있다. 하지만 3단 구성이나 4단 구성을 가지고서도 궁리를 거듭하면 논증문으로서의 선명성을 보여주는 개요를 구성할 수 있으니, 자꾸 작성하고 또 생각하여 수정하는 노력이 필요하다. 이런 경험이 축적되다 보면 특정 주제와 가장 궁합이 맞는 개요가 무엇인지 자연스럽게 떠오르는 순간이 오게 된다.

5. 글쓰기의 실제

개요 작성에서 단락 개요를 작성했다면 글을 쓰기는 어렵지 않다. 개요를 작성하는 과정에서 각 단락마다 해야 할 이야기들을 정리해 놓았기 때문이다. 그뿐만 아니라 각 단락이나 부분에서 이용할 자리까지 정리해 놓았다면 글쓰기는 수월하다. 단 글쓰기의 기본 소양에 해당하는 다음의 유의 사항들을 잘 알아두고 익혀두어야 한다.

(1) 머리말(도입부, 들머리, 서론) 쓰기

머리말 부분에서는 무엇에 대하여 쓰는지(글을 쓰는 대상 또는 주제), 왜 글을 쓰는지(글을 쓰는 동기와 목적), 글의 개략적인 전개 방향 등을 밝혀야 한다. 논문의 경우에는 반드시 그 문제에 대해 그 동안 얼마나 연구되었는지 이야기해야 하는데, 이미 결론이 나서 더 할 말이 없는 주제라면 글을 쓰면 안 된다. 연구가 끝난 것을 가지고 글을 쓸 경우 표절 시비에 휘말리게 된다. 논증문에서도 그 정신은 같다. 그 주제에 대해 이런 저런 논의가 있으나 아직도 내가 할 말이 있다, 그 동안의 논의를 바탕으로 새로운 접근 방법이나 새로운 해석이나 주장이 있어서 집필하게 되었다는 점을 밝혀야 한다. 예문을 두 개 들어 보면 다음과 같다.

① 강물이나 바닷물의 오염이 매우 심각하다는 것은 모두 다 알고 있는 일이지만, 지하수 오염의 심각성을 깨닫고 있는 사람은 극히 드물다. 아마도 이러한 까닭은 지하수의 오염이 강물이나 바닷물처럼 당장 눈에 띄지 않기 때문일 것이다. 그러나 이제 지하수 오염도 상당히 심각한 지경에 이르렀으며, 이에 대해 적극적으로 대처하지 않으면 조만간에 이로 인한 값비싼 대가를 치르게 될 것이다.

② 3월 15일, 한국의 대통령 선거일에 조용했던 마산시를 뒤흔든 시위가 있었다. 이날 김주열이라는 16살 학생이 실종되었고, 그는 결국 돌아오지 않았다. 이 사건에 대해 경찰은 전혀 아는 바가 없다고 주장했다. 하지만 지난 주 마산의 한 어부가 바닷가에서 김주열 군의 시신을 끌어올렸다. 시신의 머리에서는 선거일 당시 시위대를 진압하려고 마산시 경찰이 사용했던 최루탄 파편이 발견되었다. 이 소식이 마산시에 알려지자 고등 학생들을 중심으로 격분한 만여 명의 시민들이 김 군의 주검이 안치된 곳으로 몰려가 "서울로 가져가서 국회에 보여 주자."며 시신을 요구했다. 당국자가 거절하자 군중들은 분노했다. 군중들은 마산 시청과 자유당 마산 지구당을 점거하고 이승만 대통령의 사임을 요구했다. 그러던 중 어느 양조장에서 자유당 부통령 후보 이기붕에게 미리 표시되어 있는 투표 용지가 무더기로 발견되었다. 이틀 뒤 학생들은 "부정 선거는 무효다.", "피로 이룩한 자유를 무력에 의해 빼앗길 수 없다."는 내용의 플래카드를 앞세우고 시가 행진을 했다.(1960년 4월 25일자 미국 '타임'지 기사)

머리말 중에서도 그 첫 문장은 특별히 중요하다. 독자의 처지에서 생각해 보자. 처음의 한두 줄을 읽어보고 호기심이 발동하면 계속 그 글을 읽지만, 그렇지 않을 경우 더 이상 읽지 않는다. 요즘 같이 읽을거리가 넘쳐나는 시대, 속도가 미덕인 시대에, 흥미도 없고 새로운 내용도 없는 글을 끝까지 읽어줄 독자는 없다.

그렇다면 첫 문장을 효과적으로 쓰기 위한 비결은 무엇일까?

> 첫째, 새롭거나 흥미 있는 내용으로 독자의 시선을 대번에 사로잡을 수 있게 한다.
> 둘째, 누구나 알거나 관심을 가진 일반적인 내용으로 시작하여 자연스럽게 독자를 다음 문장으로 유도한다.
> 셋째, 유명인의 말이나 격언 등 권위 있거나 감동적인 말을 인용하면서 출발한다.
> 넷째, 구체적이고 생생한 사실로 출발한다.
> 다섯째, 해설이나 설명보다는 자신의 구체적인 체험과 사례를 제시한다.
> 여섯째, 가능한 한 짧고 간명하게 쓴다.
> 일곱째, 과거형보다는 현재형, 명사보다는 동사나 형용사, 추상적인 말보다는 구체적인 말로 쓴다.

(2) 본문 쓰기

시작을 아무리 잘했다 하더라도 본문이 이를 뒷받침해 주지 못하면 헛수고가 된다. 가수가 무대 위에 나와 농담이나 미모로 청중의 관심을 끌어 모으는 데 성공했다 해도, 노래를 시원치 않게 부를 경우 그 공연은 실패로 돌아갈 수밖에 없는 것과 같은 이치다. 글의 가치는 결국은 본문의 완성도에 달려 있다.

본문은 머리말에서 제기한 문제나 화제에 대하여 필자가 자신의 참신한 생각을 바탕으로 본격적으로 서술하는 부분이다. 본문을 쓸 때 유의할 점들은 다음과 같다.

❶ 주제에 초점이 맞추어져야 한다

모든 글에는 필자의 목적과 의도가 들어 있고 이것이 주제문으로 드러난다. 주제문은 여러 개의 소주제문에 의해서 구체화된다. 따라서 모든 소주제문은 주제문을 잘 뒷

한글
맞춤법
공략 19 '의'의 발음

'의'는 비어두에서 [이]발음을 허용한다. 관형격조사 '의'는 [에]발음도 허용한다. '도의회', '여의사' 등은 '도+의회', '여+의사' 등으로 분석되므로 '의'를 어두로 보아서 [이]로 발음하면 안 된다. 한편 '옥에도 티가 있다'와 '옥의 티'를 '옥에 티'로 발음하는 것은 다른 '에'라는 것을 주의할 필요가 있다. '옥에도 티가 있다'의 '에'는 처소격 조사이기 때문에 원래 '에'이고 '옥에 티'의 '에'는 관형격조사 '의'인데 발음을 할 때, [에]로 하는 것을 허용한다는 의미이다.

받침할 수 있도록 적절하게 만들어야 한다. 주제가 선명하지 못하거나 여러 개인 글은 결코 좋은 글이라 할 수 없다.

❷ 주제의 내용과 범위에 맞아야 한다

머리말에서 제시된 주제의 범위에 걸맞게 자료들을 이용하고 단락을 설정하여 깊이 있게 글을 써야 한다. 많이 쓴다고 능사가 아니니, 주제가 제시하는 한정된 범위 안에서 그 주제와 관련된 내용만을 깊이 있고 충분하게 다루어야 한다. 그래야만 그 주제를 다룬 다른 글과 구별되는 개성과 가치를 발휘할 수 있다. 필자는 자신이 다루겠다고 앞에서 내걸었던 그 주제에 대해서만 본문에서 말하면 되지, 주제 바깥의 것에 대해서까지 말해야 할 의무는 없으니 명심해야 한다.

❸ 단락 전개가 긴밀하고 합리적이게 해야 한다

주제문은 소주제문에 의해 구체화하며, 소주제문은 하나의 단락을 이루기 마련이다. 이때 단락들이 주제를 중심으로 형식과 내용 면에서 긴밀하게 결속되어 있으면 있을수록 짜임새 있는 글이 되고 주제가 선명해진다. 아울러 각 단락의 논지가 한 쪽으로 치우치지 않고 공정해야만 합리적인 글이 되는데, 합리성이 많이 확보할수록 설득력이 커진다.

❹ 새로운 인식과 개성적인 사고를 통해 독창적인 내용을 담아야 한다

독자는 자기가 읽는 글을 통해 무엇인가 새로운 정보를 얻거나 신선한 느낌을 받고 싶어 한다. 그러므로 필자는 독자의 그와 같은 요구와 기대를 채워줄 수 있도록 본문을 전개해야 한다. 이미 상식적으로 다 아는 내용을 그저 그런 방식으로 글을 써서는 독자를 만족시킬 수 없다. 다 아는 내용이라도 그 새로운 면을 부각시키거나 참신한 방법으로 접근하거나, 아니면 새로운 자료를 제시함으로써, 독자로 하여금 신선한 충격을 느끼고 지적인 즐거움을 맛보게 해야 한다.

❺ 글의 갈래에 어울리게 단락을 전개해야 한다

논증, 설득, 묘사, 서사 등 글의 진술 방식에 따라 단락의 전개 방식도 달라져야 한다. 갈래의 특성에 맞추어 거기 어울리게 본문을 써나가야 자연스럽다.

논증적인 글이라면 논지를 '정(正)－반(反)－합(合)'의 변증법적 방식으로 전개시켜 나가는 것이 바람직하며, 특정 작가의 생애에 대한 글이라면 시간적 순서나 공간적 질서에 따라 단락을 발전시켜 나가는 게 좋다.

❻ 글의 표현방식이 다양하고 리듬감이 있게 해야 한다

노동을 하더라도 단순하고 반복적으로 하면 지루하여 쉽게 지치지만, 변화를 주어가면서 하고 노래도 부르며 리듬에 맞추어서 하면 즐겁게 할 수 있듯, 글쓰기도 그렇다. 서술문, 의문문, 청유문, 명령문 등을 다양하게 구사하고, 비유법, 강조법, 변화법 등의 표현기교가 적절하게 구사되면 글이 단조로워질 수 있는 위험에서 벗어나 생동감 있게 한다.

(3) 마무리(맺음말) 쓰기

마무리는 머리말에서 제기되고 본문에서 깊이 논의된 사실들을 마지막으로 점검하고 종합하여 정리하는 부분이다. '화룡점정(畵龍點睛)' 또는 '유종(有終)의 미(美)'란 말이 있듯이 글도 마무리를 어떻게 하느냐에 따라 글의 가치가 달라진다. 독자들에게 깔끔하고 합리적이라는 인상을 주면서도 타당성이 있고 설득력이 있다는 느낌을 가지게 해야 한다.

글을 마무리하는 요령으로 대표적인 것 몇 가지를 소개하면 다음과 같다.

❶ 요약하기

가장 흔한 마무리 방법이다. 머리말에서 주제나 목적을 제시하고 본문에서 논증한 다음, 결말에서 이것을 다시 요약해 주면 독자의 뇌리에 그 글의 주제가 선명하게 각인될 수 있다. "이상에서 무엇 무엇에 대해 살펴보았다", "앞에서 논의한 것처럼 무엇은 어떠하다" 대개 이런 말을 하면서 결말을 이끈다. 요약을 잘 하면 그 부분만 읽어도 그 글 전체 내용의 대강을 알아차릴 수 있다.

요약하는 것으로 글을 마무리하는 방법에 몇 가지가 있다.

첫째, 필자의 생각을 더 이상 보태거나 발전시키지 않고, 본문에서 이미 다룬 내용이나 주장을 줄거리 쓰듯 요약하는 방법이다. 이 경우에는 내용 전달의 객관성과 글의 통일성을 유지하는 데는 좋으나, 자칫하면 같은 내용이 반복되기 때문에 글이 느슨해질 염려가 있다.

둘째, 본문의 내용을 요약하되 그 본문 전체의 내용을 다시 한 번 포괄하는 문장을 요약문의 앞이나 뒤에 보태는 방법이다.

셋째, 본문의 내용을 요약하되 줄거리 쓰듯 하지 않고 그 내용을 일반화 혹은 추상화하는 각도에서 요약하고 나서, 이를 통해 주제와 관련된 본문의 핵심 부분이나 글의 제목을 다시 초점으로 부각시키면서 마무리하는 방식이다.

❷ 제언이나 전망을 보태기

> 이상의 사실을 바탕으로 이 문제의 해결을 위해 몇 가지 제언하고자 한다.
> 첫째, '한글'의 사전적인 개념 규정이 맞고, 현 상황이 왜곡된 것이라면, 이 문제를 해소하기 위해 노력해야 한다. 초중등 국어교육에서 '국어(한국어)'의 의미, '한글'의 의미, '국어'와 '한글'의 관계가 무엇인지 반드시 포함해 가르치도록 해야 한다. 특히 국어교사들에게는 그 점을 분명하게 인식하여 제대로 가르치게 해주어야 한다. 아울러 이 글에서 지적한 여러 가지 잘못된 한글 관련 용어와 표현들이 더 이상 쓰이지 않도록, 국립국어원이나 관련단체에서 일정한 영향력을 행사하여야 한다.
> 둘째, '한글'에 대한 사전적인 개념 규정보다 현재 언중이 사용하는 뜻, 즉 '우리 글'이나 '우리말'을 존중하기로 한다면, 국어사전을 고쳐야 하지 않을까 한다.
> 셋째, 이 글을 쓰면서 비로소 발견한 사실인데, '영문'이나 '일문'처럼, '우리 글'을 의미하는 한자어가 사실상 없다. '국문'은 이미 갑오경장 이후에 조선시대에 '우리 글자' 즉 '훈민정음(정음)'을 가리키던 '언문'을 대체하여 부른 명칭이므로, '우리 글'이라고만 하기 어렵게 되어 있다(실제 국어사전에서도 '국문'은 '우리 글자'까지 포함하는 어휘로 규정되어 있음). 국권침탈기에 쓰던 '한나라글', '우리나라글', '배달글'이란 단어를 재활용하든지, '한국문' 혹은 '한문'으로 하든지, '국문'이라고 하되 '글자'의 개념을 배제하고 '우리 글'만을 의미하는 단어로 고쳐서 개념규정하는 것이 타당하다고 생각한다. 그래야만 '한글'에 대한 인식도 바르게 잡혀간다고 보기 때문이다. '우리 글'만을 가리키는 단어가 없거나 불완전하기 때문에 '한글=국문'이란 인식이 계속하여 생겨난다고 여겨지기 때문이다.

위의 예문은 한글이란 말이 우리말로까지 잘못 쓰이는 문제를 다룬 글의 맨 마지막 문장이다. 이렇게 요약 뒤에 일정한 제언이나 전망을 덧붙이는 방식이 있다. 그 글을 통해서 밝혀진 사실에 근거하여, 필자가 사회를 향해, 그 문제의 해결을 위해 촉구하는 일정한 의견을 담고 있다.

❸ 일반화하기

본문에서 논의한 내용을 더 확대 일반화하는 방식이다. 이렇게 함으로써 한 가지 한정된 사실에 대해서 이야기하였지만, 그것을 포함하거나 그것을 둘러싼 일반적이고 보편적인 문제에 대한 관심을 가지게 함으로써, 독자의 시야를 한층 더 활짝 열어주는 구실을 한다. 눈치 빠른 독자는 이 같은 마무리에서 자극을 받아, 이와 관련된 또 다른 글을 구상할 수도 있을 것이다.

❹ 격언이나 명언 등을 인용하기

본문의 내용을 함축하여 나타낼 만한 격언, 속담, 명언, 구절 등으로 끝맺는 방식이다. 제대로만 하면, 그런 생각을 필자만이 아니라 다른 사람들도 지지한다는 사실을 강조하는 효과를 가져 그 글의 설득력을 높이게 한다.

> "살아남은 것은 가장 강한 종도 아니고, 가장 똑똑한 종도 아니다. 그것은 변화에 잘 적응한 종이다."

최근 경쟁력이 강조되면서, '생존전략'이니 '경쟁력 제고' 따위의 주제를 다룬 글들이 많이 나오는데, 어느 글의 마무리를 보니 위처럼 다윈의 말을 그대로 인용하면서 끝맺고 있었다. 전체 내용을 잘 머금고 있으면서 변화에 적응해야만 하겠다는 생각을 가지게 할 만큼 강력한 효과를 갖는 표현이라 할 수 있다.

❺ 명령이나 청유

명령문으로 마무리함으로써 필자의 확신을 힘있게 전달하며, 독자들에게 더 큰 희망과 용기를 불어넣을 수 있다. "무엇무엇을 하자." 또는 "무엇무엇을 해야 할 것이다."

등 예상되는 독자가 누구인가를 고려하여, 독자가 거부감을 느끼지 않도록 명령의 수위나 어조를 조절하는 게 좋다.

청유에 의한 마무리는 필자와 독자가 뜻과 행동을 함께하기를 요청할 때 이용한다. 주어진 문제가 공동의 것이요, 우리 모두의 것임을 강조할 때 이용하면 좋다. 예컨대 "친구들아, 무엇무엇에 대해 다시 한 번 생각하자." 이런 투로 끝맺는 것을 말한다.

(4) 제목 달기

제목은 글의 내용을 집약한 것으로서, 큰제목, 부제목(부제), 작은제목(소제목), 중간제목으로 나눈다. 부제목은 큰제목의 내용을 부연 설명하는 것으로서, 큰제목의 바로 옆이나 아래에 달아둔다. 소제목은 각 장, 절, 항, 목에 붙이는 제목이다. 중간제목은 신문 칼럼이나 잡지에서 글의 중간에 끼워넣는 제목을 말한다. 제목은 글의 내용을 요약해서 제시할 뿐만 아니라 독자의 주의를 집중시키고 흥미를 유발하는 구실도 가지므로, 본문보다 크고 굵게 표시하여 본문과 구분하는 것이 보통이다.

예 : **해리포터 시리즈** ·························· 큰제목
　　－유혹의 정체와 이데올로기 ·············· 부제목(부제)

1. 해리포터 시리즈의 성공과 문학성
　　2005년 7월 롤링의 해리포터 시리즈의 여섯 번째 작품 〈해리포터와 혼혈왕자〉가 발간되면서 다시 한 번 전지구적으로 독서시장이 들썩였다. 국내에서도 재빠르게 11월 1일 소설의 전반부가 번역되어 출판되었고, 곧이어 12월에 나머지 부분이 나왔다. ·························· 본문

제목은 글을 쓰기 전에 달 수도 있으나 글을 다 쓴 뒤에 붙일 수도 있다. 글을 써나가면서도 더 좋은 제목이 떠오르면 고치기도 하는데, 대개는 제목을 먼저 달고 나중에 고친다.

제목(題目)이란 한자말에 '눈 목'자가 들어 있는 것을 유의할 필요가 있다. 우리가 상

'우뢰 / 우레'

'우뢰'가 틀리고 '우레'가 맞다. 고유어는 '우르-+-에'로 분석되는 '우레'인데, 이를 한자어로 잘못알고 비슷한 발음인 우뢰(雨雷)라고 쓴 데서 잘못이 생겼다.

한글 맞춤법 공략㉒ '소고기 / 쇠고기'

'-소고기 / 쇠고기, 예 / 네, 맛있다 / 멋었다, 깨뜨리고 / 깨트리고, 넘어뜨리다 / 넘어트리다, 무너뜨리다 / 무너트리다' 둘 다 맞는 표현이다.

대방의 눈을 보면 그 사람의 됨됨이를 어느 정도 알아챌 수 있듯이 글도 그렇다. 제목은 글의 전체 내용을 대표할 수 있어야 한다. 신중하게 지어야 한다. 독자는 제목만 보고도 그 글을 읽을 것인지 말 것인지 결정한다. 예전에야 읽을거리가 절대 부족했으므로 한 가지 글을 또 읽고 또 읽고 했지만 정보가 넘쳐나는 요즘은 그렇지 않다. 신문을 읽거나 인터넷 웹 서핑을 할 때를 생각해 보자. 내용을 다 읽지 않고 제목만 보고 넘어가곤 한다. 그러므로 본문까지 읽게 하려면 평이하거나 추상적인 제목을 피해야 한다. 그렇다고 내용과는 동떨어지게 너무 선정적이고 자극적인 제목을 다는 것도 비윤리적이다.

한국기자협회에서 '제목 달기의 일반 수칙'을 정한 게 있어 여기 제시한다. 눈여겨 두면 제목을 다는 데 참고가 되리라 기대한다(단, 18번 항목은 논증문에서는 따를 필요가 없다).

1. 첫 행에서 전체 기사 내용을 정확하게 표현해야 하며 그렇지 못할 경우에는 기사의 가장 대표적인 특징을 말하고 있어야 한다. 육하원칙(5W1H)을 적절히 활용하는 것은 물론이다.
2. 각 행의 글자수는 엄격하게 정해진 규칙에 따라야 하며 너무 많거나 적으면 안 된다. 동의어를 찾아내어 적절히 활용한다.
3. 한 제목이 여러 행으로 이루어졌을 때 각 행은 각기 독특한 내용을 담아야 하며 형태로도 완전히 독립된 전문(前文) 형식의 문장이어야 한다.
4. 하나의 사실은 결코 반복 표현되어서는 안 되며 각 행은 다른 행이 품지 않은 새로운 정보를 말하든지 아니면 진전된 상황을 담고 있어야 한다.
5. 편파적이거나 혼란을 일으킬 염려가 있거나 모호한 표현의 제목은 피해야 한다.
6. 기획 기사에는 기획 기사 제목을 붙여서 스트레이트 기사와 구분한다.
7. 제목은 새로운 것과 움직임을 함축하고 있어야 함으로 동사를 중추로 하는 술어를 갖춰야 한다.
8. 동사는 피동형보다 능동형이 더 적격이다.
9. 동사의 시제는 현재와 미래뿐이다. 비록 현재로 표현되었다 해도 그것은 과거를 뜻하는 것이며 현재와는 관계가 없다.
10. 제목의 낱말은 생생하고 신선한 것이어야 하며 둔탁하거나 진부한 낱말은 피해야 한다.
11. 같은 낱말이 한 제목에 되풀이되지 않도록 해야 한다.

12. 전달할 사상을 담기 위한 적확한 낱말을 골라야 한다.

13. 제목 낱말은 사투리를 피해야 한다.

14. 신조어는 엄격히 삼가야 한다.

15. 제목 문자의 끝에 종지부(마침표)는 필요 없다.

16. 약어의 사용은 널리 알려져서 이해가 빠른 것 외에는 가급적 피하는 것이 좋다.

17. 꺾기나 건너뛰기 제목에서 각 행은 각기 완전한 낱말을 갖추도록 해야 하며, 한 낱말이 두 행에 걸치지 않도록 해야 한다.

18. 편집 기자의 주관은 되도록 배제해야 한다.

19. 고유 명사(책 이름이나 연극, 영화, 세미나)를 제외하고 장황한 수식은 피하는 것이 좋다.

20. '반진실(半眞實)'은 피하는 것이 좋다. 때로 이런 제목은 중상 모략의 원인이 된다.

3.3.1. 다음 글을 읽고 주제가 무엇인지 이야기해 보자. 또 제목을 달고 그 이유를 설명해 보자.

> "연극이 옷을 벗는다."라는 표현은 요사이 한국 연극의 경박함을 드러내는 말이다. 남녀 배우가 알몸으로 출연하여 관객의 호기심만을 충족시켜 주는 이른바 연극의 저질 상업주의와 선정주의를 비판하면서 나온 말이다.
>
> "연극이 옷을 벗는다."라는 표현은 사실 백번 옳은 말이다. 연극의 재미는 입히는 데 있지 않고 벗기는 데 있기 때문이다. 그 대상이 사람이든, 세계이든 마찬가지다. 그러나 더 정확하게 표현하려면 "연극은 반드시 사람과 세상의 겉옷을 벗겨 보여주어야 한다."가 되어야 한다. 입혀서 숨기기보다는 벗겨서 보여주는 데 연극의 재미가 있는 것은, 벗은 배우의 몸에는 몸의 아름다움과 몸으로 드러낼 수밖에 없는 절박함, 그리고 알몸이 주는 그리움이 있기 때문이다. 몸, 그것도 알몸으로의 드러냄은 몸 바깥의 절망인 동시에 절망하는 몸의 극한이다. 벗은 몸은 곧 죽음의 실체이기도 한 까닭이다. 연극이 세상에 무기력해 질 때 배우는 최후로 옷을 벗어 자신의 몸을 드러낸다. 그것도 알몸을.
>
> 연극은 누구의, 무엇의 옷을 벗기는가? 연극이 벗기는 옷의 주체는 바로 세상이며, 우리들 자신이다. 옷을 벗기는 동작은 옷을 벗겨 다른 옷을 입히는 후발 동작까지 포함한다. 다시 말해 세상의 옷을 벗겨 날것으로 드러내고, 다른 옷을 입혀 다른 세상을 보여주기도 한다는 뜻이다.
>
> 연극과 세상의 마찰은 벗어야 하는 주체가 벗지 않으려고 하고, 벗지 못하게 금지하는 데 있다. 그러나 연극은 끊임없이 권력과 권위와 욕망을 벗긴다. 벗길 수 있는 데까지 벗겨 헐벗을 때까지, 그리하여 연극도 몸도 다 덧없음을 말하기 위하여.

3.3.2. 다음 물음이나 요구 조건에 맞는 주제문을 쓰고, 이를 바탕으로 세 문단 이상의 글로 써 보자.

1) '여대생의 화장'에 대해 긍정적인 면과 부정적인 면을 논하라.

2) "어린이란 신이 인간에 대해 절망하지 않고 있다는 것을 알려주기 위해 이 땅에 보낸 사자들이다."란 말의 타당성과 부당성을 살펴보라.

3) '세대차'라는 것은 필연적인가? 왜, 세대차는 발생하는가?

4) 과연 연애와 결혼은 별개인가? 그렇지 않다면 그 이유는 무엇인가?

5) '수입 개방'은 필연적인가?

6) '상업광고'의 긍정적인 면과 부정적인 면을 논하라.

3.3.3. 다음 예문들은 개요 작성을 하지 않고 마구잡이로 글을 썼을 때 나타나는 사례인데, 구체적으로 무엇이 잘못되었는지 살펴서 고쳐 보자.

① 두 사람은 결국 결혼을 하게 되었다. 여러 가지 어려움이 있었지만 그 어려움을 끝까지 이겨내고 결혼을 하게 된 두 사람의 삶의 자세에서 우리는 많은 것을 배워야 한다. 사람들은 누구에게든지 배워야 한다. 심지어는 자기 자신보다도 어리거나 못났다고 생각하는 사람에게도 배울 점은 있는 법이다. 하물며 어려움을 이겨낸 사람에게서 우리는 얼마나 많은 점을 배울 수 있을 것인가.

그 두 사람은 서로를 사랑했기 때문에 그러한 어려움을 이겨낼 수 있었을 것이다. 여기에서 우리는 사랑의 힘은 참으로 강하다는 사실을 깨닫게 된다. 이 세상에서 사랑의 힘처럼 강한 힘은 없다. 사랑의 힘을 실감하게 하는 이러한 이야기가 있다.

어느 동물원에서 한 아이가 잘못하여 머리를 사자 우리의 쇠창살 사이로 집어넣었는데 들어간 머리를 빼낼 수가 없어 위급한 상황에 처하게 되었다. 그때 뛰어온 어머니가 위급한 상황에 있는 자식을 구하기 위하여 쇠창살을 잡아당겼는데 그 쇠창살이 휘어져 무사히 자식을 구했다는 이야기다. 비록 연약한 여자의 몸이지만 자식을 사랑하는 어머니의 힘이 얼마나 강한가를 보여주는 이야기라고 할 수 있다.

이와 같이 두 사람 중 신부도 나중에 아이를 낳으면 그러한 강한 사랑의 힘을 보여주게 될 것이다. 여자는 어머니가 되면 더욱 강해지기 때문이다.

사랑의 힘이 크다는 것을 이 두 사람은 잘 보여주었다. 서로 사랑하기 때문에 그 결혼은 이루어질 수 있었을 것이다. 서로 사랑하는 두 사람의 앞길에 큰축복이 있을 것이다. 하늘은 스스로 돕는 자를 돕는다는 말이 있듯이 어려움을 스스로 이겨낸다는 일은 어렵지만 그러나 그 어려움을 이겨냈기 때문에 하늘은 그들에게 축복을 내릴 것이다.

② 여성의 지위는 19세기 후반까지만 해도 단지 가정생활만 하며 사회적 중요성이 부여되지 못한 열악한 위치에 놓여 있었다.

우리나라, 중국을 비롯한 세계 여러 나라에서 일부다처제가 허용되었으며 고대 그리스 민주 정치 시대에도 여성은 노예와 똑같이 선거권이 주어지지 않았다. 이러한 여성들에게 선거권이 주어진 일은 영국에서의 제4, 5차 선거법 개정을 통해서이다. 바로 영국은 1차대전에서의 여성의 공로를 인정해서였기 때문이다.

이렇듯 제도적으로 남녀평등의 의미가 크게 부여된 여성의 선거권 취득은 세계 여러 나라들이 모두 1세기가 넘지 못하는 극히 짧은 시기의 일이다. 그리하여 아직도 남녀평등의 문제는 미완의 문제이며 더 많은 시간을 요한다. 그런데, 그 중에서도 유교 이념이 강력히 뿌리내린 우리나라에서는 남녀평등이라는 개념이 터를 다지는 데에는 많은 노력과 시간이 필요할 수밖에 없다.

이러한 배경에서 남녀평등에 장애가 되는 개념은 유교적 전통도 있지만 차별과 구별의 확실한 구분이 세워지지 않기 때문인 듯하다. 만약 구별의 의미까지 차별 속에 흡수 포함된다면 남성과 여성의 엄연한 생리적 구별이 존재하는 한 남녀평등은 결코 이루어질 수 없는 것이지 않은가.

남성과 여성의 역량과 타고난 본성이 다를진대, 사회적 활동을 하는 저명한 여성들도 훌륭하지만 가사를 돌보는 주부라고 소극적이고 여성의 권리를 주장하지 못한다고 하면 안 될 것이고, 오히려 사회 활동에 더욱 재능이 있는 여성이 사회의 눈치와 제약으로 제 역량을 다할 수 없다면 이 역시 여성 이전에 사람으로서 안 될 일이다.

글쓰기는 [　　　　　　　　　▼] 이다

Ⅳ. 퇴 고

글이 완성되었다고 해서 바로 발표하면 안 된다. 다듬고 고쳐야 한다. 이 과정을 퇴고라고 한다. 이 작업도 글쓰기의 한 과정이다. 명백한 오자나 탈자를 비롯하여 부자연스럽거나 잘못된 표현이 발견되면 그만큼 그 글에 대한 신뢰는 사라진다. 좋은 평가를 받을 수도 없으려니와 설득력도 떨어져서 글을 쓴 보람이 적어진다. 요즘은 컴퓨터의 편집 기능을 이용하여 얼마든지 어휘와 단락을 바꿀 수 있으며 앞뒤의 배열을 다시 할 수도 있어 수정 작업이 쉽다. 더욱이 띄어쓰기와 맞춤법에 어긋난 부분을 컴퓨터가 자동으로 알아서 바로잡아 주거나 표시해 주니 얼마나 좋은 세상인지 모른다.

퇴고할 때 어떤 마음가짐과 자세로 해야 하는지, 고려시대의 문인 이규보가 아주 인상적인 말을 했다.

"무릇 시가 완성이 되면, 반복해서 보되, 요컨대 자기가 지은 것으로 여기지 말고, 마치 남이 지은 것으로 보거나, 평생토록 매우 증오하는 사람이 지은 시로 볼 일이다. 그렇게 여기면서 조금이라도 하자가 있는지 샅샅이 살펴보아도 끝내 그 하자를 발견할 수 없거들랑, 그제서야 세상에 내놓아 유통되게 해야 한다."

　　　　　　　　　　　　　　　　　　　　　－이규보, 『백운소설』에서

퇴고의 자세에 대해 이처럼 절절하게 말한 사람은 없다고 보일 만큼 이규보의 충고
는 적실하다. 내가 지은 것으로 여겨서는 퇴고가 안 된다. 남이 지은 양, 아니 원수가
지은 글인 양, 허점이나 티를 발견하기 위해 눈을 부릅뜨고 보아야 한다. 객관화하여
보아야 한다. 과연 무엇을 어떻게 살펴야 할까? 필자의 시각에서 살피기와 독자의 시
각에서 살피기로 나누어서 알아보자.

1. 필자의 시각에서 살피기

(1) 글 전체를 다시 살피기

① 글을 쓴 목적 즉 주제가 잘 실현되었는지 점검한다. 주제가 분명하게 드러나 있
   는가? 주제에서 벗어난 부분은 없는가? 최초의 주제와 달라진 점은 없는가? 주제
   와 관련하여 오해의 소지는 없는가? 자료는 주제를 드러내기에 알맞은가? 주제는
   독창적이고 합리적인가?

② 글 전체의 흐름이 유기적이고 통일성을 유지하고 있는가? 글의 구성과 개요를 그
   대로 잘 따랐으며, 전후 맥락이 유기적으로 잘 짜여졌는가? 문단의 구분, 상위 항
   목과 하위 항목 간의 관계는 적절한가?

③ 선택한 구성은 주제를 전달하는 데 효과적인가? 혹시 더 나은 방법은 없는가? 글
   의 앞뒤를 새롭게 배치할 필요는 없는가?

④ 글 전체의 분량은 물론 각 항목의 분량이 적절하며 균형이 잡혀 있는가? 두 항목
   을 통합하거나 세분화할 필요는 없는가?

⑤ 글의 크고 작은 제목이 적절한가? 전체 제목을 훑어보았을 때 지나치게 무겁거나
   딱딱하지는 않은가? 너무 가볍거나 선정적이지는 않은가?

(2) 문단(단락)별로 다시 살피기

① 각 문단의 소주제가 글 전체의 주제를 드러내는 데 효과적인가?

② 각 문단의 소주제는 부족함이 없이 충분히 전개되었는가?

③ 문단과 문단의 연결은 긴밀한가? 각 문단이 가진 소주제들이 유기적인 관련을 맺으며 논지가 전개되어 있으며, 그 연계성이 글 전체의 주제를 잘 드러내고 있는가?

④ 하나의 단락 속에는 동일한 내용과 논점만을 다루었는가?

(3) 문장별로 다시 살피기

① 문장을 소리 내어 읽어 보았을 때, 흐름이 부자연스러운 곳, 문법에 어긋난 곳(비문)은 없는가? 문장의 리듬이 적절한가? 호흡이 너무 길어 숨이 차거나 툭툭 끊기는 대목은 없는가? 첫 문장은 매력적인가?

② 문장의 길이가 지나치게 길거나 구조가 복잡한 곳은 없는가? 뜻이 모호하거나 중의적으로 해석될 가능성이 있는 곳은 없는가?

③ 한글맞춤법과 외래어 표기법에 어긋난 표현은 없는가? 어휘 선택은 적절한가?

④ 숫자와 고유명사는 정확한가? 한자를 잘못 표기(변환)한 것은 없는가?

⑤ 채팅 언어, 은어, 이모티콘, 외계어 등이 사용되지는 않았는가? 문장부호는 바르게 사용했는가?

⑥ 문장의 스타일은 어떠한가? 각 문장의 처음과 끝에 같은 어휘가 반복되지는 않았는가?

⑦ 잘못 사용된 어휘는 없는가? 단어의 의미가 부적절한 것, 어려운 한자어, 외국어나 외래어가 잘못 사용된 것은 없는가?

⑧ 문장부호의 사용은 적절한가? 띄어쓰기가 바르게 되어 있는가?(이와 관련하여 한글 프로그램에 자동맞춤법 기능이 있으나 완벽하지는 않으므로, 관련 규정을 보아 스스로 능력을 길러서 대처할 수 있어야 한다.)

⑨ 자기주장의 논증과 예시는 적절한가? 앞뒤로 모순되는 주장은 없는가?

한글
맞춤법
공략24   '개발 / 계발'

개발(開發)은 '개척하여 발전시키다'와 '지능이나 정신 따위를 깨우쳐 열어준다'는 두 가지 뜻이 있다. 그러나 '계발(啓發)'은 '지능이나 정신 따위를 깨우쳐 열어준다'의 한 가지 뜻만 있다. 요즘은 전자는 오직 '개척하여 발전시킨다'의 뜻으로만 쓰이는 경향이 있다.

⑩ 자료의 인용은 정확한가? 각주는 제대로 처리했으며, 참고문헌란은 완성했는가?

2. 독자의 시각에서 살피기

① 일반 독자가 이해하기 어려운 어휘나 전문용어는 없는가?

② 자신의 개인적인 이야기를 지나치게 장황하게 늘어놓지는 않았는가?

③ 독자가 궁금하게 여길 점은 없는가?

④ 주위의 다른 사람들에게 읽혀도 문제점이 발견되지 않는가?

⑤ 시각적으로 깔끔하고 단정하게 편집되었는가? 글자모양, 크기, 굵기, 문단모양, 줄 간격, 여백 주기 따위는 적절한가?

이상의 내용으로 검토하여 수정한 후에는 반드시 출력해서 보아야 한다. 화면으로 볼 때는 멀쩡하나, 출력하여 보면 다른 경우가 있으니 꼭 인쇄하여 확인해야 한다. 호흡과 리듬이 자연스러운지 판단하기 위해서는 소리 내어 읽어 보아야만 한다.

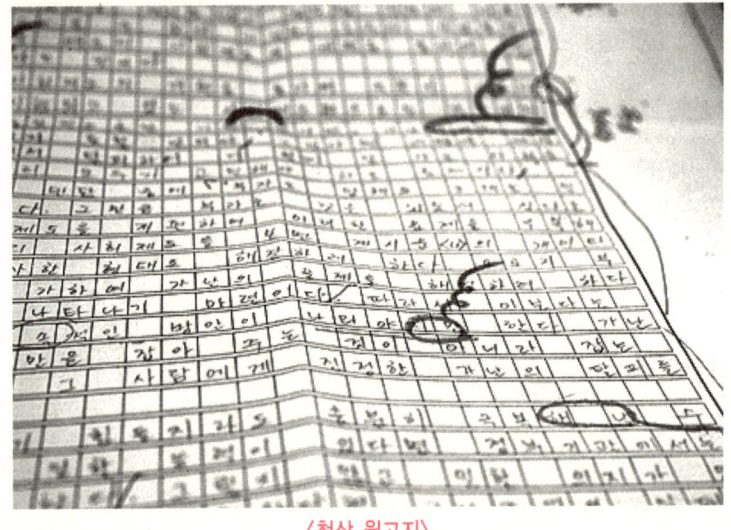

〈첨삭 원고지〉

3.4.1. 다음 글은 지나치게 생략한 부분이 있어 의미 전달이 제대로 되지 않을 우려가 있는 사례들이다. 필요한 문장을 덧붙여서 완성도 높은 글로 고쳐 보자.

> 독서를 즐기면서 고등학교 생활을 해 온 대학 신입생은 드물다. 그러므로 고등학교를 끝내고 대학에 입학한 뒤에도 독서다운 독서를 하지 못한다. 따라서 학교에서 시키는 공부는 할 수 있으나 자율적인 학문을 설계하는 학생은 참으로 적다.

3.4.2. 다음 예문은 빼기(삭제하기)를 통해 고쳐야 할 사례이다. 무엇이 문제인가 살펴보고 올바른 글이 될 수 있게 고쳐 보자.

> 지난 일요일에는 친구의 농장에서 고구마를 캤다. 크고 작은 고구마들이 줄줄이 뽑혀져 나왔다. 들에서 고구마를 캐면서 하루를 보낸 것은 30여 년 만에 처음 있는 일이었다. 내 마음이 즐거웠다. 흙이 그처럼 부드러운 것임을 전신으로 실감하였다. 어린 날 내 어머니의 젖가슴을 더듬던 잊혀졌던 추억이 되살아났다.

3.4.3. 다음 예문은 문장 구조상 잘못이 발생하여 의미가 잘 파악되지 않는 경우이다. 잘못된 부분을 찾아보고 바른 글로 고쳐 보자.

> 주인공 박준과 우희가 사막을 횡단하다 자동차가 모래에 빠져 차를 빼내는 장면 촬영을 위해 사막 중간까지 차를 몰고 가다가 차가 빠지는 장면을 찍기도 전에 촬영차가 빠져 1시간 여를 모든 사람들이 촬영차에 달라 붙어 했으나 이내 또 10m를 전진하지 못하고 모래에 빠져 버리고 말았다.

3.4.4. 문법적으로는 전혀 잘못된 곳이 없더라도 문장이 너무 길어지면 읽어가는 도중에 앞의 내용을 놓쳐 버리거나 심지어는 주어가 무엇이었는지조차 잊어버리는 경우가 생긴다. 다음 예문을 몇 개의 문장으로 나누어 뜻을 명확하게 해 보자.

> 우리는 위와 같은 불행한 사태가 소위 정치 군부 세력이 국민들의 의사와는 아랑곳없이 그들의 권력을 제멋대로 휘두르며 국민 위에 군림하려고 하고 또 그 같은 독재 권력을 물리적 힘으로 영속화하려는 데서 빚어진다는 범국민적 깨달음에 바탕하여 이 땅에 진정한 민주 헌법을 확립하고 진정한 민주 정부를 수립하기 위해 온 국민이 참여할 수 있는 모든 수단과 방법을 총동원할 것임을 결의한다.

퇴고는 [▼] 이다

제 4 부　실용적 글쓰기와 말하기

Ⅰ. 면접 요령

1. 면접 전형의 여러 유형과 최근 경향

면접에는 여러 유형이 있다. 지원자 한 명과 다수의 면접관이 면접하는 개별 면접(다대일 면접), 지원자 한 명과 한 명의 면접관이 면접하는 단독 면섭(일대일 면접), 다수의 지원자와 다수의 면접관이 면접을 진행하는 집단 면접, 지원자들의 집단토론을 경청하면서 그 말 한마디, 손동작, 듣는 태도 등을 평가하는 집단토론 면접 등이 있다. 그 각각의 특징을 알아서 대비하는 게 좋다.

최근에는 '집중' 구조화 면접이 유행하고 있다. 질문 내용과 방법을 미리 정해 놓고 진행시키는 면접 방법이다. 질문 내용, 질문 어조, 질문 순서가 고정되어 있어 모든 면접자에게 동일하게 제시된다. 짧은 면접 시간 안에 지원자에 대한 충분한 정보를 얻고 지원자간의 역량의 차이를 판단하는 데 유리하여, 많은 기업에서 이 방법을 선호하고 있다. "~은 무엇입니까?", "이러한 상황에서 당신은 어떻게 행동하셨습니까?", "~을 하게 된다면 무슨 일이 생깁니까?", "만약 ~라면 어떻게 하시겠습니까?", "~상황에 처했다면 어떠한 절차대로 행동하실 겁니까?", "~한 타인과 이런 상황에 놓여 있다면 어떻게 행동하시겠습니까?", "~을 어떻게 설명하시겠습니까?" 등의 질문이 이 방식에서 즐겨 사용된다.

예컨대, "이 일은 적어도 한 달에 3번 이상은 지방출장을 가야 합니다. 통상적으로 야간에 이동하면서 열차나 비행기 안에서 밤을 보내야 하기도 합니다. 이런 것이 당신에게 문제가 되지 않을까요?"라는 질문이 주어졌다고 하자. 이런 질문에 대해 다음 세 가지 답변이 가능하다고 할 때, 부여되는 점수는 차등화할 것이다.

① 여행은 별로 즐기지 않습니다만, 필요하다면 하겠습니다. ·················· 1점
② 일에서 요구되는 상황이라면 기꺼이 감수하겠습니다. ·················· 3점
③ 전혀 문제가 되지 않고, 과거에 비슷한 경험이 많습니다(실제 과거 사례를 설명함). 그리고 저는 이런 일을 즐기고 좋아합니다 ·················· 5점

2. 면접을 위해 알아두어야 할 일반적 사항

(1) 준비할 수 있는 것은 미리 준비하라

자기 분석과 대상 기업에 대한 정보는 파악해 두어야 한다. 면접에서 흔히 나오는 문제들은 대개 정해져 있으니, 예상 질문을 만들어 답변을 준비해야 한다. 자신의 장점과 경험을 자연스럽게 표현할 수 있도록 할 것이며, 해당 기업의 대주주가 누구이고, 계열사 및 매출 현황은 어떠한지 등을 알아두면 좋다. 이를 위해 해당 기업의 홈페이지 방문은 필수이다. 내가 그 회사의 기업주라면 어떤 사람을 뽑으려고 할 것인지 생각하면서 준비해야 한다. '이 사람을 놓치면 우리 회사가 손해겠구나, 이 사람을 뽑으면 우리 회사에 아주 유익이 많겠구나.' 하는 생각이 들 수 있도록 준비해야 한다.

(2) 지원 동기와 입사한 후에 무엇을 할 것인지 분명히 해 두라

① 왜 일을 하는가?
② 왜 이 회사에 들어가려고 하는가?

③ 이 회사에 들어가서 무엇을 하고 싶은가?

(3) 면접관이 무엇을 요구하는지 파악하라

　질문의 핵심이 무엇인지 포착해서 그에 적절한 대답을 해야 한다. 어림짐작으로 넘겨짚어 대답하면 감점 당할 수밖에 없다. 혹시 질문의 요점이 무엇인지 모를 때는 다시 한번 말씀해 달라고 정중히 요청해야 한다. 모르면서도 핵심에서 벗어난 답변을 하느니 아는 데까지만 답변하고 마무리하는 게 좋다. 질문의 요지를 파악했으면, 결론부터 먼저 말하고 나서 세부 설명을 하는 게 좋다. 자칫 배경 설명이 길어지면 지루해질 수 있고, 면접관이 답변을 중지시킬 수도 있기 때문이다. 추상적인 표현은 금물이다. 구체성을 띠어야 한다.

(4) 표정 관리에 신경을 써라

　첫인상이 중요하다. 미소를 잊지 말고 표정 관리에 유의해야 한다. 처음 몇 초 안에 당신의 외형적 모습으로 평가가 끝날 수도 있다. 두리번거리거나 흐트러진 자세는 금물이다. 면접관이 질문할 때 손을 만지작거리거나 시선을 다른 데 두어도 안 된다. 면접관의 입술이나 양미간을 바라보면서 진지하게 듣고 있어야 한다. 면접을 끝내고 나올 때도 자세를 흐트러뜨리지 말고 침착하게 행동해야 한다.

3. 면접시 단점을 극복하는 요령

(1) 인상이 안 좋은 경우

　기업주들이 꺼리는 인상은 윗입술이 얇은 사람, 이마가 좁은 사람, 눈이 움푹하게 들어간 사람, 턱 옆이 세모꼴로 뾰족하게 생긴 사람이다. 비밀을 누설할 상이라는 이유라고 한다. 근거 없는 생각이지만 대비해야 한다. 화장을 통해 얼마든지 극복할 수 있다. 눈썹이 짧거나 숱이 적은 사람은 눈썹을 그리고, 피부색이 안 좋으면 파운데이션 화장을 하는 것이 좋다. 윗입술이 얇은 사람은 연한 분홍색으로 입술의 윤곽을 뚜렷이 그리고 눈이 움푹 들어간 사람은 눈 주위에 밝은 색의 색조 화장을 가볍게 해준다. 헤어스타일도 중요한 포인트다. 얼굴에 각이 진 사람은 부드럽게, 얼굴이 둥그런 사람은 좀 강직하게 보이도록, 이발사에게 부탁해 헤어스타일을 바꾸어야 한다. 핸디캡을 극복해야만 말하는 데 자신감이 생기므로, 가능한 노력을 기울일 필요가 있다.

(2) 타인 앞에 서면 얼어버리는 경우

너무 긴장하면 실수할 가능성이 크다. 긴장을 잘하는 사람은, 면접장에 들어가기 전에 기지개를 한두 번 켜보거나, 천천히 심호흡을 몇 차례 함으로써, 긴장을 완화할 수 있다. 과거의 좋은 추억들을 회상하며 마음의 여유를 찾아야 한다. 그래야 자연스럽게 자신을 보여줄 수 있다.

(3) 말을 잘하지 못하는 경우

말주변이 없는 사람도 있다. 아무리 말 잘하는 사람도 면접장에서는 떨게 마련이다. 일부 업종을 빼놓고는 유창한 말솜씨보다는 그 사람의 자신감과 진실성을 평가하려 한다. 일관성 있는 답변을 하여 좋은 인상을 심어주는 말투를 사용하면 된다. 그러기 위해서는 미리 연습해 보는 게 필요하다.

(4) 취업이 늦어졌거나 공백기간이 있는 경우

왜 취업이 늦어졌는지 질문을 받을 수가 있다. 그 공백 기간에 자신의 미래를 위해 어떤 노력을 했는지 당당하게 충분히 답변하고, 그 결과 사회에 적응할 수 있는 준비도 갖추었다는 점을 잘 드러내야 한다.

4. 주요 기업이 요구하는 중점 질문

(1) 개인정보 및 가족관계

① 당신의 가정은 어떻습니까?

② 가족을 소개해 보세요

③ 1분간 자기소개를 해보세요

④ 아버지의 직업은 무엇입니까?

⑤ 자기소개서에 부모님으로부터 정직에 관해 배웠다고 했는데 실생활에서 그와 관련한 예를 들어 주세요

⑥ 부모님께 정신적으로 어떤 것을 가장 크게 물려받았습니까?

⑦ 당신의 생활신조는 무엇입니까?

⑧ 집안에 가훈이 있습니까? 있다면 무엇인지 말해 보세요

⑨ 별명이 있습니까? 있다면 그 별명을 얻게 된 이유는 무엇인가요?

⑩ 가족끼리 여행을 다녀온 적이 있습니까?

⑪ 가족들과 노래방에 자주 가나요?

⑫ 어려운 일이 생기면 누구와 상의합니까?

⑬ 대인관계에서 중요한 것은 무엇이라고 생각합니까?

⑭ 스트레스를 어떻게 해소합니까?

⑮ 애인과 선약이 있는데 직장상사가 술 한 잔 하자고 할 때 어떻게 하시겠습니까?

⑯ 회사 내에 아는 사람이 있습니까?

⑰ 거주하는 위치와 교통편은 어떠한가요?

⑱ 왜 오늘 그 넥타이를 골랐나요?

⑲ 합격하면 어떻게 업무에 임할 것입니까?

⑳ 이번에 불합격해도 계속 우리 회사를 이용할 것입니까?

(2) 성격 및 가치관

① 자신의 성격은 어떻습니까?

② '색'으로 비유한다면 당신은 무슨 색이라고 표현할 수 있습니까?

③ 자신을 '사물'에 비유해 보세요

④ 남들이 자신을 어떤 사람으로 보고 있다고 생각하십니까?

⑤ 당신의 장점은 무엇입니까?

⑥ 자신의 큰 자랑거리는 무엇입니까?

⑦ 당신의 단점은 무엇입니까?

⑧ 친구들이 많습니까?

⑨ 지금까지 가장 기뻤던 일은 무엇입니까?

⑩ 최근 화가 났던 일을 말해 보세요

⑪ 이것만큼은 남에게 질 수 없다고 생각하는 것이 있다면 무엇입니까?

⑫ 당신의 PR 포인트를 말해 주세요

⑬ 가장 존경하는 사람은 누구입니까?

⑭ 혹시 좌절한 적이 있습니까?

⑮ 어떤 문제에 부딪쳤을 때 혼자 해결하는 편인가요, 누구와 의논하는 편인가요?

⑯ 컴퓨터 활용능력은 어느 정도입니까?

⑰ 어학 실력은 어느 정도입니까?

(3) 입사 지원 및 포부

① 사회인과 학생의 차이를 말해 보세요

② 직장 선택의 기준은 무엇입니까?

③ 일의 목적은 무엇입니까?

④ 왜 우리 회사를 지원하였습니까?

⑤ 우리 회사의 채용 정보는 어떻게 알았습니까?

⑥ 우리 회사를 지망한 이유는 무엇입니까?

⑦ 왜 다른 회사가 아닌 우리 회사를 지망했습니까?

⑧ 우리 회사에 대해 아는 대로 말해 보세요

⑨ 밖에서 보는 우리 회사의 이미지는 어떻습니까?

⑩ 우리 회사의 장점과 단점은 무엇이라고 보십니까?

⑪ 우리 업계의 전망을 어떻게 보십니까?

⑫ 전자 상거래에 대해 어떻게 생각하십니까?

⑬ 초임은 어느 정도라고 생각하고 있습니까?

⑭ 취업이 된다면 고객을 어떻게 대할 것입니까?

⑮ 만약 불합격한다면 어떻게 하시겠습니까?

⑯ 첫 봉급은 어떻게 사용할 것입니까?

⑰ 바람직한 직장인의 상은 어떤 모습이라고 생각합니까?

⑱ 입사 후 비연고지나 벽지로 발령 나면 어떻게 하겠습니까?

⑲ 상사가 부당한 지시를 하면 어떻게 하시겠습니까?

⑳ 10년 후 귀하의 자화상을 그려보세요

(4) 친구 및 이성 관계

① 친구 관계에 대해 말해 보세요

② 어떤 면을 보고 친구를 사귑니까?

③ 친구들은 귀하를 어떻게 평가합니까?

④ 연애와 중매결혼 중 어떤 것이 바람직하다고 생각합니까?

⑤ 미래에 결혼하고 싶은 배우자는 어떤 사람입니까?

(5) 교내 및 교외 활동

① (군복무기간을 제외하고) 부모님을 떠나 살아본 적이 있습니까?

② 학창시절에 가장 관심 있었던 일은 무엇이었습니까?

③ 대학생활 중 어떤 일에 몰두했습니까?

④ 전공에 관하여 주로 어떤 걸 배웠나요?

⑤ 대학 시절 자신의 성적에 대해 어떻게 생각합니까?

⑥ 어떤 자격증을 가지고 있습니까?

⑦ 동아리 활동 경력이 있습니까?

⑧ 지금까지의 학교 생활에서 가장 인상에 남는 일은 무엇입니까?

⑨ 봉사 활동 경험이 있습니까?

⑩ 교내외 활동을 통해 특별히 기억에 남는 것이 있다면 무엇입니까?

⑪ 학창시절에 어떤 아르바이트를 해 보았습니까?

⑫ 학창시절의 경험과 일을 어떻게 연결시키겠습니까?

⑬ 학생들의 정치 참여에 대하여 어떻게 생각합니까?

⑭ 기업의 노조활동에 대해 어떻게 생각합니까?

(6) 취미 및 특기

① 취미·특기가 있으면 말해 보세요

② 좋아하는 스포츠가 있습니까?

③ 취미 생활이 왜 필요하다고 보십니까?

④ 휴일에는 주로 무엇을 하십니까?

⑤ 애독하는 책의 종류는 무엇입니까?

(7) 시사 및 일반상식

① 신문은 어느 면부터 보십니까?

② 최근 뉴스에서 가장 관심이 있는 화제는 무엇입니까?

③ 최근 인상 깊게 본 신문기사 내용은 무엇입니까?

④ 최근에 읽었던 책 가운데 가장 감명 깊은 것은 무엇입니까?

⑤ 요즘 신세대들의 성향에 대해 어떻게 생각하십니까?

⑥ 앞으로 성장할 비즈니스는 무엇이라고 생각합니까?

⑦ 종신고용과 연공서열에 대해 어떻게 생각하십니까?

⑧ 마케팅이 무엇이라고 생각하십니까?

⑨ 독도가 가진 가치에 대해 말해 보세요

(8) 압박 및 퍼즐면접

① 사회인으로서 어떤 마음가짐이 필요하다고 생각하십니까?

② 우리 회사 사장님 함자를 알고 있습니까?

③ 성적이 좋지 않군요 이 정도의 성적으로 우리 회사에 입사할 수 있다고 생각하
십니까?

④ 토익 점수가 좋지 않은데, 이렇게 영어가 약해도 입사할 수 있다고 생각하십니까?

⑤ 희망급여가 연봉 2,000만원인데, 산정 기준을 설명해 보세요

⑥ 귀하는 우리 회사에 적합하지 않은 것 같은데요?

⑦ 왜 전에 다니던 회사를 그만두었습니까?

⑧ 다른 회사의 면접을 치른 적이 있습니까? 떨어진 이유는 무엇이라고 생각합니까?

⑨ 면접관이 4명인데 귀하는 바나나를 3개만 가지고 있습니다. 어떻게 그 바나나를
저희에게 골고루 나눠주시겠습니까?

⑩ 서울에 바퀴벌레가 몇 마리입니까?

⑪ 광화문에 있는 이순신 동상을 우리 회사로 옮겨 놓으라면 어떻게 하시겠습니까?

⑫ 한국에는 주유소가 몇 개가 있습니까?

⑬ 맨홀 뚜껑은 왜 둥근가요?

⑭ 코르크로 막은 와인병 안에 있는 동전을 코르크를 빼거나 병을 깨지 않고 뺄 수
있나요?

⑮ 하얀 종이 위에 소금과 후추를 동시에 뿌린 후 플라스틱 빗만 사용하여 소금과 후추를 어떻게 분리할 수 있을까요?

⑯ 현금 1억원이 있다면 무엇을 하시겠습니까?

⑰ 클립으로 할 수 있는 열 가지 일을 말해 보세요

⑱ 폭우가 오는 날 저녁 2인승 스포츠카를 타고 버스정류장을 지나는데 세 사람을 보았다. 위독한 중년부인, 군대시절에 내 목숨을 구해준 친구, 평생의 반려자가 될 여성, 이 셋 중에서 누구를 선택하겠습니까?

⑲ 이 물건을 내게 팔아 보세요

(9) 여성 지원자 면접 질문

① 여성으로서 기업의 역할에 대해서 말씀해 보세요

② 혼자 원룸에서 자취를 하고 있는 것 같은데 정말 초봉으로 생활할 수 있겠습니까?

③ 왜 사무직이 아닌 영업직을 희망했습니까?

④ 결혼은 언제 할 것입니까?

⑤ 만약 사귀는 남성이 결혼 후 직장생활을 그만두라고 한다면 어떻게 하시겠습니까?

⑥ 결혼 후 아기가 태어나면 일은 어떻게 하겠습니까?

⑦ 가사는 여성이 맡아야 하겠지요?

⑧ 복사나 차 심부름을 할 때도 있을 텐데 어떻게 하시겠습니까?

⑨ 야근이나 휴일근무, 출장이 가능합니까?

⑩ 자신이 이루려고 하는 목표에 대해 말해 보세요

⑪ 여성의 취업을 어떻게 생각하세요?

⑫ 회사에서 여사원의 역할은 무엇이라고 생각하세요?

⑬ 여자라고 남자 직원이 협조하지 않으면 어떻게 하시겠습니까?

⑭ 성희롱에 대해 어떻게 생각하세요?

⑮ 여성의 흡연에 대해 어떻게 생각하세요?

⑯ 화장하는 데 얼마나 시간이 소요됩니까?

⑰ 끝으로 하실 말씀이 있나요?

Tip

성공 면접을 위한 7계명

1. 긴장하지 말고 질문을 메모하면서 답변하라.
2. 답변은 중요한 것부터 먼저 하라.
3. 지원한 회사 CEO의 철학과 문화, 개요를 인터넷 등을 통해 사전에 충분히 파악하고 면접에 임하라.
4. 면접은 자신을 세일즈하는 것이다. 자신감을 갖고 PR하라.
5. 너무 당당한 나머지 당돌해 보이지 않게 하라.
6. 화려한 색의 의상과 짙은 화장은 삼가라.
7. 학연·지연의 과시와 경쟁업체 비난은 삼가라.

5. 모범 답변 몇 가지

질문 1

원하지 않는 부서에 배치된다면 어떻게 할 것입니까?

> 자신의 지원 분야만을 고집하는 것도 문제지만, 아무 부서에서나 일하겠다고 하는 것도 곤란하다. 적절한 융통성을 발휘해서 답변해야 한다. 예컨대 다음과 같이 대답하면 무난하다. "처음부터 자신의 적성에 맞아 보이는 부서에 배치되는 것도 좋겠지만, 전혀 다른 분야에서 자신의 적성을 발견할 수도 있다고 생각합니다. 일단 최선을 다해 그 일을 한번 해보겠습니다. 제게 그런 기회를 주셨다면 제가 그 일을 잘할 것이란 기대를 가지신 것이라고 생각합니다. 그 기대를 실망시켜 드리지 않도록 힘껏 해보겠습니다."

질문 2

대학 시절 귀하의 성적에 대해 어떻게 생각하십니까?

> 면접관은 이미 성적을 알고 있다. 그런데도 묻는 목적은, 그 성적에 대해 본인이 어떻게 받아들이고 있는지 보려는 것이다. 성적의 결과를 솔직하게 받아들이고, 앞으로는 더욱 분발하겠다는 식으로 대답하는 것이 좋다. 예컨대, "솔직히 말해서 동아리활동과 아르바이트가 중심이었기 때문에 성적은 썩 좋지 않습니다. 하지만 동아리활동과 아르바이트는 한 번도 빠진 적이 없었고 성과도 좋았습니다." 이런 식으로 답변하는 게 좋다. 성적이 좋지 않은 대신 그 단점을 대체할 만한 것들을 내세우는 이른바 공격적 방어도 때로 필요하다.

질문 3

당신이 부모님을 모시고 아프리카로 여행을 갔는데, 거기에서 그만 교통사고가 나서 아버지 어머니가 크게 다쳤습니다. 그래서 병원으로 갔고, 부모님을 살리기 위해서는 수술을 받아야 하는데, 수술비가 3천만원이 듭니다. 그런데 당신에게는 한국으로 연락할 방법도 없고 카드도 없습니다. 그 상황에서 당신은 어떻게 이 문제를 해결하겠습니까?

　　이런 갑작스런 질문(이른바 압박 면접)에는 바로 답할 필요가 없다. 정답이 중요한 게 아니기 때문이다. 면접관은 예상치 못한 상황에서 귀하가 어떻게 대처하는지를 평가하려 이 질문을 던진 것이다. 정답이 무엇일까 고민하기보다는, 진지하게 문제를 인식하여 지금 머릿속으로 지혜를 끌어 모으고 있다는 태도를 보여주어야 한다. 자, 이제 답을 찾아보자. 다른 건 다 잊고 당신이 정말 그런 일을 당했다고 상상해 보자. 지금 당신의 부모님이 큰 부상을 입었고, 당장 수술을 받지 못하면 죽을 수도 있다는 말을 의사한테서 들었다. 그런데는 의사는 수술비 3천만 원을 요구하며 그 돈이 없으면 수술할 수 없다고 냉정하게 말한다. 어떤 누구의 도움도 받을 수 없는 상황에서 당신은 어떻게 하겠는가? 당연하지 않겠는가. 부모님의 목숨을 살릴 수 있다면 무슨 짓인들 해야 하지 않을까? 흉기를 들고 그 의사를 협박해서라도 부모님을 살리고 봐야 하지 않을까? 그게 도리이고 상식이다. 그렇다. 면접관이 요구한 정답의 방향은 이런 것이었다. 그러나 대부분의 면접자들은 '은행을 털겠다', '장기를 팔겠다', '대사관에 연락하여 도움을 청하겠다' 따위의 대답을 하였는데, 분명 문제 중에 카드나 연락할 수단이 전혀 없다는 가정을 무시한 답변들이다.

　　이런 압박 면접에서 귀하는 정답을 맞힐 필요가 없다. 극한 상황에서 당황하지 않고 당신의 상식을 그대로 이용하여 침착하게 대답하면 된다. 잔머리를 굴려 억지 대답을 하는 것보다는 문제 안에서 충실하게 자신이 소신대로 대답하면 된다.

4.1.1. 다음 글은 대학 졸업을 앞 둔 어느 학생이 정유업계의 어느 대기업에 취업하기 위하여 면접시험을 치른 후기를 간략하게 작성한 것이다. 이 글을 읽고 다음 몇 가지 문제에 대하여 자기 견해를 작성해 보자.

> 면접시험은 40분 정도 진행됩니다. 면접관 4명과 지원자 5명이 한 자리에서 토론을 벌였습니다. 토론의 주제는 '혼전동거에 대하여 어떻게 생각하는가' 였습니다. 처음에 한명씩 돌아가면서 찬성과 반대 의견을 이야기하라고 할 때 저는 반대 입장에 섰습니다. 반대 이유는, 첫째 성 문화의 혼란을 가중시키는 것, 둘째 성인으로서 책임을 지는 행동이 아니라는 것을 제시했습니다.
>
> 동거라는 것은 결혼으로 인한 책임을 회피하고자 하는 의도가 있는 것이고, 또 동거 사실을 타인에게 밝히지 않는 경우가 적지 않음은 스스로 자신감을 가지고 떳떳하게 생각하지 못하는 것이라는 걸 말했습니다.
>
> 그렇게 쭉 돌아가면서 말한 뒤에는, 말 그대로 주고받는 토론입니다. 다른 분들 말씀하시는 것 많이 들으려고 노력했고 적절히 받아칠 타이밍 있는지 모색했습니다. 그리고 동거 찬성하시는 분 의견을 받아서 말할 때 동거를 반내하는 게 동거하는 사람을 싫어하는 것과는 다르며 사회적 편견에 부딪혀 동거하는 분들이 피해를 받을 수 있는 면도 고려한다는 말을 했습니다.
>
> 마지막 정리 말은 찬성하시는 분들의 의견처럼 자기결정권과 소신을 가지고 동거하는 분들에 한해서는 사회적 편견의 피해자가 되지 않는 다양성이 존중되었으면 좋겠다고 이야기하였습니다. 그것으로 토론면접은 끝났습니다.

1) 정유업을 하는 기업에서 면접시험의 주제를 혼전동거로 정한 이유는 무엇일까? 이 주제가 그 기업에서 일할 적합한 인력을 선발하는 데 도움이 될 것인가? 도움이 된다면 왜 그럴까?

2) 이런 방식의 토론식 면접시험을 치루는 이유는 무엇일까? 토론식 면접시험을 통하여 기업은 지원자의 어떤 점을 파악하려는 것일까?

3) 위 글을 쓴 사람은 이 시험에 합격했을까, 아니면 실패했을까? 합격 혹은 실패했을 것이라 생각한다면 그 이유를 적어보자.

Ⅱ. 프레젠테이션 발표와 글쓰기

1. 프레젠테이션의 준비

(1) 프레젠테이션이란?

'프레젠테이션'은 최근에 학교, 기업체, 공공기관을 막론하고 조직사회에서 가장 흔하게 듣는 용어가 되었다. 프레젠테이션이란 자신의 생각이나 아이디어, 연구결과, 조사결과 등을 여러 사람에게 보고하는 발표형식의 하나이다. 궁극적으로는 청중을 설득하여 자신의 목적을 이루려고 하는 사회적 행위이다. 프레젠테이션의 내용은 발표자 자신의 생각은 물론 여러 지식과 정보, 제품이나 상품개발 아이디어, 솔루션, 여러 가지 사업의 구상, 심지어는 발표자 자신의 소개 등 그 한계가 없을 정도로 다양하다. 프레젠테이션을 통하여 얻어낼 궁극적인 목표는 청중의 동의를 얻는 데에 있다.

(2) 프레젠테이션의 방법

컴퓨터가 일상화되기 이전에는 프레젠테이션의 수단이 단순했다. 칠판에 필기를 하는 것도 그 방법의 하나이고, 큰 종이 여러 장에 중요한 내용을 적어 붙였다가 한 장씩 떼어내며 발표를 하기도 했다. 그러다가 이른바 슬라이드라는 영상기기가 발명되어 슬라이드 쇼를 통한 프레젠테이션이 컴퓨터 활용 이전의 가장 발달한 방법으로 등장했다. 컴퓨터는 오늘날 다양한 프레젠테이션의 수단이 되고 있고, 파워포인트를 비롯한 많은 프레젠테이션 프로그램이 있지만, 역시 파워포인트가 가장 일반적으로 많이 쓰이고 있다.

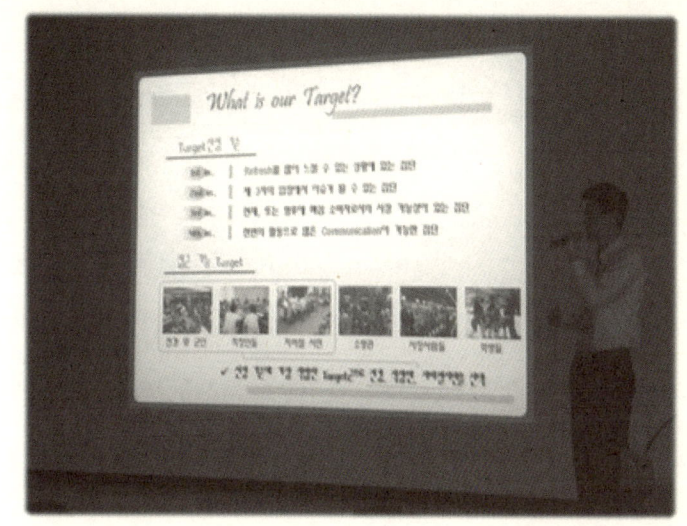

〈프레젠테이션 장면〉

그 외에 LCD, LAP 프로젝터, LCD 패널, 비디오, 멀티미디어 플레이어, 사운드 시스템, 레이저 포인터, 라펠 마이크로폰, 오버헤드, 포스터프린터 등 다양한 도구를 활용할 수 있다.

(3) 프레젠테이션의 준비 단계

프레젠테이션을 위해서 다음과 같은 준비 단계가 필요하다.

① 발표할 내용 작성 : 주제 및 소재 결정, 전체의 얼개 짜기, 결론 결정 등 일반적인 발표문 작성의 원리에 맞추어 발표할 내용을 정리한다.

② 파워포인트 작성 : 파워포인트 등 프레젠테이션 프로그램으로 문안을 구체적으로 구성한다.

③ 효과적인 프레젠테이션을 위한 자료 수집 : 발표 내용을 효과적으로 전달하기 위한 다양한 자료들을 모은다. 배경음악, 배경그림, 효과음, 컴퓨터 그래픽 등 형식적인 효과를 위한 보조 자료들과 유인물이나 참고 자료 등내용을 위한 보조 자료들을 잘 챙긴다.

④ 프레젠테이션 리허설 : 프레젠테이션은 여러 청중을 상대로 한 자기표현이다. 배우가 무대에서 쇼를 하는 것과 같다. 모든 공연에는 리허설이 있듯이 프레젠테이션을 하기 전에는 리허설을 거치는 것이 좋다.

(4) 프레젠테이션 리허설의 핵심

① 자신의 프레젠테이션 내용을 스스로 잘 알아야 한다. 발표자가 이해하지 못하거나 수긍하지 못하는 아이디어와 주제를 청중이 받아들일 리 없다.

② 발표 과정을 재확인해야 한다. 순서가 뒤바뀌거나 발표내용의 초점이 없고, 발표 간격이 길면 청중들은 눈을 감아버린다.

③ 실제 상황으로 리허설을 진행해야 한다. 실제와 같은 공간에서 실제와 같은 장비(컴퓨터, 슬라이드, 프로젝트 빔 등)를 사용하고 실제와 같이 시간 배정을 한다. 이 단계에서 보조 도구들, 이를테면 무선 마우스, 레이저 포인터 또는 마이크로폰을 사용할 지 등도 결정하고 그에 따라 연습한다. 모든 도구의 사용법은 다시 숙지해야 한다.

④ 장비에 대한 문제가 없는지 재확인한다. 특히 외국 출장의 경우에는 전기 어댑터나 배터리 충전, 인터넷 환경 등을 미리 확인해야 한다.

⑤ 시간 활용을 철저하게 하도록 배정하고 테스트한다. 프레젠테이션은 시간 싸움이라 해도 과언이 아니다. 조금만 길어도 청중은 지루해하며 관심을 딴 데로 보낸다. 반대로 주어진 시간을 다 활용하지 못하면 어리석다. 리허설을 통하여 적절한 시간 배분이 이루어졌는지 세 번, 네 번 검토하고 확인한다.

⑥ 정전, 기계 오작동 등의 비상사태를 대비하기 위한 백업 플랜을 확인한다.

⑦ 발표 내용의 적절성에 대하여 다시 검토한다.

2. 문안 작성하기

① 마지막 슬라이드를 먼저 작성하라. 프레젠테이션 문안의 핵심은 간단명료함에 있다. 표현 문장도 간단명료해야 하지만 전체적인 논리전개도 간단명료하고, 주제도 간단명료해야 한다. 따라서 결론은 바로 주제 그 자체이어야 하고 그 결론은 늘 마지막 단계에서 확연하게 전달된다. 때에 따라서는 주제를 먼저 던져두고 발

표를 전개해도 무방하다. 어쨌거나 문안 작성 시에는 주제문을 먼저 만들어야 한다. 마지막 슬라이드를 먼저 작성한다는 기분으로 주제문을 먼저 만들어라.

② 서론, 본론, 결론의 순으로 얼개 짜기를 하라. 얼개 짜기는 일종의 설계도나 전략도를 만든다고 생각하는 것이 좋다. 어떤 순서로 발표를 해야 청중과의 싸움에서 승리할 것인지를 고려해야 한다.

③ 서론에서는 논제로 청중을 끌어들인 뒤 논제의 중요성을 제시한다.

④ 본론에서는 자신의 주장을 명료하게 제시하는 것이 바람직하다. 주요 내용이 한눈에 보이도록 문안을 요약하여 작성한다.

⑤ 본론에서 표, 그림, 동영상 등 필요한 자료를 삽입시킨다. 각 자료들은 발표 내용을 이해하는데 도움이 될 수 있도록 직접적 관련이 있는 것이어야 한다.

⑥ 결론은 미리 작성한 주제문을 활용한다.

⑦ 모든 문장에는 명료하고 확실한 어휘를 선택하여 사용한다. 각 문장은 단문으로 간결해야 한다.

⑧ 비유, 인용 등은 적절하면 효과가 배가하고 적절하지 않으면 반감된다.

⑨ 뜻이 명료하게 드러나도록 배열한다.

3. 프레젠테이션 발표하기

(1) 발표의 형식

❶ 자신감이 중요하다

발표 역시 표현의 하나이다. 나의 발견, 생각, 의견 등을 청중들에게 드러내고 그들이 나에게 동조하도록 만드는 것이 프레젠테이션 발표의 주목적이라면, 가장 중요한 점은 나에 대한 청중들의 신뢰이다. 자신을 신뢰하게 만들려면 무엇보다 스스로 자신감을 가져야 한다. 스스로 긍정적인 생각을 갖고, 입장할 때의 걸음걸이, 인사, 컴퓨터 작동 등 모든 과정에서 자신감과 카리스마가 우러나오도록 연출해야 한다.

❷ 표정과 제스처는 자연스럽게

발표의 가장 큰 적은 긴장이다. 지나친 긴장은 표정을 굳게 만들고 제스처를 어색하게 만든다. 가능한 얼굴의 표정과 손짓, 몸짓 등은 자연스럽게 보이도록 준비해야 한다. 만약 제스처에 자신감이 없다면 얌전하게 두 손을 아랫배에 모으는 것이 좋다.

❸ 억양에서 우러나오는 신뢰감

프레젠테이션 발표는 시각적인 도움을 많이 받지만, 직접 청중과 접촉하는 것은 발표자의 목소리이다. 전체적인 발표의 내용과 단계를 미리 고려하고, 각 단계마다 목소리의 크기와 억양을 어떻게 조절할지 설정을 해두어야 한다. 신뢰감이 묻어나는 억양을 연출하도록 연습하되, 내용의 변화에 맞추어 억양도 조절하도록 하자.

❹ 청중들과 눈을 맞추라

발표 시에 청중들과 호흡을 함께 하는 것은 설득력을 높이는 데에 중요하게 작용한다. 가능한 청중들과 눈을 맞추도록 하자. 천장만 보고 말한다든지, 손에 들고 있는 준비된 자료만 보고 말한다든지, 혹은 컴퓨터의 화면만 보고 있다든지 하는 태도는 청중들의 호응을 이끌어낼 수 없다. 청중들을 바라보고 시선을 맞추는 일이 어색하다면 몇 사람만 골라서 그들과 눈을 맞추는 방법도 유효하다.

❺ 컴퓨터 뒤에 숨지말라

프레젠테이션은 컴퓨터로 작동하는 화면을 청중들에게 제시한다. 청중들은 화면과 발표자를 번갈아 보면서 발표를 들을 것이다. 흔히 발표자들은 컴퓨터가 만들어내는 화면 뒤에 숨어서 간신히 목소리만 던져주곤 한다. 컴퓨터 화면에 모든 것을 맡기지 말고, 앞에 나서서 자신이 주인이 되어 발표하도록 하자. 그러면 신뢰도가 더욱 높아질 것이다.

❻ 옷차림과 외모 가꾸기

정장을 입을지 평상복을 입을지는 발표 당시의 분위기에 따라 다르지만, 가능한 정장을 갖추는 것이 무난할 것이다. 정장은 대부분 거부감을 갖지 않을 정도의 무난한 것이 좋은데 그래야 깔끔하고 정중해 보일 뿐만 아니라 청중들을 존중하는 의미도 지니기 때문이다. 마찬가지로 모든 외모에서 청중들이 불편하다는 느낌을 갖지 않도록 배려하는 것이 바람직하다. 또 시작과 마무리의 인사도 최대한 정중하게 하도록 한다.

(2) 발표의 내용

❶ 처음 30초가 승부를 좌우한다

발표에서는 첫 시작이 중요하다. 흔히 처음 30초가 전체의 분위기를 좌우한다고 한다. 그만큼 처음 시작 단계에서 청중의 시선을 붙잡아내는 것이 중요하다는 뜻이다. 그래서 도입 내용이 흥미로워서 청중의 눈길을 끌어야 한다. 적절한 유머로 시작하든지 시사적인 문제로 시작하는 것도 좋은 방법이다.

❷ 유머는 짧게, 의미 있게

처음 시작을 유머로 이끌거나 중간 부분에서 수시로 유머를 삽입하는 것은 청중들과 호흡을 함께 하는 데에 도움이 된다. 그러나 그 유머는 늘 발표 내용과 관련이 있어야 가치를 가진다. 또 유머가 너무 길면 전체 발표 내용의 전달에 도움이 되지 않으므로 짧게 하는 것이 좋다.

❸ 시작 5분 안에 결론이 드러나게 하라

학술적인 논문은 가능한 논거와 입증을 거친 연후에 귀납적으로 결론을 도출하는 것이 좋다고 한다. 그러나 프레젠테이션 발표는 현장에서 자기주장을 강하게 드러내어야 하므로 대부분 결론을 미리 강조하는 게 효과적이다. 시작 5분 안에는 자기의 결론이 무엇인지를 분명하게 밝히는 기회를 갖도록 하자.

❹ 핵심 내용을 효과적으로 재강조하자

글을 읽는 것과 달라서 발표에서는 청중들이 빠르게 말을 듣고 이해하거나 판단해야 한다. 그런 상황에서 모든 발표 내용을 다 받아들일 수 없다. 보통 사람들은 발표를 다 듣고 나면 90%는 잊어버리고 10% 정도만 기억한다고 한다. 그러므로 기억할 10%

가 핵심적 내용이 되도록 유도하는 것이 좋다. 그러려면 핵심적 내용을 효과적으로 반복, 강조하는 방식으로 발표를 구성해야 할 것이다.

❺ 비유와 논거 제시가 장황하지 않도록 하자

자신의 주장을 강화하기 위해서 비유법을 사용하거나 예시를 나열하거나 다른 방법으로 논거를 제시하는 일은 무척 중요하다. 그러나 지나치게 주관적으로 자기 입장을 옹호하려다 보면 그 논거제시의 과정이 지나치게 장황해질 때가 있다. 그런 경우에는 오히려 역효과를 낳고 만다. 모든 발표 내용은 장황해지지 않게 준비해야 한다.

❻ 시간은 반드시 준수하라

모든 프레젠테이션 발표 시에는 주어진 시간이 있게 마련이다. 파워포인트 문안을 작성할 때에도 그 발표시간을 고려해야 하고, 발표 상황에서도 미리 설정된 준비시간과 발표시간이 어긋나지 않도록 주의를 기울여야 한다.

(3) 발표시 유의할 사항

❶ 성실하지 못한 발표 자세

단정한 용모, 성실한 태도, 정중한 인사 등이 필요하다.

❷ 뒷짐 또는 호주머니에 손 찌르기

프레젠테이션에서 가장 어려운 것은 손 처리이다. 뒷짐을 지거나 호주머니에 손을 찌르면 청중들에게 거부감이 생긴다. 손은 제스처를 할 수 있도록 배꼽 앞에서 자연스럽게 잡는 자세가 좋다.

❸ 긴장감 때문에 생기는 잘못된 버릇

손에 볼펜을 들고 돌리거나 다리를 떨거나 몸을 자주 움직이는 동작들은 긴장하고 있음을 드러낸다. '에~, 저~ 음~' 등 불필요한 말들, '굉장히~, 너무~' 등 과장하는 부사어들의 사용도 잘못된 말버릇이다.

❹ 스크린만 처다 보면서 내용 읽어주기

청중에 눈길을 주지 않고 내용 쫓기에 다급하면 청중들은 신뢰감을 갖지 않는다. 자연스러운 시선처리가 중요하다. 그러려면 내용을 충분히 파악하고 있어야 한다.

❺ 청중과 시선 회피하기

천장만 보고 말하거나 발밑만 보고 말하면 청중과 시선을 교환할 수 없다. 발표 시간 90% 이상 청중과 시선을 마주칠 수 있도록 하되, 몇 사람 정해놓고 일대일로 눈을 맞추는 것도 요령이다.

❻ 지나치게 긴 프레젠테이션

지나치게 자세한 설명은 청중으로 하여금 지루하게 만든다. 핵심 내용 중심으로 간결하고 명확하게 설명한다.

❼ 한 자리에 가만히 서있기

가만히 서서 발표를 하면 경직되어 보인다. 적절한 동작과 표정을 활용하는 것이 좋다.

❽ 동어반복 답하기

질의응답에서는 청중의 질문에 친절하게 답하되, 요약적으로 답하는 것이 좋다. 앞에서 발표한 내용을 다시 반복하기 쉬운데, 이는 자신감이 없음을 드러낸다.

❾ 리허설 생략하기

단 한 번의 실수도 청중은 용납하지 않는다. 모든 과정을 철저하게 리허설하라.

❿ 지나친 위트나 유머

재치 있는 발언이나 유머는 효과적이지만 지나치면 오히려 관중을 빈정대는 듯이 보인다. 주제와 관련이 있으면서 짧고 품위 있는 유머를 개발해두라.

4.2.1. 일반 기업체에서 자체 평가를 위해 사용하는 방법 중 SWOT라는 것이 있다. S(strength)는 '강점', W(weakness)는 '약점', O(opportunity)는 '기회', T(treatment)는 '대응'이란 뜻이다. 예를 들어 종합상사 기러기주식회사는 자기 평가 결과를 다음과 같은 표로 정리할 수 있다.

S 1. 신흥회사로서 직원들이 젊다. 2. 새로운 아이디어가 많다. 3. 영역을 넓힐 수 있는 여지가 많다.	O 1. 정부의 중소기업 지원이 늘었다. 2. 세계화에 맞추어 교역이 늘었다. 3. 새로운 아이템에 대한 호감도가 높다.
W 1. 자본금이 충분하지 못하다. 2. 금융기관의 신용도가 높지 않다. 3. 직원들의 경험이 풍부하지 못하다.	T 1. 정부시책에 맞는 상품개발 2. 중소기업 지원책 활용으로 자본금 충당 3. 직원들의 연수 강화

이와 같은 방법으로 자기 자신을 평가하면 어떨까? 자신이 취업을 앞두고 있다 가정하고, 자신이 갖고 싶은 일자리에 취업하기 위해 스스로 자신의 강점과 약점, 자신의 기회와 대응전략들을 예상해서 만들어 보자. 그 다음 그 내용을 중심으로 취업을 위한 면접시험에서 5분간 자기소개 프레젠테이션을 하기 위한 파워포인트 문안을 작성해 보라.

회사는 [　　　　　▼　　　　　] 이다

Ⅲ. 자기소개서 쓰기

1. 자기소개서란?

자기소개서는 이력서와 함께 채용을 결정하는 데 있어 중요한 문서이며, 채용 시 반드시 제출해야 하는 서류이다. 이력서가 개인의 객관적인 정보를 적어 넣는 곳이라면, 자기소개서는 인사담당자에게 한 개인을 보다 상세히 알릴 수 있는 자료이다. 따라서 대다수의 기업은 이력서와 함께, 자기소개서를 통하여 1차적으로 채용 여부를 판단한다. 이 경우 자기소개서를 통하여 지원자의 대인관계, 조직적응력, 성격, 인생관, 장래성 등을 살펴볼 뿐 아니라, 문장 구성력, 글쓰기의 논리성, 표현력, 어휘력 등까지 점검하게 된다.

인사담당자는 자기소개서를 읽다가 시선을 끌거나 중요한 부분에 대해서는 표시를 해 두었다가 면접 시 질문의 자료로 활용하기도 한다. 대부분의 지원자들이 여러 개의 기업에 자기소개서를 제출하게 되는데, 그 때마다 해당 기업의 특성에 따라 자기소개서를 조금씩 수정하여 제출하는 것이 일반적이다. 따라서 자기소개서는 사실에 입각하여 작성하여야 혼동되는 것을 방지하고, 면접 시 실수를 최소화할 수 있다. 즉, 이력서나 자기소개서의 내용이 면접 시 답변 내용과 다를 경우, 신뢰성에 문제가 있다고 판단될 수도 있는 것이다.

2. 자기소개서 작성시 유의사항

(1) 문장은 간결해야 한다

할 이야기는 하되, 너무 길게 늘어놓지 않는다. 또한, '그리고, 그리하여, 그러므로' 등의 접속사가 너무 많이 들어가지 않도록 한다. 분량이 정해져 있다면 맞추어서 작성하고, 그렇게 않다면 1장~2장(A4기준/폰트 11정도, 줄간격 160정도) 정도가 적당하다.

(2) 과장을 피하고 솔직하게 쓴다

남에게 보이기 위해서 거짓된 내용을 담아서는 안 되며, 자신을 지나치게 미화시켜서도 안 된다. 자칫하면 면접과정에서 심도 있게 질문을 받아 자신의 거짓이 드러날 수 있기 때문이다. 가능한 한 솔직하게 자신을 표현하는 것이 무난하다.

(3) 시간을 가지고, 여러 번의 수정과정을 거친다

자기소개서는 내용을 작성하여 바로 쓰지 말고, 초고를 작성해 여러 번 수정·보완을 한 뒤 본격적인 작성에 들어가는 것이 좋다. 잘못 써서 고치거나 지우거나 하는 일이 없도록 충분한 연습을 거쳐 주의해서 써야 하며, 또한 자필로 쓸 경우에는 필체가 안 좋은 경우라 하더라도 정성을 들여 또박또박 정자로 오자 없이 쓰는 것이 좋다.

3. 자기소개서 작성 방법

자기소개서에 일정한 형식이 있는 것은 아니지만, 지면으로 자기를 소개하는 것이므로 자신의 자질을 알리는 데 효과적인 내용을 개성 있는 필체로 작성하여, 보는 이로 하여금 개성 있는 인상과 인간적인 공감을 줄 수 있도록 하는 것이 중요하다.

(1) 개인의 성장과정 또는 경력

특별한 경력이 없을 경우, 기본적인 성장 과정을 기술한다. 이 경우, 성장과정을 시간대별로 나열하는 것은 좋지 않다. 지금의 나의 적성, 나의 성격, 마인드, 인생관 등이 형성된 이유를 성장과정을 통해서 기술하는 것이 좋다. 즉, 일반적이거나 평범한 이야기보다는 자신의 뚜렷한 개성이나 장점 또는 강한 의지를 내보일 수 있는 내용들을 언급하라는 뜻이다. 이를테면, 남들이 관심을 기울이지 않던 새로운 학문분야에 대한 흥미나 관심, 그리고 그것을 선택한 결단이라든가, 가정형편이 어려워 부모나 형제들을 돌보면서 어렵게 공부해 온 경험이라든가, 여하튼 설득력 있는 이야기로 읽는 사람의 공감을 불러일으킬 수 있는 내용들이면 좋다. 그리고 경력이 있을 경우, 성장과정을 언급하기보다는 경력 위주로 언급하는 것이 더 좋은 경과를 가져올 수 있다.

경력자의 경우, 경력증명서를 반드시 첨부하자.

(2) 자신의 성격과 장단점

자신의 성격을 장·단점으로 구분해서 분명하게 얘기하기는 어렵다. 그러기 위해서는 무엇보다 자기 자신을 잘 알고 있어야 하기 때문이다. 가능하다면 자신의 단점까지도 이야기할 수 있고, 또 그것의 개선을 위한 노력의 의지도 보여줄 수 있어야 한다. 자신의 좋은 점이나 특기사항은 자신 있게 밝히고, 아울러 단점에 대한 언급과 함께 그것을 고쳐나가기 위한 노력 등도 이야기하는 것이 좋다. 이러한 태도는 자신의 개성과 함께 강렬한 인상을 심어줄 수 있기 때문이다.

자신의 장점이나 특기를 언급할 때는 외국어 능력, 리더십, 업무수행상 도움이 될 수 있는 능력 등을 자신의 체험과 함께 언급하는 것이 좋다. 또한, 이 부분은 면접시에도 자주 질문하는 부분이므로 반드시, 조리있게 답변할 수 있도록 준비해 두자.

Tip

구체적으로 기술하라!

일상적인 어투로 시작하지 말아야 하며 자신만이 느끼는 감정이 들어 있어야 한다. 가령 "음악에 소질이 있어 부모님의 만류에도 계속 음악을 해서…"라든가, "공부를 계속하고 싶었는데 집안형편이 어려워 집안을 돕기 위해 직업전선에…" 등등 성장과정에서 느꼈던, 즉 상대방에게 공감을 줄 수 있는 자신만의 의견, 감정이 구체적으로 제시되어야 한다. 과다한 수사법을 쓴다던가, 지나치게 추상적인 표현, 부정적인 인생관이나 사회관을 이야기한다던가, 또는 타인을 비방한다던가 하는 내용은 하지 않는 것이 좋다.

(3) 입사 동기

자기소개서 부분 중에서 가장 중요한 부분이라 할 수 있다. 가끔, 중소기업에 입사 지원할 경우, 입사 동기를 생략하거나, 막연하게 기술하는 경우가 있는데, 이것은 서류

전형에서 치명타가 될 수 있다.

결코 작은 기업이라 하여 허술하게 작성하는 일은 없어야겠다. 따라서 입사 지원동기를 기술할 때는, 기업체의 규모에 관계없이 해당 기업과 직무에 연관이 있는 내용을 함께 언급하는 것이 좋다. 만약 없다면, 반드시 입사 지원 이유를 찾아내야 한다. 이를 위해서는 평소에 신문이나 해당기업에 대해 어느 정도 연구가 필요하다. 흔히 동기가 확실치 않으면 성취의욕도 적어 결국 좋은 결과를 기대할 수 없다고 한다. 때문에 뚜렷한 지원동기를 밝혀, 입사 후에도 매사에 의욕적으로 일에 임하게 될 것이라는 인상을 심어줄 필요가 있다.

(4) 장래목표 및 포부

어떠한 인사 담당자도 막연하게 '열심히' 또는 '꾸준히' 등의 표현은 좋아하지 않는다. 반드시, 본인의 인생관이나 가치관에 가지고, 5년, 10년 후 정도의 포부를 정확히 밝히는 것이 좋다. 이 경우 다음의 사항을 주의해야 한다. 장래목표, 전공, 입사회사의 특성, 입사지원 동기 등이 일관성을 유지하면서, 상호관계를 가져야 한다. 또한, 그 장래목표를 이루기 위해 구체적인 계획이나 방법이 기술하면 더 좋은 점수를 받을 수 있다.

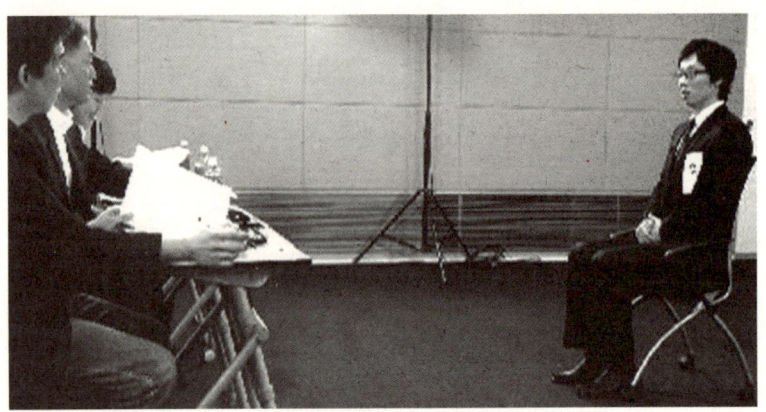

〈면접 장면〉

4. 자기소개서 작성의 실제

자 기 소 개 서

일반 사무관리 – 신입

1. 성장과정

역지사지(易地思之)

　누구나 그렇듯이 인자하시고 그러나 때론 엄하셨던 아버지와 모든 것을 다 주셔도 아직 더 줄 것을 찾고 계신 어머니의 건강한 아들로 태어났습니다.

　어릴 적 부모님께서는 "역지사지(易地思之)"를 강조하시어 항상 처지를 바꾸어서 생각하는 것, 즉 상대방 입장에서 공감 할 수 있는 도량을 가지라고 말씀 하셨습니다. 또한 부모님께서 가장 중요시하는 것은 가족 간의 사랑이었습니다. 이러한 가정에서 사랑받고 행복한 유년시절을 보냈을 뿐만 아니라 스스로 매사에 노력한 ○○년의 성장과정은 세상을 살아오며 부끄럼 없는 인생이었다고 자부합니다.

　이에 따라 본인이 지금까지 살아온 부끄럼 없는 인생과 절제된 인생을 귀사의 면접을 통해 확인해 주신다면 분명 만족할 수 있는 인재의 모습을 보여 드릴 것이라 확신합니다.

2. 성격 및 생활신조

끊임없이 항상 배우고 노력하자

　가장 자신 있게 말할 수 있는 것은 '끝을 보는 완벽함'과 남에게 믿음을 줄 수 있는 '신뢰'입니다. 실제 초, 중, 고, 그리고 대학시절까지 단 한 번도 결석과 지각을 하지 않았을 정도로 생활에 있어 완벽함을 추구하는 스타일의 성격입니다.

　물론 이러한 완벽함이 단점일 수 도 있으며 또한 인간적이지 못 할 수도 있습니다. 그러나 21세기는 분명 사람에게도 상품처럼 몸값이 정해지는 세상이며, 그 몸값은 현재의 능력과 직업으로 판단되는 것이 아니라 앞으로 무엇을 할 수 있느냐에 따라 결정된다고 생각합니다.

　그러므로 현실에 안주하지 않는 성실함을 바탕으로 완벽함을 추구하여 "끊임없이 무언가를 배우고 노력"하는 자세가 필수적이라 생각합니다.

더욱이 이젠 학교 졸업장만으로 안전지대에 들어설 수 없기 때문에 배운 전공을 기본으로 더욱 많은 분야의 지식을 학습하여 본인의 지식 사각지대를 찾아 메워가는 끊임없는 자기계발 노력에 힘써야 합니다. 이처럼 철저한 자기 경영을 통해 미래를 준비할 수 있는 인재가 바로 귀사에 지원하는 ○○○이라 자신 있게 말씀드립니다.

3. 학창시절

대학교 편입과 영국 어학연수

저는 탁구를 좋아하는 초등학생에서 중학교를 거쳐, 훌륭한 기술자가 되겠다는 마음으로 고등학교는 공업고등학교에 진학하였습니다.

이런 저의 꿈으로 진학한 공업고등학교에서 본연의 학업에 충실하여 국내 최연소 "고압가스 화학 기능사" 자격증을 취득하는 등 열심히 학생생활을 하였으나 실제 공업고등학교의 현실은 저의 꿈을 실현하기에 조금은 부족했기에 방황 아닌 방황의 시간도 있었습니다. 그러나 고교시절 경험한 방황의 시간들은 오히려 저를 더욱 강건하게 만든 계기가 되었을 뿐만 아니라, 제가 대학에 진학하게 된 동기를 부여해 주기도 하였습니다.

이에 공업고등학교를 졸업한 직후 ○○산업대학 화학공업과에 입학 하여 본격적인 저의 인생 도전기가 시작하게 되었습니다. 먼저 ○○산업대학 화학공업과를 2년간 마친 후 군에 입대하였으며 무사히 ○○○○년 ○○월 ○○일 병장으로 만기 제대하였습니다.

이후 군에서 다양한 선, 후임병을 만나며 학구열에 대한 강한 의지를 함양할 수 있었으며 이러한 의지는 ○○대학교 경영학과로 편입하게 하는 힘이 되었습니다. 물론 주변에서는 전공학과를 변경하여 편입학 한 것에 대한 부정적 견해도 있었으나 개인적인 생각에 편입학은 더 넓은 세상을 보기 위한 자기계발의 도전이라 생각합니다.

편입학 후 또 다시 외국어에 대한 도전으로 ○○○○년 ○○월 ○○일 영국으로 12개월간 어학연수를 다녀와 외국의 문화와 언어를 배웠으며 이를 통해 현재는 외국인과의 인터뷰에도 큰 어려움이 없는 영어 실력을 쌓을 수 있었습니다.

4. 지원동기 / 입사 후 포부

회사와 고객의 요구를 파악해 신속히 대처하는 인재

그동안 제가 배워온 경험한 지식들이 부족할 수도 있으며, 아직 다듬어지지 않아 실수가 있을 수도 있습니다. 그러나 분명한 건 계속하여 배우고 노력하려는 자세가 미래를 준비하는 인재의 모습이라고 생각합니다. 그렇기에 어떤 일이든 주어진 일에 대한 열정과 배움의 자세만 있다면 귀사의 인재상에 어울린다고 생각하며 더욱이 공고에서 공대로, 다시 인문대로 편입하며 습득한 다양한 지식들은 귀사로부터 부여받는 어떠한 소임도 충실히 수행할 수 있는 밑거름이 되어줄 것입니다. 이에 귀사에 지원하여 제가 가진 능력을 발휘하고자 합니다.

귀사와 미래를 함께 할 수 있다면 주력 사업인 자동차 부품 분야의 제반 업무를 측면 지원하여 궁극적으로 귀사가 글로벌 경쟁력을 갖춘 세계적 기업으로 도약할 수 있도록 무한질주하는 인재가 될 것을 약속드립니다.

4.3.1. 다음 양식에 맞추어 입사 지원을 위한 자기소개서를 써 보고, 다른 사람과 교환하여 서로 면접관이라 생각하고 평가하여 보자. 단 지금이 아니라 10년 후의 자기소개서로 가상하여 보자.

자 기 소 개 서

I. 성장과정

II. 본인 성격의 장 / 단점

III. 지원동기

IV. 입사 후 포부

위 기재한 내용에는 틀림이 없습니다.

○○○○년 ○○월 ○○일

작 성 자 (인)

IV. 이력서 쓰기

1. 이력서란?

이력서란 취직을 위한 면접의 기회를 얻기 위해 회사 등 조직에 제출하는 개인의 신상정보, 학력, 경력 능을 시간 순으로 요약 혹은 나열한 문서이다. 영어로 '리주메(Résumé)'라고 하며 'curriculum vitae'를 줄여 'CV'라고 부르기도 한다. 문구점에 있는 서식 1호 양식을 이용하여 적는 것이 흔했지만, 인터넷의 발전에 힘입어 인터넷 이력서도 많이 사용되고 있다.

채용기관의 채용 담당자가 어떤 사람을 채용하기 위해서 처음으로 접하는 문서가 바로 이력서이다. 이러한 이력서를 가지고 앞으로 면접을 더 볼 것인지를 결정하게 된다. 입사를 위한 지원서인 입사지원서와 구별하여 이야기하기도 한다.

일반 목적의 이력서에는 신상정보, 학력, 경력 등 간단한 정보만이 들어가지만 목적에 맞게 작성하는 이력서도 있다. 이러한 이력서에는 자신의 직무 적합성을 위한 경력 기술, 직무 경험 등을 상세히 기록하기도 한다.

2. 이력서 작성 과정

(1) 취업 시장(일자리)의 파악

이력서를 작성하기 위해서는, 그 전 과정에서의 작업이 필요하다. 우선 필요한 것이 취업시장을 파악하는 일이다. 그래야만 이력서를 읽을 상대에 맞춰 작성할 수 있기 때문이다. 어떤 분야나, 어떤 직업에 일자리가 있는지에 대해 충분히 알아보고, 자신이 가야하는 방향을 결정하라.

(2) 고용주 입장의 고려

고용주 입장에서 생각해 보면 그들이 무엇을 원하는지 알 수 있다. 그들은 대상자가 어떤 일을 한 적이 있는지('전에 임무를 맡은 적이 있나?'), 소질을 보여줄 수 있는 어떤 성과를 냈는지('그들이 무엇을 원하는 지에 대해 알고 있나?'), 자신들이 원하는 바와, 그 일에 대해 정확히 이해를 했는지에 대해 궁금해 한다. 하지만 또한 고용주들은 모든 이력서를 꼼꼼히 따져 볼 시간이 충분치는 않다. 따라서 말하고자 하는 바에 초점을 맞추고 정확히 기술해야 한다. 말하고자 하는 부분이 분명히 드러나 있어야지, 그 부분을 일일이 찾아야만 알아볼 수 있게 해서는 안 된다.

(3) 첫 반페이지의 노출

자신의 가장 중요한 '셀링 포인트'(selling point, 채용해야 하는 이유)가 처음 반 페이지에 드러나 있어야 한다. 따라서 처음 반 페이지에 최대로, 기술할 수 있는 만큼, 자신의 셀링 포인트를 기술해야 한다. 또한, 이력서는 짧게 쓰도록 한다. 2~3장을 넘어서는 안 된다. 왜냐하면 그들은 첫 장이나 둘째 장 정도만 훑어보기 때문이다. 따라서 모든 기술은 짧고 간결히 해야 한다. 이력서를 자서전같이 구체적으로 쓰면 안 된다. 짧은 묘사를 통해 그들이 상대를 더 알고 싶게끔 만들 필요가 있는 것이다.

(4) 구성하기

이제 이력서에 무엇을 어떤 순서로 넣어야 하는지에 대해 알아보자. 가장 먼저 작성해야 할 것은 이름과 주소, 연락처, 국적, 생년월일이다. 그런 다음 이메일과 휴대폰을 제대로 적었는지 다시 한번 확인한다. 연락을 했을 때 바로 받을 수 있게 하는 것이 중요하다.

(5) 프로필

다음 단계에는 프로필을 적는다. 프로필에는 본인이 누구인지, 본인의 정(주)체성이 무엇인지에 대한 확실한 답을 작성한다. 예를 들면, '저는 ○○○ IT회사의 영업부장이며, 저는 3개국을 대상으로 어떻게 하면 (회사의) 판매 목표를 달성할 수 있는지에 대해 분석해 왔습니다'라는 식으로 자신이 누구인지를 짧고 분명하게 말한다.

(6) 전문적 기술의 작성

그 다음은 본인이 가진 전문적인 기술(기능)에 대한 작성이다. 이미 자기가 누구인지를 밝혔고, 이 부분에서는 자기가 무엇을 잘 할 수 있는지에 대해 작성하는 것이다. 따라서 고용주가 흥미를 가질 수 있는 자질이나 기술에 밑줄을 그어, 눈에 띌 수 있게 한다. 이 부분은 직업을 바꿀 때 아주 유용하게 쓰인다. 4~6가지 기술을 적고, 그 기술이 어떤 것인지에 대해 명확히 제시한다.

(7) 경력

이 부분에서는 여러분이 가졌던 직업과 회사, 직업에 대한 상세 내용을 기술한다. 여기서 중요한 점은 이전의 직업에 대한 세부 사항을 짧고 분명하게 하는 것이다. 왜냐하면, 세부 사항은 고용주가 별로 알고 싶어 하지 않는 부분이기 때문이다. 중점을 두어 작성해야 하는 부분은 그 직업에서 자기가 이뤄낸 성과이다. 그냥 그 직업에 대한 기술만을 할 것이 아니라, 그 직업에서 이뤄낸 성과가 무엇이었는지에 대해 작성한다. 무엇을 했고, 어떠한 위기상황(문제점)에서 어떤 일을 달성했는지를 밝히는 것이다. 예컨대 새로운 시스템을 도입하는 데 기여했다거나, 더 많은 고객을 유치했거나 하는 것을 작성한다. 이러한 부분이 본인의 이력서를 돋보이게 할 것이다.

3. 이력서 작성시 필수항목 작성법

① 성명 및 생년월일 : 성명은 한글과 한자 모두 적고, 성명 뒤에는 도장을 찍는다. 생년월일을 기재하고 만 나이를 기재한다.

② 연락처 : 직접 연락이 가능한 전화번호를 기재한다.

　(예) 본인의 핸드폰 / 집전화번호 기재

③ 현주소 및 본적 : 현주소는 본인이 현재 거주하고 있는 주소를, 본적은 호적이 있는 주소를 쓴다.

④ 호적관계 : 호주의 성명과 호주와의 관계를 적는다. 호주는 대개 부친일 경우가 많으며 호주와의 관계는 부모의 입장에서 본인과의 관계를 기재하면 된다.

⑤ 학력 : 통상 고등학교 입학 때부터 최종학력까지를 기재한다. 남자의 경우, 군복무를 포함하여 기재 한다.

⑥ 경력사항 : 업무와 관련된 경력을 위주로 최근의 것부터 기재한다. 기간과 관계 기관명 등도 명기한다.

⑦ 특기 및 상벌사항 : 자신의 장점을 잘 보여줄 수 있는 특기나 교내외 행사 및 대외 수상경력, 외국어 관련 수상경력, 언어 연수 등을 기록한다.

⑧ 사진 : 3개월 이내에 촬영한 것으로 단정하고 밝은 인상을 주는 사진을 붙인다.

⑨ 마무리 : 이력서의 마지막에는 '위와 내용이 사실임을 증명함', '위와 같이 틀림없음' 등의 문구를 기입한 후 하단에 작성년월일, 본인 성명을 서명한 후 날인하여 마무리한다.

Tip
이력서 작성시 기본 원칙
① 간결하게 : 이력서에는 불필요한 수식어를 넣지 말라.
② 솔직하게 : 절대 거짓으로 쓰지 말라.
③ 사진을 최근 것으로 : 깔끔하게 차려입은 증명사진을 사용하라.
④ 최대한 장점을 표현하라 : 본인이 가지고 있는 자격증, 어학수준, 경력 등을 최대한 표현하라.

4. 이력서 작성의 예

사 진	성 명	한글 : 김지혜 한자 : 金智慧	주민등록번호	
			900109-2000000	
	생년월일	서기 1990년 1월 9일생 (만 18세)		
	연 락 처	010-8765-4321	E-Mail	kjh123@hanmail.net
주 소	서울시 강서구 마곡동 7-6 서경아파트 102동 802호			

년	월	일	학 력 및 경 력 사 항	비 고
2005	3	1	명덕여자고등학교 입학	
2008	2	23	명덕여자고등학교 졸업	
2008	3	2	서경대학교 국어국문학과 입학	
2008	11	9	자격증 취득-워드프로세서 1급	대한상공회의소

이력서의 모든 기재 내용은 사실과 틀림이 없습니다.

2008년 12월 21일

작 성 자 : 김 지 혜   ㉑

4.4.1. 다음 양식에 맞추어 자신의 20년 후 자신이 어떤 과정을 거쳐 어떤 위치에 있을지 가상해 보고, 20년 후의 자기 이력서를 작성해 보자.

사 진	성 명		주민등록번호	
	생년월일 서기 년 월 일생 (만 세)			
	연 락 처		E-Mail	
주 소				
년 월 일	학 력 및 경 력 사 항			비 고
이력서의 모든 기재 내용은 사실과 틀림이 없습니다. 200 년 월 일 작 성 자 :　　　　㊞				

V. 공문서 작성법

1. 공문서의 개념

(1) 공문서의 정의

공문서란 행정기관 내부 또는 상호간이나, 대외적으로 공무상 작성 또는 시행되는 문서 및 행정기관이 접수한 모든 문서를 의미한다. 즉, 문서의 문자 또는 기호를 사용하여 어떤 특정인의 구체적 의사를 연속적인 상태로 표시한 것이라 할 수 있다. 기관의 정책사항은 그 기관의 의사 결정과 표시로서 나타나며, 기관의 의사는 특별한 경우를 제외하고는 문서의 형태로 표시되는데, 이것이 곧 공문서이다. 공문서는 사문서에 대응되는 말로 공문서 중에서 특히 공증인이나 법원사무관 등이 공증문구를 붙여서 작성한 것이 '공정증서'이다. 공증인이 사문서를 인증한 경우와 같이 사문서와 공문서가 병존하고 있는 경우도 있다.

한편 공문서는 각급 기관이 그 직무상 작성·시행·보존하는 등 행정기관의 활동과정에서 생산된다. 따라서 공문서가 유효하게 성립되기 위한 일반적 요건은 다음과 같다.

〈공공기관에서 사무를 보는 모습〉

① 당해 기관의 의사표시가 명확하게 표시될 것
② 내용적으로 위법·부당하거나 시행 불가능한 사항이 없을 것
③ 당해 기관의 권한 내 사항 중에서 작성될 것
④ 법령에 규정된 절차에 따라 형식이 정리될 것

(2) 문서의 필요성

'모든 사무는 문서에서 시작하여 문서로서 끝난다.'고 할 수 있다. 오늘날 사무자동화기기 등 사무활동 매체가 급격히 발전하고 있으나 기본적인 매체는 역시 문서인 것이다. 문서의 주요 기능은 의사 전달과 의사 보존이라고 할 수 있으며, 일반적으로 다음과 같은 경우 문서가 필요하다.

① 내용이 복잡하여 문서가 없이는 당해 업무의 처리가 곤란할 때
② 사무처리결과의 증빙자료로서 문서가 필요할 때
③ 사무처리의 형식상 또는 체제상 문서의 형식이 필요할 때
④ 사무처리에 대한 의사소통이 대화로는 불충분하여 문서에 의한 소통이 필요할 때
⑤ 사무처리의 결과를 일정 기간 동안 보존할 필요가 있을 때

(3) 문서 처리의 원칙

① 즉일 처리의 원칙 : 문서는 내용 또는 성질에 따라 그 처리기간이나 방법이 다를 수 있으나 효율적인 업무수행을 위하여 그날로 처리하는 것이 바람직하다.

② 책임 처리의 원칙 : 문서는 여러 단계를 거쳐 처리되므로 정해진 사무분장에 따라 각자가 직무의 범위 내에 서 책임을 가지고 관계규정에 따라 신속·정확하게 처리하여야 한다. 문서처리에 있어서 어느 선까지 결재를 받을 것인가 또는 내용에 따라 과와의 관련성 등을 고려하여 필요한 조치를 하여야 하며, 문서시행 후 기관내부의 다른 과와 의사불일치로 인하여 행정업무 추진의 통일성·일관성 이

결여되지 않도록 하여야 한다.

③ 법령 적합의 원칙 : 문서는 법령의 규정에 따라 일정한 형식 및 요건을 갖추어야 함은 물론 권한 있는 자에 의해 작성·처리되어야 한다. 따라서 중요한 요건을 결함으로써 문서의 신뢰성을 저해하거나 법령위반 등의 문제가 발생하지 않도록 하여야 한다.

(4) 공문서의 유형

① 법규문서 : 조문 형식에 의해 작성하며, 연도순으로 일련번호를 사용한다.

② 훈령, 예규 : 조문 형식 또는 시행문 형식으로 작성하며, 연도순으로 일련번호를 사용한다.

③ 지시 : 조문 형식에 의해 작성하며, 연도표시로 일련번호를 사용한다.

④ 일일명령 : 시행문 형식 또는 회보 형식에 의해 작성하며, 연도별로 일련번호를 사용한다.

⑤ 고시, 공고 : 공고문서는 일정한 형식 없이 내용과 목적, 방법에 적합한 형식으로 작성하고 일련번호 사용한다.

⑥ 일반문서, 민원문서 : 시행문 형식에 의하고 형식이 정해진 경우에는 서식에 따라야 한다. 관리번호는 기관번호+분류번호+등록번호에 의거하여 정한다(보고서는 기안문 형식으로 작성한다).

2. 공문서의 형태와 구성

(1) 공문서의 구성 요소

❶ 두문

가. 발신기관명 : 문서를 발신하는 행정기관의 명칭을 최소 60~80mm로 정중앙

에 입력한다. 다음 줄에 기관의 우편번호 및 주소, 전화번호, 전자우편 주소, 팩스번호 등을 병기할 수 있다.

나. 분류기호 및 문서번호

- 기관기호, 분류번호, 문서등록번호(연도별 일련번호)
- 기관기호 : 문서 작성 기관명의 약호로 된 두 글자, 숫자인 경우 한글 표기한다.
- 분류번호
  −1차 분류번호 : 앞의 두자리
  −2차 분류번호 : 셋째 자리
  −3차 분류번호 : 넷째 자리
  −4차 분류번호 : 다섯째 자리
     예) 사자 12345-96 사자 : 사무자동화
        이오 12345-96 이오 : 감사원2국5과

다. 시행일자

보존기간 : 영구, 준영구, 10년, 5년, 3년, 1년

라. 수신란 : 경유, 수신, 참조

- 경유 : 경유가 없으면 발송은 경유에 기재된 기관으로 한다.
- 수신 : 수신처가 둘 이상이면 수신란에 '수신처 참조'라고 기재하고, 결문의 '수신처'란에 수신처를 기재한다.
- 참조 : 문서를 직접 처리할 주무 부서장을 찍는다.

❷ 본문

가. 제목 : 시행해야 할 업무를 대벼할 수 있는 어구 형태로 제시한다.

나. 내용 : 자세한 내용을 상대에게 말하듯이 '～습니다'체로 밝힌다. 아울러 필요한 경우 '아래' 또는 '다음'의 표시를 하고, 일시, 장소, 기간(기한) 등의 사항은 항목별로 제시할 수 있다.

다. 첨부물 표시 : 관련되는 자료들을 밝힌다.

❸ 결문

　　가. 발신명의 : 최대 문자의 길이는 80~120mm 이내로 한정한다.

　　나. 수신처란 : 두문 (라)항과 동일한 수신처를 다시금 밝힐 수 있다.

❹ 결재란

'결재'란 해당 사안에 대하여 기관의 의사를 결정할 권한이 있는 자가 그 의사를 결정하는 행위를 말한다.

　　가. 전결 : 기관의 장으로부터 사전에 결재권을 위임받은 자가 시행하는 결재를 말한다.

　　나. 대결 : 결재권자가 출장, 휴가, 기타의 사유로 상당기간 부재중일 때, 그 직무를 대행 할 수 있는 자가 대리로 하는 결재를 말한다.

　　다. 후결 : 대결한 문서의 내용이 매우 중요할 때에는 결재란 내 우측 여백에 '후열' 표시를 하여 실재권자의 결재를 받는 것을 말한다.

(2) 공문서의 작성 순서

① **목적의 파악** : 작성하는 목적, 즉 작성 이유, 기대 효과, 결재권자의 의도 및 지시 내용, 그리고 접수 문서의 내용 등을 정확히 파악한다.

② **정보수집과 선택** : 관계법령, 행정관례, 참고문헌 등을 찾아보고 작성목적에 따라 필요한 내용을 선택한다.

③ **초안** : 수집 및 선택한 정보를 가지고 기안 목적에 맞게 1차 개괄적으로 작성한다.

④ **본안** : 기안문의 중점 내용을 분명히 하여 문장을 구성하고, 상대방의 입장에서 이해하기 쉽게 표현하여 본 내용을 작성한다.

⑤ **확인** : 문서를 작성한 후 반드시 검토하여 잘못된 부분이나 불필요한 부분이 없는지 확인한다.

기안문 작성시 고려사항
① 내용을 정확하게 전달할 수 있어야 하며, 문장은 짧게 끊어서 개조식으로 쓸 것
② 주어와 술어의 관계를 분명히 하고, 애매모호한 표현은 피할 것
③ 신속성을 기하기 위해 결론을 먼저 내리고 설명을 해나가는 방식으로 할 것
④ 서식은 통일하고 읽기 쉽고, 이해하기 쉽게 표현할 것
⑤ 문서 용지의 규격이나 종이질은 표준화된 것을 사용할 것

(3) 공문서 작성의 기본 원칙

① **정확성** : 정확한 문법적 구성을 취하고 정확한 용어를 선택하여야 한다. 따라서 6하 원칙에 의거한 내용 작성과 문장부호에 신경 쓴다.

② **용이성** : 읽기 쉽고 알기 쉽게 표현하며, 가급적 전문용어, 어려운 한자, 은어, 비속어 등은 피한다.

③ **간결성** : 꼭 필요한 내용만 간략히 쓰고, 문장을 서술 나열하기보다 항목을 구분하여 쓰도록 한다.

④ **경제성** : 신속하고 경제적인 처리가 가능해야 한다. 용지와 서식을 통일하여 쓰고, 소속 기관에서 자주 쓰이는 문장을 익혀 둔다.

3. 공문서 작성의 절차와 방법

(1) 문서 번호

① **누년 일련번호** : 연도 구분없이 누년 연속되는 번호를 부여하는 경우로, 법규문서, 훈령, 예규의 관리번호에 사용된다.

② **연도표시 일련번호** : 연도표시와 연도별 일련번호를 붙임표(−)로 연결해서 표시하며, 지시문서와 공고문서에 사용된다.

③ **연도별 일련번호** : 연도별로 구분해서 매년 새로 시작되는 연도표시가 없는 일련번호이다.

(2) 용지 규정

❶ **공문서의 기본 규격**

한국공업규격(KS) A4(가로 210mm × 세로 297mm)를 기본 규격으로 하며, 특별한 사유가 없는 한 기안문이나 시행문 등 통상문서에서 사용한다.

❷ 장부 및 대장 규격

장부의 규격은 1~3종으로 구분하며, 1종은 210×297mm(A4), 2종은 182×257mm(B5), 3종은 257×364mm(B4)로 정해져 있다.

❸ 용지의 지질 및 중량

공문서의 지질 및 중량은 보존 기간, 활용 빈도, 재활용 여부 등을 기준으로 결정된다. 용도에 따른 지질과 중량은 대체로 아래와 같이 정해져 있다.

서식 용지의 용도	지질 및 중량
비치 카드, 상장, 통지서(엽서), 임용장, 휴대 또는 게시하는 각종 증서들	보존 용지(1종) 120g/m2
영구, 30년, 20년 보존문서 등 보존기간이 10년 이상인 기안 용지	보존 용지(1종) 70g/m2
보존기간이 10년 이상인 문서 보존기간 5년 이하인 서식 일반대장, 보고서	보존 용지(2급) 60g/m2 보존 용지(2급) 70g/m2 또는 일반(재활) 용지 60g/m2
각종 민원 신청서, 신고서, 통지서	일반 용지 60g/m2 또는 신문(재활) 용지 54g/m2
행정 간행물	보존 용지(2종) 70g/m2

❹ 용지 여백

문서는 본래 편철 및 관리상의 필요 때문에 용지에 일정한 여백을 둔다. 위 여백은 3cm, 왼쪽은 2cm, 오른쪽과 아래쪽 여백은 1.5cm로 설정하는 것이 보편적이다. 단, 문서의 편철 위치나 용도에 따라 여백이 달라질 수도 있다.

❺ 용지 및 글자의 색깔

용지 색깔은 특별한 사유가 없는 한 흰색을 사용한다. 글자의 색깔은 검은색이나 푸른색을 사용하되, 특별한 표시(도표 작성, 수정, 주의환기 등)를 할 때에는 다른 색을 사용할 수도 있다.

(3) 문서의 용어 표기

① 글자 : 쉽고 간명하게 한글로 작성하되 한글맞춤법에 따라 가로로 쓴다.

② 숫자 : 아라비아 숫자를 쓴다. 단, 수를 세는 단위와 함께 사용하는 숫자와 순서를 나타낼 경우에는 한글로 간단히 표기해도 무관하다.

③ 연호 : 서기연호를 쓰되 '서기'는 표시하지 않는다.

④ 날짜 : 숫자로 표시하되 연, 월, 일의 글자는 생략하고 그 자리에 온점(.)을 찍어 표시한다(예 : 1998. 12. 13).

⑤ 시분 : 24시각에 따라 숫자로 표시하되 시·분의 글자는 생략하고 그 사이에 쌍점(:)을 찍어 구분한다(예 : 오후 3시 20분→15:20).

⑥ 금액 : 아라비아 숫자로 표기하고, 괄호 안에 한글로 기재한다(예 : 금 123,456원(금일십이만삼천사백오십육원)).

(4) 항목의 구분

❶ 각 항목의 표시 위치 및 띄우기

첫째 항목부호는 제목의 첫 글자와 같은 위치에서 시작하고, 그 다음 항목부터는 바로 앞 항목의 위치로부터 2타(즉, 영문과 숫자 2자, 한글로 1자)씩 오른쪽에서 시작한다. 또한 항목부호와 그 항목의 내용 사이에는 1타를 띄운다.

❷ 둘 이상의 항목 부여 방법

- 첫째 항목 : 1, 2, 3, …
- 둘째 항목 : 가, 나, 다, …
- 셋째 항목 : (1), (2), (3), …
- 넷째 항목 : (가), (나), (다), …
- 다섯째 항목 : 1), 2), 3), …
- 여섯째 항목 : 가), 나), 다), …
- 일곱째 항목 : ①, ②, ③, …
- 여덟째 항목 : ㉮, ㉯, ㉰, …

(5) 문서의 '끝' 표시

① 첨부물이 없이 본문이 끝났을 경우 1자 띄우고 '끝'자를 쓴다.

…… 허락하여 주시기 바랍니다. ×끝. ("×"는 1자(2타)를 의미함)

② 첨부물이 있는 때에는 첨부의 표시를 한 다음에 첨부물의 내용을 기재하고 그 내용이 끝나는 지점에서 1자 띄우고 '끝'자를 쓴다.

…… 허락하여 주시기 바랍니다.
첨부   1. 생활기록부 사본 1부.
       2. 전학허가서 2부.×끝.("×"는 1자(2타)를 의미함)

③ 본문 또는 첨부의 표시문이 오른쪽 한계선에서 끝났을 경우 다음 줄의 왼쪽 기본선에서 1자 띄우고 '끝'자를 표시한다.

④ 기재사항이 서식의 중간에서 끝나는 경우는 기재사항 마지막자 다음에 '이하 빈칸' 표시를 하며, 기재사항이 서식의 마지막까지 작성되는 경우에는 칸 밖의 오른쪽 아래에 '끝'자를 표시한다. 내용 중간에 기재사항이 없는 경우는 빈 칸은 붙임표(−)를 기재하고 마지막 칸의 기입 여부에 따라 위에서 말한 대로 '끝'자를 표기한다.

구 분	1급	2급	3급
2005년	2명	15명	118명
2006년	10명	85명	376명
2007년	38명	219명	551명

끝.

구 분	1급	2급	3급
2005년	−	15명	118명
2006년	−	85명	376명
2007년	−	−	551명

끝.

구 분	1급	2급	3급
2005년	−	15명	118명
2006년	−	85명	376명
2007년	이하빈칸		

⑤ 일괄기안의 경우 : 하나의 문서에 하나의 기안만 하는 것이 원칙이다. 다만, 문서의 내용이 서로 관련성이 있는 문서로서 동일한 기안용지에 일괄하여 기안하는 것이 필요하다고 인정되는 때에는 제1안, 제2안 등으로 구분하여 동일한 기안용지에 기안할 수 있다. 이를 일괄기안이라 하며, 각 안마다 "끝" 표시를 해야 한다.

(6) 첨부물의 표시

① 문서에 서식, 금전, 유가증권, 참고서류 기타 물품이 첨부될 때에는 본문이 끝난
다음 줄에 첨부의 표시를 한다.

> (본 문) ………………………………………… 하시기 바랍니다.
> 첨 부 # 1.* @@@ 계획서 1부.
>   2.* @@@ 서류 1부. # 끝.

(7) 문서의 면 표시

① 공문서 작성 중 앞뒤 관계를 명백히 해야 할 필요가 있는 2장 이상의 중요 문서
는 문서 아래 중앙에 전체 면 수와 해당 면의 일련번호를 붙임표(—)로 이어 기
입한다.

> 3장으로 구성된 문서 : 3-1, 3-2, 3-3
> 2장의 문서와 2장의 첨부물로 구성된 문서 : 2-1, 2-2, 1, 2

② 첨부 서류에는 해당 면의 표시만으로 따로 붙이되, 전체 면 수로 기재하거나 생
략할 수도 있다.

③ 문서의 면 표시는 문건별 면수를 중앙 하단에 하며, 위에서 아래의 순으로 부여
한다.

④ 양면에 기재된 문서는 양면에 모두 순서대로 면수를 부여한다.

(8) 문서철(기록물철)의 면 표시

문서들을 모아 편철을 한 것을 문서철(기록물철)이라 하며, 100매 이내로 편철함을
원칙으로 한다. 또한 문서철별 면수는 표지와 색인목록을 제외하고 편철 순서대로 위
로부터 아래로 우측 하단에 표시한다.

> 1) 첫째 문건의 면 수가 3면, 둘째 문건의 면 수가 2면이라고 할 때,
>   첫째 문건의 첫째 면(3-1)은 1,
>   둘째 면(3-2)은 2,
>   셋째 면(3-3)은 3,
>   둘째 문건의 첫째 면(2-1)은 4,
>   둘째 면(2-2)은 5로 면 표시를 한다.
>   동일 문서철을 2권 이상으로 나누어 편철시 2권 이하의 문서철의 면 표시는 전권의 마지막 쪽수 다음부터 시작한다.
>
> 2) 첫 번째 문서철의 면 표시가 "103"에서 끝났다면,
>   두 번째 문서철의 면 표시는 "104"로 시작한다.
>   문서철의 면 표시는 최초에 연필로 했다가 기록물 정리가 끝나면 잉크 등으로 표시한다.

(9) 공문서의 수정

공문서를 정정(삭제 또는 수정)할 때는 원안의 글자를 알 수 있도록 해야 한다. 즉, 원래의 잘못된 내용이 무엇인가 알 수 있도록 해야 한다는 뜻이다. 따라서 화이트를 칠한다든지, 칼로 긁어낸다든지 하면 안 된다.

❶ 문서의 일부분을 정정하는 경우

원안의 글자를 알 수 있도록 삭제 또는 수정하는 글자의 중앙에 가로로 두 선을 그어 삭제 또는 수정하고, 삭제 또는 수정한 자가 그곳에 서명 또는 날인한다.

❷ 문서의 중요한 내용을 정정하는 경우

원안의 글자를 알 수 있도록 삭제 또는 수정하는 글자의 중앙에 가로로 두 선을 그어 삭제 또는 수정하고, 삭제 또는 수정한 자가 그 곳에 서명 또는 날인한다. 그리고 문서의 여백에 삭제 또는 수정한 자수를 표시하고 서명 또는 날인한다.

❸ 시행문을 정정한 경우

원안의 글자를 알 수 있도록 삭제 또는 수정하는 글자의 중앙에 가로로 두 선을 그

어 삭제 또는 수정하고, 삭제 또는 수정한 자가 그 곳에 서명 또는 날인한다. 그리고 문서의 여백에 정정한 자수를 표시하고 관인(官印)을 찍어야 한다.

시행문은 외부로 나가는 중요한 문서이다. 따라서 이를 정정한 경우, 관인을 찍도록 되어 있다.

● 관인
행정기관을 대표하는 도장을 말하는데, 청인과 직인이 있다. 청인이란 행정기관의 인영을 말하고, 직인이란 행정기관의 장의 인영을 말한다. 보통 사각형 모양으로 되어 있다.

❹ 전자문서를 정정한 경우

수정한 내용대로 재작성하여 결재를 받아 시행한다. 수정 전의 문서는 처리과의 장이 보존할 필요가 있다고 인정하는 경우에는 이를 보존한다.

4. 공문서 작성의 실제

① 주식회사 기업금융연구원
133-120 서울시 강남구 삼성동 159-1 무역회관 3204호
TEL : 6000-3051   FAX : 6000-3054
홈페이지 : www.fund.re.kr   E-mail : fund@fund.re.kr   ② 담당 : 대리 ○○○
③ 문서번호 : 기금연 제○○○호
④ 시행일자 : ○○○○.○○.○○.

결 재 란		

⑤ 수   신 : 한국과학기술원 원장
   참   조 : 신기술창업지원단 ○○○

1. 과학기술발전과 기술산업입국을 위해 항상 노고가 많으심에 감사를 드립니다.

2. 귀원과 체결(계약번호 S03-123)한 정책자금 및 경영서식 종합정보서비스 제공 계약 제7조(정보사용료)에 따라 첨부자료와 같이 정보사용료 지급을 요청합니다.

3. 검토하여 처리해주시기 바라며 귀원의 무궁한 발전을 기원드립니다.

첨부 : 1) 사업자등록증 사본 1부.
      2) 지정은행 통장 사본 1부.

> 3) 세금계산서 1부. 끝.
>
> 주식회사 기업금융연구원장
>
> ··
>
> 수신처 : 한국과학기술원 원장

〈작성요령〉

① **발신기관명** : 해당문서를 생산한 기관의 명칭을 말하며, 내부결재문서, 대내문서, 대외문서에 상관없이 기안자가 소속된 기관의 명칭을 쓴다. 기관명은 용지 위에서 3cm, 글자길이는 최소한 6~8cm로, 글자간격은 고르게 하여 정중앙에 오도록 기재한다.

② **담당** : 문서를 수신한 기관이 문서 내용에 관해 발신기관에 문의 또는 협의할 때 활용할 수 있도록 하기 위해 기재하는 항목이다.

③ **문서번호** : 문서가 작성된 후 등록, 발송 시 부여하는 문서등록번호는 처리과별로 문서등록대장에 등록된 순서에 따라 연도별 일련번호를 부여한다. 그러나 일부 공기업, 사기업, 단체에서는 문서등록번호 대신 문서발송번호를 기입하기도 한다.

④ **시행일자** : 시행일자는 문서를 시행한 날짜, 즉 문서가 효력을 발생하는 날짜를 적는 것입니다. 연월일은 마침표(.)를 찍어 표시하며, 연도는 반드시 네 자리로 표기한다.

⑤ **수신** : 수신기관이 한 기관인 경우는 그대로 수신기관명을 기재하고, 수신기관이 둘 이상일 경우에는 수신란에 '수신처 참조'라고 쓴 뒤, 결문 발신명의 아래에 '수신처 : 수신처 기호 또는 기관명을 기입한다. 기관 내부의 기안문일 경우는, 수신란에 '내부결재'라고 기재한다.

⑥ **문서처리인** : 기안문의 내용을 처리할 업무 담당자나 총괄책임자 등이 검토를 하고 서명을 하는 항목이다. 선결(선람)은 최고책임자가 모두 결재하는 것을 말한다. 지시는 최고 결재권자가 결재권을 일정한 자에게 위임하여 위임받은 자가 결재를 대신하는 것으로 사장이 과장이나 부장에게 결재권을 넘기는 것을 말한다.

4.5.1. 자신이 지방자치단체의 공무원이라 가정하고 특정 지역의 문화 공간 개발을 위하여 건의하는 공문서를 작성해보자.

VI. 기획서 작성법

1. 기획서의 의미

'기획'이란 목적을 설정하고 그 목적을 달성하기 위한 방법과 순서를 명확히 하는 것을 가리키는 말이다. 사업상, 또는 자신이 맡은 바 일의 성격에 따라 다르겠지만, 항상 업무를 진행해나가는 과정에서는 기획이 반드시 필요하다. 과거부터 해온 것을 답습하기만 해서는 발전이 없기 때문이다.

엄밀한 의미에서 기획이란 명확히 설정한 방법, 순서 그 자체를 말한다. 그러므로 기획에는 독창성, 신규성의 요소가 전제되어야 한다. 즉 기획에는 무엇보다 창조성, 논리성, 현실성의 요건이 요구되는 것이다. 우선 기획의 출발점이 되는 아이디어의 창안에는 창조성의 요건이 필요하며, 이를 계획하는 단계에는 논리성과 현실성이, 그리고 기획의 전 과정에는 창조성, 논리성, 현실성의 모든 요소가 각각 요구된다.

기획을 잘 하려면 다음과 같은 능력이 필요하다.

① 선견력 : 앞을 전망하고 그 징후를 파악하고 금후의 전개를 예측하는 능력이다. 확고한 현상의식, 문제의식이 필요하다.

② 구상력 : 아이디어, 디자인, 프로모션 등의 기획의 흐름을 파악하고 균형이 잡힌

전체의 구도를 구상하여 스케줄, 예산 등을 확실하게 배분할 수 있는 능력이다.

③ 정보력 : 기획을 구성하는 과정에서 여러 가지 자료, 조사 데이터, 정보 등을 수집, 분석하여 현상을 파악하는 능력이다.

④ 창조력 : 기획을 처음으로 착상하므로써 문제해결의 방법을 생각하고 구체적인 해결책을 입안하는 능력이다.

⑤ 설득력 : 기획을 관계자에게 알기 쉽게 제안하고 타인을 설득하여 기획을 받아들이게 하는 능력이다.

⑥ 조직력 : 기획의 기능과 조립하여 집단의 조직력을 발휘케 하는 능력이다.

2. 기획서 작성의 과정

기획서 작성 활동은 분석과 전략으로 크게 나뉜다. 분석은 기획서 작성을 위한 조사 활동과 조사한 내용을 더욱 작은 단위로 분할하거나 때로는 서로 다른 내용을 결합하는 등의 활동을 의미한다. 전략은 분석을 통하여 도출된 내용을 기획 전략과 실행 방안으로 표현해 내는 활동을 의미한다. 그렇기 때문에 거의 모든 기획서는 분석과 전략이라는 큰 틀 속에서 어떠한 순서와 얼마만큼 구체적으로 작성하느냐가 관건인 것이다.

기획서는 '논리'라는 큰 흐름에 '창의'라는 내용이 수록되어야 한다. 창의는 개인의 경험과 역량에 따라 다르게 표현될 수 있기 때문에 일반적으로 정형화가 어려우나 기획서의 논리적 전개는 일반적으로 다음과 같이 10단계로 정형화할 수 있다.

〈1단계〉 기획 내용 및 문제점 파악

기획 내용 및 문제점 파악이란 한 마디로 기획자가 무엇을 기획할 지에 대한 기획의 목표와 내용을 다시 한 번 확인하는 것이다. 이때에는 기획서 작성을 위한 가이드(제안 기획서의 경우 RFP)를 자세히 읽어보고 여러 가지 각도에서 기획 내용을 검토해야 한다.

〈2단계〉 기획서 작성의 방향 결정

기획 내용 및 문제점이 파악되었으면 내용과 문제점에 따라 기획서 작성의 큰 방향을 결정해야 한다. 기획의 내용과 문제점에 따라 기획서 작성법이 다르기 때문에 기획서 작성 방향의 결정은 중요하다. 기획서 작성의 방향은 기획의 내용과 문제점을 중심으로 결정되나, 기획서를 받아보는 쪽이 어떠한 문제의식을 가지고 있는지와 그들의 요구(needs)에 따라 결정되기도 한다.

특히, 기획서 작성의 방향 결정 단계에서는 기획서의 큰 그림을 그리는 것이기 때문에 기획자는 가급적 넓은 시야로 기획의 내용 전개를 검토해야 한다. 일반적으로 기획서 작성의 방향은 '광고 기획서인가? 디자인 기획서인가? 경영 기획서인가? 컨설팅 기획서인가? 마케팅 세일즈 기획서인가?' 등으로 결정되며, 작성 방향 결정에 따라 각기 다른 접근법으로 기획서를 다루어야 한다.

〈3단계〉 기획서 작성을 위한 정보 조사

〈박물관을 견학하면서 메모하는 모습〉

이제 기획자는 기획서의 큰 그림을 바탕으로 더욱 자세한 기획내용을 파악할 수 있도록 기획관련 정보를 조사해야 한다. 정보 조사는 일차적으로 보편적이고 포괄적인 자료를 시작으로 점차 자세하고 세밀한 자료를 찾는 방식으로 진행하는 것이 좋다. 이는 처음부터 너무 자세한 자료를 찾다 보면 기획서 작성시 기획의 시야가 좁아질 수 있기 때문이다.

따라서 기획서 작성을 위한 정보 조사는 '시장, 경향'과 같은 큰 덩어리 자료로 시작하여 '해당 업체의 최근 동향, 유사업체 현황, 대상 소비자의 특성'과 같이 기획 전개와 밀접한 연관을 지닌 세부적인 자료로 조사하는 것이 유리하다.

〈4단계〉 정보 조사의 취합 및 분석 실시

정보가 어느 정도 취합이 되었으면 이미 기획자의 머리 속에는 자료가 두 가지 형태로 저장되어 있어야 한다. 하나는 일반적이며 포괄적인 자료, 나머지 하나는 세부적이고 연계성이 높은 자료이다. 이러한 기획 자료들은 각기 활용하는 분야가 다르기 때문에 가급적 두 자료를 분리하면서도 두 자료를 통합했을 때 새롭게 도출될 수 있는 '신규 개발자료'도 염두에 두어야 한다. 취합된 정보의 분석은 기획 목적에 따라 다양한 분석 도구(tool)를 활용하여 분석을 시작하면 된다.

〈5단계〉 기획 필요성(요구)에 대응하는 기획 콘셉트 도출 및 확정

정보 조사와 분석이 완료되었으면 기획자는 처음에 생각하지 못했던 새로운 자료와 아이디어를 가질 수 있게 된다. 이때 처음에 기획자가 생각했던 방향과 분석을 마치고 난 후의 방향이 다르면, 그 이유를 찾아내고 거기에 대한 근거를 스스로에게 제시할 수 있어야 한다.

이러한 과정을 마치고 나면 분석 자료를 토대로 기획의 콘셉트를 설정해야 한다. 기획의 콘셉트를 설정할 때에는 분석 자료와의 연계성과 기획의 채택 여부를 결정짓는 사람들의 특성을 고려해야 한다. 만일 기획의 채택 여부를 결정짓는 사람들을 고려하지 않은 채 분석 자료에만 의존한다면 기획서의 채택 가능성이 줄어드는 경우가 있기 때문에 콘셉트 도출시, 콘셉트의 수용성을 반드시 재검토해야 한다.

그 외에 다음과 같은 사항을 주의해야 한다.

① 콘셉트의 대상은 누구이며 무엇을 위한 콘셉트인가?
② 분석 자료를 토대로 가장 핵심적인 내용을 콘셉트로 도출하였는가?
③ 콘셉트가 너무 장황하지 않고 명확하며 구체적으로 제시되었는가?

〈6단계〉 기획서의 기본 구조 만들기

기획서의 콘셉트가 결정되었으면 이제 집중적으로 기획서 작성을 할 단계이다. 이때 중요한 것은 콘셉트에 대한 설득력을 높이기 위한 기획서 전개 구조를 만드는 것이다. 전개 구조는 일반적으로 'X형', '피라미드형', '역 피라미드형'으로 구분되는데 콘셉트의 성격과 콘셉트를 중심으로 앞뒤 내용과의 연계성을 고려하여 선정하면 된다.

〈7단계〉 기획 내용 전개

기획서의 기본 구조가 결정되었으면 기본 구조에 따라 본격적으로 기획서를 작성한다.

기획서 작성 시 주의할 것은 한 번에 완벽한 기획서를 작성하려 하지 말고, 빠른 시간 내에 일차적인 초안을 마련하고 기획서의 수정과 보완 작업을 되풀이해 가며 완성도를 높이는 것이 더욱 효율적이다.

〈8단계〉 전체적인 구성 재검토 및 정리

기획서의 초안이 완성되었으면 이제부터는 기획서 내용 전개의 완성도를 높여야 한다. 기획의 내용을 가다듬는 과정에서는 기획 내용이 자연스럽게 전개되었는지에 대해서 특히 신경을 써야 한다. 반복적으로 기획서의 앞뒤 내용 전개를 확인하여 자연스럽고 부드럽게 이루어지도록 하라.

그 외에 기획서의 내용 및 구성 재검토 시에 중점적으로 살펴봐야 할 부분은 다음과 같다.

① 오자나 탈자, 잘못 쓴 단어, 이상한 문장은 없는가?
② 기획을 설명하는 데 부족하거나 빠뜨린 자료는 없는가?
③ 각 섹션 및 장별 중점 사항들이 잘 표현되어 있는가?
④ 인용한 자료에는 출처 표시가 되어 있는가?
⑤ 읽는 사람의 관점에서 볼 때 내용은 쉽게 전달되는가?

〈9단계〉 기획서의 부가적인 효과를 위한 재편집

기획서의 구성 재검토까지 완성되었다면 이제 기획서는 거의 완성되었다고 볼 수 있다. 이제 기획서의 시각적 효과를 높이기 위하여 약간의 마무리 작업만 하면 된다. 기획서의 부가적인 효과 작업은 크게 두 가지 방법이 있다.

하나는 이미지를 활용하는 방법이다. 지나치게 장문으로 작성된 문장은 단문으로 고친다. 만약 단문으로 줄여지지 않는다면 그 문장의 핵심어를 이미지를 사용하여 하나의 그림으로 표현한다. 이미지는 문장을 쉽게 이해하도록 하는 힘이 있다.

나머지 하나는 밑줄을 긋고 강조체를 사용하는 등 강조 기법을 활용하는 것이다. 기획서를 읽는 사람들은 바쁜 사람들이다. 빠른 시간 내에 기획서의 핵심 키워드가 전달될 수 있도록 중요한 문장이나 핵심어에 밑줄 또는 강조체 등을 활용하여 강조하라. 이렇게 하면 기획서를 읽는 사람이 쉽게 핵심을 파악할 수 있다.

〈10단계〉 기획서 최종 점검 및 보완, 수정

앞서 말한 것과 같이 다시 한 번 전체적인 내용을 살펴보고 수정사항이 있는지 최종적으로 확인해야 한다. 수정, 보완 작업은 많이 할수록 기획서의 완성도가 높아진다는 것을 잊지 말아야 한다.

3. 기획서 작성의 유의사항

훌륭한 기획서는 강한 설득력을 갖고 있으며 그것을 효과적이고 창조적인 결과를 낳게 하며, 사업적 상대를 만족스럽게 하는 필수적인 사업 도구이다. 다만 기획서의 실제 작성과정에서는 독창성도 중요하지만, 형식과 틀도 중요시해야 한다. 기획의 전 과정은 객관성의 유지가 핵심이기 때문이다.

기획서의 기본기능은 '기획서 제안서'이다. 전달력이 없는 기획서는 기획서라 할 수가 없다.

우선 내용의 수준은 높아도 표현수준을 맞춘다. 그리고 고객(Client)의 요구(Needs)에 맞춘다. 아울러 정보를 매력적으로 구성하여야 한다. 매력적인 기획서는 자기가 알고 있는 상대방의 문제를 풀어주는 해결책이 포함된 것이라는 점에서 중요하다.

(1) 매력적인 기획서의 구성요소

〈포인트 1〉 적절한 양과 명쾌한 포인트를 담는다
① 첨부자료의 형으로 한다.
② 일관성의 형으로 한다.

③ 총론과 각론으로 나눈다.

④ 기획서의 크기(size)를 확정한다.

⑤ 문자의 대소 등으로 늦추거나 당기거나 한다.

⑥ 요령 없이 길게 쓰지 않는다.

⑦ 일러스트레이션이나 도표 등 시각적 기술을 활용한다.

〈포인트 2〉 기획내용에 충실함을 보여준다

① 기획에 충실할 것

② 기획배경이 되고 있는 시장환경과 제품분석

③ 현장에 대한 인식에 충실할 것

〈포인트 3〉 상대에 맞춘다

① 문제점 해결에 주안점을 둔다.

② 상대를 분류한다.

③ 기획서를 읽는 사람의 판단 영역을 고려한다.

- 제안은 의뢰주에 대한 것인가, 제안자의 자주적인 것인가에 따라 목적이 분명하여야 하며 이에 따라서 논리적 합리성을 가지고 씌어져야 한다.
- 제안은 지명된 것인지, 경쟁상태 아래에 있는 것인지에 따라서 작성방법이 달라진다. 지명방식인 경우에는 "과제 해결책"이고 경합의 경우에는 "이긴다"라는 것이다.

〈포인트 4〉 고유성을 갖는다

타사에서 절대 쓰지 않는 창의적(Creative) 요소를 주장하여야 한다.

〈포인트 5〉 기획정보는 초보자도 알 수 있도록 한다

〈포인트 6〉 기획자 제일의 원칙을 지킨다

'기획자가 쓰는 기획서'임을 강조한다.

(2) 기획자의 요건

① 기획자는 시대의 흐름을 읽는 눈이 필요하다. 이를 위해서는 무엇보다 창의적인 상상력과 사회적 안목이 요구된다.

② 기획자는 여러 가지 다양한 의견들에서 정리를 하는 게 중요하다. 이때 기획력이 전제가 될 수 있다. 즉 기획은 결코 혼자서 할 수 있는 일이 아니라는 것이다.

③ 이벤트 기획의 경우, 이벤트를 위한 이벤트가

〈회사에서 기획 회의하는 모습〉

되지 않도록 하려면 단순히 첨단 기능을 가진 기계를 전시하는 이벤트가 되는 것을 피해야 한다. 이벤트는 주최자와 참가자를 연결시키는 수단으로, 주역은 어디까지나 사람임을 잊어서는 안 된다. 참가자들이 기계의 신기한 기능에 넋을 잃고 주최자가 전하고자 하는 메시지를 소홀히 한다면 이벤트의 특징인 커뮤니케이션 기능이 상실된다.

4. 기획서 작성의 예

기획서는 그 기획의도에 따라 몇 가지 유형으로 나누어 볼 수 있다. 새로운 제품 개발을 위한 아이디어 창안의 경우는 제품기획서, 새로운 사업이나 창업을 위한 제안이 담긴 사업기획서, 특정 상품의 광고를 염두에 둔 광고 기획서, 행사나 이벤트의 진행을 위한 이벤트 기획서 등이 그것이다. 여기서는 제품 광고를 위한 기획서의 예를 통해 실제 작성 방법을 익히도록 한다.

〈농심 새우깡 광고 기획서〉

목 차

I. 제품분석

1. 개발 아이디어

① 사탕, 비스킷 등 단맛이 강한 것은 곧 싫증을 느끼므로 이와 반대되는 제품을 만든다.

② 물리지 않는 맛, 부드러운 맛, 값이 싼 제품을 개발한다.

③ 그렇다면 ①, ②에다 남녀노소 구분 없이 즐길 수 있는 제품이면 성공할 가능성이 매우 클 것이다.

이상의 3가지 기본개념에다 평소 미국, 일본 등 식품 선진국으로부터 새로운 제조기술을 습득하는데 남다른 관심이 컸던 신춘호 회장의 연구개발 의지가 합쳐지고, 외국에서는 이미 널리 보급된 스낵 개념을 접목시켜 최종적으로 〈새우깡〉 제품의 성격을 결정지을 수 있었다. 아울러 우리민족 고유의 간식 과자라 할 수 있는 '옥수수(강냉이) 뻥튀기, 쌀 뻥튀기' 등에서 착안, 원료를 고소하게 튀기면 충분히 상품화가 가능할 것이라는 아이디어가 떠올랐고 그것을 현실화시킨 것이 바로 오늘날의 〈새우깡〉인 것이다.

2. 새우를 원료로 선택한 이유

첫째 : 새우에는 '칼슘'이 풍부하게 들어있어 단맛을 제거해주는 특성이 있다. 또, 칼슘은 치아건강에 매우 좋으며 성장기 어린이의 골격형성에 매우 좋은 작용을 해준다.

둘째 : 법성포(전라남도 영광군) 연안 등 우리 나라 연 근해에서 많이 어획되므로 안정적인 원료 수급이 가능할 뿐만 아니라 어민들의 소득증대에 기여할 수 있는 어종이다.

3. 개발기술의 극복 및 노하우(know-how) 축적

첫째 : 최상의 맛과 품질을 찾아내기 위해 당시의 농심 시세로 볼때 거의 혁명적이라 할 수 있는 물량이 〈새우깡〉 개발을 위해 투입되었다. 즉, 4.5톤 트럭 80대분의 밀가루를 실험자재로 아낌없이 사용, 오늘날 같은 최장수 인기상품을 탄생시켰던 것이다.

둘째 : 일반적으로 기름에 튀겨내는 것이 상례이지만 '가열된 소금을 이용해 튀겨내는 방법'인 '파칭'(Parching)법을 창안, 새우 함량에 따른 최적의 맛과 조직감을 창출해냈다.

셋째 : 조직의 연한 정도가 사람이 가장 좋아하는 식감으로 되어있다.

4. 〈새우깡〉의 영양

〈새우깡〉(85g)에는 수분 2.55%, 탄수화물 63.56g, 단백질 9.26g, 회분 2.55g, 칼슘 71.78mg, 철분 2.64mg, 인 68mg, 비타민B1 0.11mg, B2 0.01mg, 나이아신 1.89mg이 함유되어 있다.

어린이들이 즐겨 먹는 간식류 몇 가지와 〈새우깡〉의 영양성분을 비교해보면 〈표〉와 같다.

구 분	칼로리	탄수화물(g)	단백질(g)	지방(g)
새 우 깡	518	74.4	10.8	9.4
비 스 킷	451	71.6	5.6	7.1
팝 콘	428	63.5	9.9	8.1
사 과	52	11.5	0.3	0.5
우 유	63	5.5	3.1	3.2
감자샐러드	79	11.5	2.1	2.7

＊편의상 100g 기준으로 환산한 수치임 - 제품 〈새우깡〉의 중량은 85g임

5. 〈새우깡〉과 관련된 수치

- 새우 함량 : 〈새우깡〉에는 진짜 생새우가 들어가는데 그 함량은 6.8% 이상이다(즉, 8~9cm(6.5g 정도)의 새우가 한 마리 정도).
- 새우깡은 새우 중에서 가장 맛있는 전남 영광의 법성포 꽃새우를 통째로 갈아서 원료로 사용한다.

6. 〈새우깡〉의 숨겨진 비밀

- 1971년 12월, 우리나라에서 가장 먼저 만들어진 스낵이다.
- 〈새우깡〉은 처음 이 세상에 나온 1971년부터 시작해 오늘 현재 25년째 즉, 4반세기 째 소비자들의 사랑을 받고 있는, 대한민국을 대표하는 최장수스낵제품이다.
- 농심이 지금까지 생산한 〈새우깡〉을 봉지 째 일렬로 연결한다면, 우리가 살고 있는 이 아름다운 지구를 2바퀴이상 돌아오고도 남을 정도이다 (약 93만km).
- 〈새우깡〉의 판매량을 알기 쉽게 설명해 본다면, 우리나라 전 국민이 1년에 1인당 5.3봉지씩 먹은 셈이다
- 〈새우깡〉에는 또, 뇌신경 발달과 기억력 증진작용, 치매증 예방 및 시력 향상 효과 등에 탁월한 효과가 있는 DHA를 첨가시켰기 때문에 남녀노소, 누구에게나 잘 맞는 영양간식이다.
- 아울러 인공 색소와 향료가 전혀 들어 있지 않으며, 조직이 연하고 부드러워 국내에서 못지않게 해외에서도 인기를 한 몸에 받고 있는, 한국 고유의 맛을 대표하는 세계인의 스낵이다.

Ⅱ. 시장 및 경쟁상황

1. 매출상황

- 전반적인 매출부진
- 95년 4월의 가격인상(200원→300원)을 고려할 경우, 실제 판매된 수량은 뚜렷이 마이너스 성장을 보임.

  1995년 1년 동안 365억 원(910만Box)어치의 〈새우깡〉이 판매.
  - → 하루에 1억 원어치씩 판매
  - → 연간 2억7천3백만 봉지 판매

    (국민 1인당 6봉지씩 먹은 셈 : 취식 인구를 4,500만 명으로 계산할 경우)

2. 경쟁상황

과 거	현 재	향 후
마땅한 경쟁 상대가 없는 독주	95년 오리온 〈따조〉의 선풍과 동류의 스낵 범람 → 기존 〈새우깡〉 소비층의 이탈 유발. 스낵시장의 성숙 내지 포화기 예고	해태 〈가루비〉의 본 〈새우깡〉 내 상륙

Ⅲ. 소비자 상황

1. 〈새우깡〉의 주선호 계층 : 성인층(대학생, 직장인 남녀)

2. 주 구매요인

- 물리지 않는 맛
- 〈새우깡〉보다 맛있는 스낵이 없는 것 같음

3. 소비자 변화분석

구 분	스낵구매요인	결 과
20대층 (기존 〈새우깡〉 브랜드 성층)	• 브랜드 충성도 높은 • 과거의 식용 경험에 의한 선택	• 연령증가에 의한 스낵자체의 구매저하(〈새우깡〉 구매율 저하) • 맛의 변화 인식→브랜드 충성도 저하
10대층 (일반스낵의 주소비자)	• 브랜드 충성도 낮음 • 광고 등에 의해 자극	• 〈새우깡〉도 맛있지만 다른 것도 많아→타 브랜드로의 이탈

Ⅳ. 문제점 및 기회

1. 문제점 : 〈새우깡〉 주 구매자의 이탈로 인한 매출 부진

- 시장측면 : 오리온 〈따조〉 등 〈새우깡〉을 대체할 수 있는 다양한 스낵

브랜드의 등장
- 소비자의 측면 : 소비자의 구매 형태의 변화
- 기존 〈새우깡〉의 브랜드 충성층(20대)이 나이가 들어감에 따라 식용률 감소 및 부분 이탈
- 다양한 경쟁 스낵의 범람으로 인한 스낵 주구입층(10대층)의 〈새우깡〉 구매율 저하

2. 기회
- 다시 한번 〈새우깡〉에 대한 소비자의 관심을 제고한다면 새우깡 주 구매자의 이탈 방지 및 신규 소비자 창출이 가능함
  ① 〈새우깡〉에 대한 높은 소비자 인지도
  ② 기존 〈새우깡〉의 제품맛에 대한 높은 만족도

V. 광고 기본 전략

1. 광고 목표
- 다양한 경쟁스낵의 범람으로 스낵의 주구입층(10대)에게 스낵의 기본 〈새우깡〉으로 인지하여 부담 없이 즐기는 〈새우깡〉으로 선호도를 향상시킨다.

2. 광고 콘셉트
- 부담없이 즐기는 〈새우깡〉
  −학교 수업 등에 부담을 많이 느끼는 대상층에게 부담 없이 선호할 수 있는 스낵이 〈새우깡〉이라는 것을 알린다.

3. 광고 목표 대상
- 10대 중·고등학생
  −10대 남·녀의 경우 전체 스낵에 대한 핵심 소비층임
  −중·고등학생들의 하루 일과
    : 아침 7시까지 학교 등교, 5시까지 정규 수업, 9시 30분까지 보충 수업 및 학원 수업, 12시까지 학교 숙제 및 예습 복습 이후 취침.
    : 개인적인 시간을 가질 수가 없고, 선택할 수 없는 23과목 속에서 한 과목 한 과목 모두가 부담이 가는 하루 일과를 보낸다.

V. 크리에이디브 전략

1. 크리에이티브 목표

- 이전 〈새우깡〉 광고는 컷트(cut)를 이용한 영상 기법으로 다분히 핵심 전달이 없었다.
  그리고 너무 광고음악에만 치중해 왔기 때문에 런칭 광고 때와는 달리 이제는 너무 식상해져 있다.
- 이번 〈새우깡〉 광고는 10대를 겨냥한 '포스트 모더니즘' 광고로 넓은 대상보다는 향후 주대상(heavy target)을 확보하고자 한다.

2. 크리에이티브 콘셉트
- 아무말이 필요없는 〈새우깡〉
  - "빈수레는 요란하다. 진정한 실력자들은 아무말이 없어도 타인에 의해서 인정을 받는다."
  - "국내 최초의 진정한 스낵, 농심 〈새우깡〉!"

3. 크리에이티브 전략
- 브랜드 이미지 전략으로 대상층에게 기대되는 반응을 끌어내기 위해 어떠한 자극을 줌으로써 제품을 감성적으로 대상층에게 호소한다.
- 자극으로는 요즘에 많이 사용되는 포스트 모더니즘으로 규제보다는 자유로운 광고를 제작함으로써 대상층에게 다가간다.

4. 크리에이티브 전술
- 광고 소구 방법
  - 대상층의 가장 많이 익숙해져 있는 생활을 선정하여 제품과 일치시킨다.
  - 익숙해져 있는 생활을 멘트 없이 B.G.M과 S.E로 포스트 모더니즘 경향으로 대상층에게 호기심을 유발시킨다.
- 광고 표현 형식
  - 라이프 스타일
    : 학교 수업을 마치고 집에서 밤늦게 공부를 하면서 심심한 입안을 채워준다.
- 광고 제작 방법
  - 모노 톤
    : 시간적 분위기 암시
    : 광고 상품에만 칼라 표출

4.6.1. 자신이 TV 방송국의 교양프로그램 PD라 가정하고 프로그램 기획안을 작성하되, 다음과 같은 순서로 해 보자.

> 1) 기획 취지   2) 주요 방송 내용
> 3) 대상 시청자 분석   4) 캐스팅 계획(예 : 사회자, 패널, 게스트 등등)
> 5) 예상 시청률   6) 기타 문제점

Ⅶ. 조사보고서 작성법

1. 보고서 작성의 의미와 유형

보고서(Report)는 논문 형식을 가진 간략한 내용으로 한 주제에 대한 조사나 연구 결과물이다. 대학 생활이나 사회생활에서 보고서의 작성과 제출 및 간단한 보고 절차는 필수이다.

일반적으로 사회에서 사용하는 보고서는 출상보고서, 시상 동향 보고서, 출퇴근 기록 보고서, 영업 판매 주간, 일간 보고서와 같은 일상 업무를 기록하기 위한 것들이 있다. 이들 사회나 기업체, 단체들에서 사용하는 보고서는 양식화되어 있고, 사용하는 용어들도 정형화되어 있다. 또한 탐구보고서나 답사보고서 등 학교 수업에 활용될 수 있는 경우도 생각할 수 있다.

그러나 연구소나 대학과 같은 곳에서 작성되는 보고서는 실험 관찰 기록을 비롯하여 사회의 통계 분석과 같은 것들이며, 간단한 논문 형식을 갖추고 있다. 연구소나 대학에서 작성되는 보고서는 인문 사회 과학 분야의 에세이(Essay) 형식과 자연 과학 계통의 실험(Experiment) 및 조사 보고서들이 있으며, 기업의 특정 부서나 연구기관 등에서 사용되는 연구보고서들이 있다.

(1) 에세이 형식의 보고서

에세이 형식의 보고서는 주제가 제시되는 동기(화두)를 비롯하여 필요성, 작성자의 관심 분야와 활동, 작성의 의의, 주제의 역사적 고찰과 선행 연구 내용, 관련 내용들에 대한 비판과 찬성을 비롯하여 작성자의 의견을 논리적으로 제시한다.

(2) 연구 실험 보고서

자연과학이나 공학, 기술 계통의 보고서이며, 작성 대상의 선정 동기와 목적, 과학적 연구 활동으로 이루어진 내용들과 실험의 구체적이고 체계적인 방법들을 기술한다. 보고서에는 과학적 연구 활동과 실험 방법들의 이론적 전개를 비롯하여 수학을 이용한 모의 실험(simulation), 모델링에 의한 예비 실험(test bed), 사용 도구들을 명시한다. 또한, 과거에 이루어진 연구 활동과 결과, 관련 자료들에 대한 문헌이나 근거를 제시한다. 특히, 작성자의 실험 방법, 측정 방법, 계측기의 종류, 환경들과 같은 부분들도 세세하게 제시하여 객관성을 확보하는 것이 중요하다.

(3) 조사보고서

설문 조사, 통계 조사, 시장 조사, 현상 관찰의 보고서들로 인문 사회 과학 분야를 비롯하여 과학, 공학, 기술과 같은 모든 분야에서 만들어진다. 이 보고서에는 조사, 동기, 조사한 내용, 과거 조사 내용의 비교, 조사한 내용의 통계와 과학적 근거, 미래에 대한 예측들이 객관적으로 제시된다.

2. 조사보고서의 기본구조와 내용

조사연구의 보고서의 기본구조는 표지, 목차, 개요의 서두 부분과 서론, 본론, 결론으로 조사 내용을 제시하는 본문 부분, 그리고 참고문헌 등을 부기하는 부록 부분으로 이루어진다. 구체적인 형태는 보고서의 주제에 따라 달라질 수 있으나, 일반적으로 다음과 같은 내용들이 포함된다. 특히 본문의 내용을 작성할 때 서론에서는 조사연구의 목적과 의의, 방법에 대해서만 설명하고, 본론은 문헌 검토를 통한 이론 전개 및 가설설정 부분과 자료 수집 및 분석 부분으로 분배하는 것이 적절할 것이다.

(1) 조사보고서의 기본구조

- 제 목(표지)
- 목 차
- 요 약
- 서 론
  - 조사목적
  - 연구가설
- 본 론
  - 조사방법
    (조사 개시일 및 조사 종료일)
    (자료 수집방법)
    (조사 모집단에 대한 설명)
    (조사대상 표본의 설명 : 표본 추출방법, 표본 크기, 표본의 대표성 등)
    (자료 분석방법)
  - 자료 분석결과
- 결론 및 제언
- 부 록
  - 설문지 및 기타 조사도구
  - 본문에 포함되지 않은 도표
  - 색인 및 참고문헌

(2) 조사보고서의 주요내용

① **제목** : 조사의 제목, 의뢰 기관의 이름 조사 수행자의 이름, 보고서 작성일자, 보고서 제출처 등의 이름들이 필요하다.

② **목차** : 보고서의 구조를 항목별로 나타내는 것으로, 보통 장과 절 등으로 표시하여 해당 쪽의 번호와 각 항목별 소제목을 제시한다.

③ **요약** : 조사의 핵심적인 내용들을 간추린 축약적인 보고서 양식이다. 요약보고서는 조사연구의 구체적인 방법이나 논의들은 생략하고, 조사연구의 배경과 추진 과정, 결론 및 제언 등을 묶어서 작성한다. 요약보고서의 목적은 이용자들이 보고서의 전반적인 내용을 한눈에 파악하고, 자신들의 목적에 맞게 보고서를 효율적으로 이용할 수 있도록 하는 데 있다.

④ **서론** : 조사의 목적과 배경 설명, 연구가설 혹은 명제 등이 포함된다. 그 밖에도 연구에서 사용되는 개념들에 대한 정의 등도 제시할 수 있다.

⑤ **본론** : 조사에서 사용되는 조사 방법과 조사 결과, 조사의 한계점 등이 포함된다. 조사 방법에 어떤 것들이 선택되었는지 와 그에 대한 타당성 논의들이 있어야 하고, 조사 결과에서는 조사 과정에서 동원했던 모든 분석들을 소개하는 것이 아니라 결과 산출에 필요하게 되었던 것들만 포함한다. 통계분석의 결과표나 그래프 등을 적절한 양식으로 소개하는 것이 필요하다.

⑥ **결론 및 제언** : 조사연구의 결과를 간략하게 요약하고 그에 따르는 제언을 하게 된다. 조사 문제가 응용적인 성격을 강하게 띤 조사연구일수록, 보고서의 제언 부분은 중요한 의미를 띤다. 정책이나 행동의 필요성, 현재 상황에 대한 대안 제시 등이 필요하게 된다.

⑦ **부록** : 본론에 포함되지 않으면서도 보고서 이용자들의 이해에 도움이 될 만한 자료들이 여기에 포함된다. 예를 들어, 자료 수집도구, 상세한 통계분석 절차, 부수적인 그림이나 표 등이 그런 것들이다. 색인과 참고문헌들도 부록에 포함된다.

3. 조사보고서의 양식과 작성요령

보고서마다 요구하는 사항이 있다. 그 요구하는 사항이 무엇인가를 확실히 파악하여 그 사실을 기록하고, 문제의식을 가지고 향후 대책을 제시하는 등의 보고서의 형태(틀)에 맞추어 간단·명료하고 확실하게 기재하는 것은 모든 보고서의 공통된 사항이라 할 수 있다.

(1) 조사보고서의 문체와 양식

① 보고서 문체의 기준은 정확성과 명료성에 있다. 따라서 가급적 간결하고, 짧은 문장으로 내용을 진술하고, 직설적인 표현을 쓴다.

② 문장의 시제는 과거와 현재를 혼용할 수 있다. 즉, 이미 수행한 연구 결과들을 인용·보고하는 내용과, 자신이 연구를 수행한 방법·절차에 관한 내용을 기술할 때는 과거 시제를 쓰고, 자신의 연구결과를 기술할 때에는 현재형을 사용한다.

③ 자료를 충분히 제시할 필요가 있다.

④ 개요를 미리 작성하여 어떤 내용을 어떤 형식으로 조직해야 할지를 머릿속으로 생각하고 보고서 작성을 시작한다.

⑤ 출판을 목적으로 일정한 기관지나 학술지에 원고를 제출하고자 하면 미리 그 잡지에서 요구하는 문체, 주석 및 참고문헌 형식 등에 대한 정보를 얻어 참고하도록 한다.

(2) 보고서 작성요령

❶ 요점을 명확하게 작성한다

보고서는 특정 사안에 관한 현황이나 연구·검토 결과를 보고하거나 건의하는 문서이다. 그러므로 특정 사안에 관한 현황이나 연구·검토 결과의 요점을 명확하게 작성하여 보고하고자 하는 내용이 무엇인지를 한 눈에 쉽게 알 수 있도록 작성하여야 한다.

그러기 위해서는 각 사안별로 문장을 나누어 일목요연하고, 간단·명료하게 기재하되 이해하기 쉬운 문구를 사용하여 전하고자 하는 내용의 취지를 충분히 전달될 수 있도록 작성하여야 한다.

❷ 보고의 목적과 주된 내용의 누락이 없도록 한다
보고서는 그 보고하고자 하는 목적과 주내용이 무엇인지를 명확하게 표현하되 누락이 없어야 한다.

❸ 문제점을 지적하고 적극적으로 제안한다
특정사안에 관한 현황이나 연구·검토 결과 문제점이 있으면 이를 지적하고 대처방안을 모색하여 제안하여야 한다.

❹ 보고서의 제목
최상단의 보고서 제목은 보고서의 종류에 따라 결정된다. 매일의 업무를 보고하는 일일업무보고서, 한 주간에 진행된 업무를 보고하는 주간업무보고서, 진행되었던 사안의 결과를 보고하는 결산보고서, 회사업무로 인해 외부에 다녀온 출장보고서, 회의의 결과를 정리하는 회의보고서 등으로 표시할 수 있다.

❺ 보고서의 세부제목
보고서의 구체적 제목은 『사내 인력관리 및 조직구성에 관한 건』처럼 간결하면서도 제목만을 통해 보고하고자 하는 내용을 한눈에 알 수 있도록 하여야 한다.

4. 조사보고서 작성의 실제

다음의 예시는 '부부갈등 및 아동학대가 아동의 공격성에 미치는 영향'이라는 주제를 가지고 쓴 조사보고서이다.

Ⅰ. 서론

1. 문제제기 및 연구 필요성 / 2. 연구의 목적 및 내용

Ⅱ. 이론적 배경

1. 부부갈등

1.1. 갈등의 개념 / 1.2. 부부갈등의 유형

2. 아동학대

2.1. 아동학대의 개념 / 2.2. 아동학대의 유형 및 내용

3. 공격성

3.1. 공격성의 개념 및 유형

4. 부부갈등 및 아동학대와 공격성과의 관계

4.1. 부부갈등과 공격성과의 관계 / 4.2. 아동학대와 공격성과의 관계

Ⅲ. 연구방법

1. 연구 가설

2. 변수의 조작적 정의

2.1. 부부갈등 / 2.2. 아동학대 / 2.3. 공격성

3. 연구 대상 및 연구 일정

4. 측정도구

4.1. 부부갈등의 측정 / 4.2. 아동학대의 측정 / 4.3. 공격성의 측정

5. 분석틀 및 분석방법

Ⅳ. 연구결과 및 해석

1. 조사대상자의 일반적 성격

2. 부부갈등의 실태 경향

3. 아동학대의 실태 및 경향

3.1. 신체적 학대 / 3.2. 언어적 학대 / 3.3. 방임

4. 공격성의 실태 및 경향

5. 부부갈등의 성격 및 아동의 변수(성별, 연령)에 따른 아동의 공격성과의 상관관계

6. 아동학대의 유형에 따른 아동의 공격성과의 관계

Ⅴ. 결론 및 논의

1. 결론에 대한 요약 및 논의

2. 본 연구의 제한점 및 후속연구의 제언

2. 가설 및 조작적 정의

(1) 연구 가설
- 가설 1 : 부부갈등의 빈도가 잦을수록 아동의 공격성에 더 영향을 미칠 것이다
- 가설 2 : 부부갈등의 정도가 심할수록 아동의 공격성에 더 영향을 미칠 것이다
- 가설 3 : 미해결된 부부갈등일수록 아동의 공격성에 더 영향을 미칠 것이다
- 가설 4 : 부부갈등을 목격한 아동의 연령이 증가할수록 아동의 공격성은 증가할 것이다
- 가설 5 : 부부갈등을 목격한 아동이 남자 아동일수록 더 공격적일 것이다
- 가설 6 : 부모로부터 경험한 학대 중 신체적 학대 경험이 아동의 공격성에 가장 많은 영향을 미칠 것이다

(2) 조작적 정의

2.1. 부부갈등
- 논의, 회피, 고함을 지르거나 욕설을 하는 등의 언쟁 행위, 직접 상대방에게 폭력을 행사하지는 않지만 기물을 부수는 등 상대방을 위협하는 행위, 상대방의 뺨을 때리는 것에서부터 무기를 사용하여 상대방에게 상해를 입히는 등까지 직접적으로 상대방에게 폭력을 행사하는 신체적 폭력행위가 포함

2.2. 아동학대
- 신체적 학대 : 뺨을 때리는 것, 칼이나 흉기로 아동에게 치명적인 신체 및 정신적 손상을 줄 수 있는 극단적 학대까지 포함
- 언어적 학대 : 부모가 원망적, 위협적, 경멸적, 거부적, 적대적 언어를 사용하여 아동의 정서에 부정적 영향을 끼치는 것
- 방임 : 부모가 고의로 또는 방심으로 인하여 아동이 피할 수도 있는 고통을 겪게 하거나 아동의 신체적, 지적 능력을 발달시키는 데 필요한 요소들을 제공하지 못한 상태

2.3. 공격성
- 타인에게 해를 끼치려는 의도를 가지고 직접, 간접으로 행해지는 신체적, 언어적, 비언어적 행동으로서 공격적 욕구와 행동적 차원의 공격성을 포함

3. 연구대상
- 안양시 소재 한 초등학교 3학년과 6학년 남녀 아동과 그들의 어머니를 조

사대상으로 함. 3학년에서 3반과 6학년에서 3반을 선정하여 총 6개 반 250명의 남녀 아동과 그들의 어머니를 조사대상으로 하여 0000년 월 일까지 조사

- 조사도구는 설문지를 이용하여 아동의 어머니에게 실제적인 부부갈등을 물어보았는데 부부갈등시 어머니가 아버지에게 한 행동과 아버지가 어머니에게 한 행동을 질문. 아동에게는 부모로부터 받은 신체적 학대, 언어적 학대, 방임의 경험과 공격성향을 질문

- 설문지는 담임선생님을 통하여 전달하였고 먼저 아동에게 어머니용 설문지와 봉투를 나눠주어 어머니가 직접 응답한 후 봉합하여 아동에게 가져오게 한 다음, 담임선생님이 아동에게 아동용 설문지를 나눠주어 응답하게 하여 어머니의 설문지와 쌍을 이루어 봉투에 넣게 하여 연구자가 수거

4. 측정 도구

4.1. 부부갈등의 측정

- Straus(1979)의 Conflict tactics Scales(CTS)를 연구자가 수정하여 사용. 척도는 총 16문항

- 각 문항은 5점 척도. 전혀 없다에 1점, 1년에 1-2번 이상에 2점, 1달에 2번 이상에 3점, 1주에 1-2번 이상에 4점, 거의 매일에 5점

- 이 척도의 신뢰도 계수(Cronbachs)는 .8352

4.2. 아동학대의 측정 / 4.3. 공격성의 측정

5. 분석 방법

- 수집된 자료를 SPSSWIN 8.0 통계 프로그램을 사용하여 전산 처리

- 빈도분석을 실시하여 조사대상자의 일반적 사항 및 부부갈등과 아동학대 및 공격성의 실태를 알아보았으며 부부갈등 및 아동학대와 공격성과의 상관관계를 알아보기 위해 회귀분석 및 다중회귀분석을 실시

- 집단간의 차이를 살펴보기 위해 Anova와 T-test를 실시하여 평균 차이를 검증

4.7.1. 자신이 특정한 상품을 개발했다 가정하고 자신이 속한 기업체에 보고하기 위한 시장보고서를 다음 사항을 반영하여 작성해 보자.

1) 상품 이름	2) 상품 내용
3) 상품의 특성	4) 주 대상 고객
5) 현 시장 상황	6) 예상 수익시점과 수익률

발표토론 및 연습문제 풀이를 위한 워크북

발표토론을 위한 평가표

발표주제						
발표조		학 번		성 명		제출일	

구 분	평가 항목	평 가 (수우미양가)	비 고
주제와 구성	조원 전체가 주제와 결론을 잘 이해하고 있는가?		
	발표의 내용이 논리적이고 합리적인가?		
	발표의 구성이 짜임새 있고 조화로운가?		
	발표의 내용이 참신하고 창의적인가?		
	발표 전체과정을 성실하게 노력했는가?		
사전준비	유인물이 배포되고 좌석이 정리정돈 되었는가?		
사 회 자	태도는 성실했는가?		
	음성이 사용은 적절했는기?		
	전체적인 역할을 잘 진행했는가?		
발 표 자	주제를 잘 이해하고 청중과 대화식으로 발표했는가?		
	태도는 성실했는가?		
	음성의 사용은 적절했는가?		
토 론 자	발표 내용의 문제점이나 보완점을 잘 지적했는가?		
	태도는 성실했는가?		
	음성의 사용은 적절했는가?		
기 타	청중과의 질의 응답은 잘 진행되었는가?		
	청중의 호응은 어느 정도인가?		
	마지막 요점 정리를 잘 하고 마무리했는가?		

발표토론을 위한 평가표

발표주제					
발표조		학 번		성 명	제출일

구 분	평가 항목	평 가 (수우미양가)	비 고
주제와 구성	조원 전체가 주제와 결론을 잘 이해하고 있는가?		
	발표의 내용이 논리적이고 합리적인가?		
	발표의 구성이 짜임새 있고 조화로운가?		
	발표의 내용이 참신하고 창의적인가?		
	발표 전체과정을 성실하게 노력했는가?		
사전준비	유인물이 배포되고 좌석이 정리정돈 되었는가?		
사 회 자	태도는 성실했는가?		
	음성의 사용은 적절했는가?		
	전체적인 역할을 잘 진행했는가?		
발 표 자	주제를 잘 이해하고 청중과 대화식으로 발표했는가?		
	태도는 성실했는가?		
	음성의 사용은 적절했는가?		
토 론 자	발표 내용의 문제점이나 보완점을 잘 지적했는가?		
	태도는 성실했는가?		
	음성의 사용은 적절했는가?		
기 타	청중과의 질의 응답은 잘 진행되었는가?		
	청중의 호응은 어느 정도인가?		
	마지막 요점 정리를 잘 하고 마무리했는가?		

발표토론을 위한 평가표

발표주제						
발표조		학 번		성 명		제출일	

구 분	평가 항목	평 가 (수우미양가)	비 고
주제와 구성	조원 전체가 주제와 결론을 잘 이해하고 있는가?		
	발표의 내용이 논리적이고 합리적인가?		
	발표의 구성이 짜임새 있고 조화로운가?		
	발표의 내용이 참신하고 창의적인가?		
	발표 전체과정을 성실하게 노력했는가?		
사전준비	유인물이 배포되고 좌석이 정리정돈 되었는가?		
사 회 자	태도는 성실했는가?		
	음성의 사용은 적절했는가?		
	전체적인 역할을 잘 진행했는가?		
발 표 자	주제를 잘 이해하고 청중과 대화식으로 발표했는가?		
	태도는 성실했는가?		
	음성의 사용은 적절했는가?		
토 론 자	발표 내용의 문제점이나 보완점을 잘 지적했는가?		
	태도는 성실했는가?		
	음성의 사용은 적절했는가?		
기 타	청중과의 질의 응답은 잘 진행되었는가?		
	청중의 호응은 어느 정도인가?		
	마지막 요점 정리를 잘 하고 마무리했는가?		

발표토론을 위한 평가표

발표주제						
발표조		학 번		성 명		제출일

구 분	평가 항목	평 가 (수우미양가)	비 고
주제와 구성	조원 전체가 주제와 결론을 잘 이해하고 있는가?		
	발표의 내용이 논리적이고 합리적인가?		
	발표의 구성이 짜임새 있고 조화로운가?		
	발표의 내용이 참신하고 창의적인가?		
	발표 전체과정을 성실하게 노력했는가?		
사전준비	유인물이 배포되고 좌석이 정리정돈 되었는가?		
사 회 자	태도는 성실했는가?		
	음성의 사용은 적절했는가?		
	전체적인 역할을 잘 진행했는가?		
발 표 자	주제를 잘 이해하고 청중과 대화식으로 발표했는가?		
	태도는 성실했는가?		
	음성의 사용은 적절했는가?		
토 론 자	발표 내용의 문제점이나 보완점을 잘 지적했는가?		
	태도는 성실했는가?		
	음성의 사용은 적절했는가?		
기 타	청중과의 질의 응답은 잘 진행되었는가?		
	청중의 호응은 어느 정도인가?		
	마지막 요점 정리를 잘 하고 마무리했는가?		

발표토론을 위한 평가표

발표주제						
발표조		학 번		성 명		제출일

구 분	평가 항목	평 가 (수우미양가)	비 고
주제와 구성	조원 전체가 주제와 결론을 잘 이해하고 있는가?		
	발표의 내용이 논리적이고 합리적인가?		
	발표의 구성이 짜임새 있고 조화로운가?		
	발표의 내용이 참신하고 창의적인가?		
	발표 전체과정을 성실하게 노력했는가?		
사전준비	유인물이 배포되고 좌석이 정리정돈 되었는가?		
사 회 자	태도는 성실했는가?		
	음성의 사용은 적절했는가?		
	전체적인 역할을 잘 진행했는가?		
발 표 자	주제를 잘 이해하고 청중과 대화식으로 발표했는가?		
	태도는 성실했는가?		
	음성의 사용은 적절했는가?		
토 론 자	발표 내용의 문제점이나 보완점을 잘 지적했는가?		
	태도는 성실했는가?		
	음성의 사용은 적절했는가?		
기 타	청중과의 질의 응답은 잘 진행되었는가?		
	청중의 호응은 어느 정도인가?		
	마지막 요점 정리를 잘 하고 마무리했는가?		

발표토론을 위한 평가표

발표주제						
발표조		학 번		성 명		제출일

구 분	평가 항목	평 가 (수우미양가)	비 고
주제와 구성	조원 전체가 주제와 결론을 잘 이해하고 있는가?		
	발표의 내용이 논리적이고 합리적인가?		
	발표의 구성이 짜임새 있고 조화로운가?		
	발표의 내용이 참신하고 창의적인가?		
	발표 전체과정을 성실하게 노력했는가?		
사전준비	유인물이 배포되고 좌석이 정리정돈 되었는가?		
사 회 자	태도는 성실했는가?		
	음성의 사용은 적절했는가?		
	전체적인 역할을 잘 진행했는가?		
발 표 자	주제를 잘 이해하고 청중과 대화식으로 발표했는가?		
	태도는 성실했는가?		
	음성의 사용은 적절했는가?		
토 론 자	발표 내용의 문제점이나 보완점을 잘 지적했는가?		
	태도는 성실했는가?		
	음성의 사용은 적절했는가?		
기 타	청중과의 질의 응답은 잘 진행되었는가?		
	청중의 호응은 어느 정도인가?		
	마지막 요점 정리를 잘 하고 마무리했는가?		

발표토론을 위한 평가표

발표주제						
발표조		학 번		성 명	제출일	

구 분	평가 항목	평 가 (수우미양가)	비 고
주제와 구성	조원 전체가 주제와 결론을 잘 이해하고 있는가?		
	발표의 내용이 논리적이고 합리적인가?		
	발표의 구성이 짜임새 있고 조화로운가?		
	발표의 내용이 참신하고 창의적인가?		
	발표 전체과정을 성실하게 노력했는가?		
사전준비	유인물이 배포되고 좌석이 정리정돈 되었는가?		
사 회 자	태도는 성실했는가?		
	음성의 사용은 적절했는가?		
	전체적인 역할을 잘 진행했는가?		
발 표 자	주제를 잘 이해하고 청중과 대화식으로 발표했는가?		
	태도는 성실했는가?		
	음성의 사용은 적절했는가?		
토 론 자	발표 내용의 문제점이나 보완점을 잘 지적했는가?		
	태도는 성실했는가?		
	음성의 사용은 적절했는가?		
기 타	청중과의 질의 응답은 잘 진행되었는가?		
	청중의 호응은 어느 정도인가?		
	마지막 요점 정리를 잘 하고 마무리했는가?		

발표토론을 위한 평가표

발표주제						
발표조		학 번		성 명		제출일

구 분	평가 항목	평 가 (수우미양가)	비 고
주제와 구성	조원 전체가 주제와 결론을 잘 이해하고 있는가?		
	발표의 내용이 논리적이고 합리적인가?		
	발표의 구성이 짜임새 있고 조화로운가?		
	발표의 내용이 참신하고 창의적인가?		
	발표 전체과정을 성실하게 노력했는가?		
사전준비	유인물이 배포되고 좌석이 정리정돈 되었는가?		
사 회 자	태도는 성실했는가?		
	음성의 사용은 적절했는가?		
	전체적인 역할을 잘 진행했는가?		
발 표 자	주제를 잘 이해하고 청중과 대화식으로 발표했는가?		
	태도는 성실했는가?		
	음성의 사용은 적절했는가?		
토 론 자	발표 내용의 문제점이나 보완점을 잘 지적했는가?		
	태도는 성실했는가?		
	음성의 사용은 적절했는가?		
기 타	청중과의 질의 응답은 잘 진행되었는가?		
	청중의 호응은 어느 정도인가?		
	마지막 요점 정리를 잘 하고 마무리했는가?		

발표토론을 위한 평가표

발표주제						
발표조		학 번		성 명		제출일

구 분	평가 항목	평 가 (수우미양가)	비 고
주제와 구성	조원 전체가 주제와 결론을 잘 이해하고 있는가?		
	발표의 내용이 논리적이고 합리적인가?		
	발표의 구성이 짜임새 있고 조화로운가?		
	발표의 내용이 참신하고 창의적인가?		
	발표 전체과정을 성실하게 노력했는가?		
사전준비	유인물이 배포되고 좌석이 정리정돈 되었는가?		
사 회 자	태도는 성실했는가?		
	음성의 사용은 적절했는가?		
	전체적인 역할을 잘 진행했는가?		
발 표 자	주제를 잘 이해하고 청중과 대화식으로 발표했는가?		
	태도는 성실했는가?		
	음성의 사용은 적절했는가?		
토 론 자	발표 내용의 문제점이나 보완점을 잘 지적했는가?		
	태도는 성실했는가?		
	음성의 사용은 적절했는가?		
기 타	청중과의 질의 응답은 잘 진행되었는가?		
	청중의 호응은 어느 정도인가?		
	마지막 요점 정리를 잘 하고 마무리했는가?		

발표토론을 위한 평가표

발표주제						
발표조		학 번		성 명		제출일

구 분	평가 항목	평 가 (수우미양가)	비 고
주제와 구성	조원 전체가 주제와 결론을 잘 이해하고 있는가?		
	발표의 내용이 논리적이고 합리적인가?		
	발표의 구성이 짜임새 있고 조화로운가?		
	발표의 내용이 참신하고 창의적인가?		
	발표 전체과정을 성실하게 노력했는가?		
사전준비	유인물이 배포되고 좌석이 정리정돈 되었는가?		
사 회 자	태도는 성실했는가?		
	음성의 사용은 적절했는가?		
	전체적인 역할을 잘 진행했는가?		
발 표 자	주제를 잘 이해하고 청중과 대화식으로 발표했는가?		
	태도는 성실했는가?		
	음성의 사용은 적절했는가?		
토 론 자	발표 내용의 문제점이나 보완점을 잘 지적했는가?		
	태도는 성실했는가?		
	음성의 사용은 적절했는가?		
기 타	청중과의 질의 응답은 잘 진행되었는가?		
	청중의 호응은 어느 정도인가?		
	마지막 요점 정리를 잘 하고 마무리했는가?		

연습 1-1	학 과		학 번		실시일	
	분 반		성 명		확 인	

과제의 취지 및 문제해결의 방향

과제의 취지 및 문제해결의 방향

발표토론과 글쓰기

연습 1-2	학 과		학 번		실시일	
	분 반		성 명		확 인	

 과제의 취지 및 문제해결의 방향

발표토론과 글쓰기

연습 1-3	학 과		학 번		실시일	
	분 반		성 명		확 인	

_____
_____
_____
_____
_____
_____
_____
_____
_____
_____
_____
_____
_____
_____
_____
_____
_____
_____
_____
_____
_____
_____

과제의 취지 및 문제해결의 방향

발표토론과 글쓰기

연습 1-4	학 과		학 번		실시일	
	분 반		성 명		확 인	

과제의 취지 및 문제해결의 방향

발표토론과 글쓰기

연습 2-1	학 과		학 번		실시일	
	분 반		성 명		확 인	

과제의 취지 및 문제해결의 방향

과제의 취지 및 문제해결의 방향

발표토론과 글쓰기

연습 2-2	학 과		학 번		실시일	
	분 반		성 명		확 인	

━━

━━

━━

━━

━━

과제의 취지 및 문제해결의 방향

과제의 취지 및 문제해결의 방향

발표토론과 글쓰기

연습 2-3	학 과		학 번		실시일	
	분 반		성 명		확 인	

───────────────────────────────────

과제의 취지 및 문제해결의 방향

과제의 취지 및 문제해결의 방향

발표토론과 글쓰기

연습 2-4	학 과		학 번		실시일	
	분 반		성 명		확 인	

과제의 취지 및 문제해결의 방향

발표토론과 글쓰기

연습 3-1	학 과		학 번		실시일	
	분 반		성 명		확 인	

과제의 취지 및 문제해결의 방향

발표토론과 글쓰기

연습 3-2	학 과		학 번		실시일	
	분 반		성 명		확 인	

과제의 취지 및 문제해결의 방향

과제의 취지 및 문제해결의 방향

발표토론과 글쓰기

연습 3-3	학 과		학 번		실시일	
	분 반		성 명		확 인	

과제의 취지 및 문제해결의 방향

과제의 취지 및 문제해결의 방향

발표토론과 글쓰기

연습 3-4	학 과		학 번		실시일	
	분 반		성 명		확 인	

과제의 취지 및 문제해결의 방향

과제의 취지 및 문제해결의 방향

발표토론과 글쓰기

연습 4-1	학 과		학 번		실시일	
	분 반		성 명		확 인	

과제의 취지 및 문제해결의 방향

과제의 취지 및 문제해결의 방향

발표토론과 글쓰기

연습 4-2	학 과		학 번		실시일	
	분 반		성 명		확 인	

과제의 취지 및 문제해결의 방향

발표토론과 글쓰기

연습 4-3	학 과		학 번		실시일	
	분 반		성 명		확 인	

_____

_____

_____

_____

_____

_____

_____

_____

_____

_____

_____

_____

_____

_____

_____

_____

_____

_____

_____

_____

_____

_____

과제의 취지 및 문제해결의 방향

연습 4-4	학 과		학 번		실시일	
	분 반		성 명		확 인	

과제의 취지 및 문제해결의 방향

발표토론과 글쓰기

연습 4-5	학 과		학 번		실시일	
	분 반		성 명		확 인	

과제의 취지 및 문제해결의 방향

발표토론과 글쓰기

연습 4-6	학 과		학 번		실시일	
	분 반		성 명		확 인	

과제의 취지 및 문제해결의 방향

발표토론과 글쓰기

연습 4-6	학 과		학 번		실시일	
	분 반		성 명		확 인	

과제의 취지 및 문제해결의 방향

과제의 취지 및 문제해결의 방향

발표토론과 글쓰기

연습 4-7	학 과		학 번		실시일	
	분 반		성 명		확 인	

과제의 취지 및 문제해결의 방향

과제의 취지 및 문제해결의 방향